肖宇/著

私募力量

中国创新增长中的

Private Equity
in China's Innovation Growth

社会科学文献出版社
SOCIAL SCIENCES ACADEMIC PRESS (CHINA)

目　录
CONTENTS

图目录

表目录

第一章
绪论

第一节 研究背景及意义

一 研究背景

实现创新增长是中国经济进入新时代的重要命题，尤其是在经济全球化进入新时期，能否挖掘出中国经济高质量发展的新动能、找到支持中国经济高质量创新增长的可行性路径，关乎"双循环"新发展格局的形成与否。

对于这一趋势的判断，党的十九大报告曾明确指出，我国经济已由高速增长阶段转向高质量发展阶段，必须以供给侧结构性改革为主线，推动经济发展质量变革、效率变革、动力变革，提高全要素生产率，着力加快建设实体经济、科技创新、现代金融、人力资源协同发展的产业体系，不断增强我国经济创新力和竞争力。

党的十九届六中全会通过的《中共中央关于党的百年奋斗重大成就和历史经验的决议》强调，必须实现创新成为第一动力、协调成为内生特点、绿色成为普遍形态、开放成为必由之路、共享成为根本目的的高质量发展，推动经济发展质量变革、效率变革、动力变革。

实际上，随着我国进入以国内大循环为主体、国内国际双循环相互促进的新发展格局，创新经济在国民经济和社会发展中的重要性更是日益凸显。这主要是因为中国经济发展的基数已经发生了质的改变。从内部环境来看，自改革开放以来，中国依托外向型发展战略融入全球价值链分工体系，并借助生产要素价格优势和巨大的国内市场，实现了经济的迅猛增长，长久以来粗放型的发展模式已经走到了迫切需要变革的风口浪尖。

从外部环境来看，20世纪中后期，西方发达国家以降低生产成本和拓展国际市场为动机的经济全球化进程也走到了新的十字路口。在西方国家治理赤字下，逆全球化思潮涌动。以美国为首的部分国家对中国企业的正常海外合作说三道四，动辄挥舞"制裁"大棒。在数字经济、IT、生物医药和高端制造等领域，中国核心技术受制于人的事件频发。中国迫切需要找到一条维护产业链、供应链安全的自主可控的发展道路。

而实现这一道路，需要更加重视创新的力量。强化国家科技战略，把创新增长作为当前和今后一段时期工作的重中之重予以推进。2013年9月30日，习近平总书记在主持十八届中央政治局第九次集体学习时指出，创新驱动是形势所迫。我国经济总量已跃居世界第二位，社会生产力、综合国力、科技实力迈上了一个新的大台阶。同时，我国发展中不平衡、不协调、不可持续问题依然突出，人口、资源、环境压力越来越大。我国现代化涉及十几亿人，走全靠要素驱动的老路难以为继。物质资源必然越用越少，而科技和人才却会越用越多，因此我们必须及早转入创新驱动发展轨道，把科技创新潜力更好释放出来。①

在当前的国际竞争格局下，创新被摆到了空前重要的位置。2020

---

① 中共中央文献研究室：《习近平关于科技创新论述摘编》，人民网，http://theory.people.com.cn/GB/68294/402884/index.html，最后访问日期：2022年12月3日。

年 12 月中央经济工作会议就明确指出，科技自立自强是促进发展大局的根本支撑，指出要强化国家战略科技力量，充分发挥国家作为重大科技创新组织者的作用，坚持战略性需求导向，确定科技创新方向和重点，着力解决制约国家发展和安全的重大难题。

而完善国家创新体系、加快建设科技强国，从而推进中国经济在"双循环"新发展格局下的高质量发展，从一般意义上来讲，就是践行"创新、协调、绿色、开放、共享"新发展理念。至于如何从经济学的角度对创新发展的成效进行界定，目前学术界的一个趋势是从全要素生产率（total factor productivity，TFP）角度展开分析。这主要是因为全要素生产率实际上反映的是生产过程中无法被定量衡量的生产因素的贡献，如制度、技术、企业家才能、产业结构、开放程度等，其值越高，说明同样的投入可以获得更多的产出，并且这样的产出更具可持续性。

著名经济学家蔡昉（2018）就认为，提高全要素生产率是经济高质量发展的动力源泉。大量的相关研究（Qu et al.，2018：299；于斌斌，2015：83）也由此展开。在新古典学派经济增长理论分析框架下，全要素生产率被认为可以用来衡量一国在技术进步、规模经济和管理改善等方面的成效，全要素生产率越高，意味着经济发展的潜力越大、可持续性越强。

不难发现，全要素生产率本质上就是一种资源的配置效率，根源来自技术效率提升和创新创业等要素的累积。现代投入产出理论认为，在产出过程中，资本是重要的投入变量，资本投入对产出具有重要作用。这也是为什么说金融是现代经济的血液。在实际生产过程中，金融与实体经济互为依托、相互促进。发达国家的经验和中国改革开放 40 多年的宝贵探索历程告诉我们，一个健康的经济体离不开发达稳健且切实有效的金融体系。

沿着这个逻辑出发，很容易发现以下问题：资本支持在高质量发展中的作用究竟如何？其作用机理和作用过程究竟是怎样的？在高质量发展、金融业开放、产业转型升级日益成为经济金融热点问题的今天，我们究竟需要一个什么样的融资体系？

从当今中国的现实情况来看，虽然多层次资本市场建设已被多次提及，但融资体系依然是以银行为代表的间接融资市场，这种融资体系中一个最大的问题就是，考虑到银行风险规避的本质属性，以银行为主的融资体系难以满足科技创新企业的融资需求。

从表1-1来看，在我国目前的融资体系下，人民币贷款占据了绝对体量，人民币贷款在2002年全国新增社会融资规模中的占比高达91.90%，2008年为70.30%，到了2020年，人民币贷款在全国新增社会融资规模中的占比仍然超过50%。

众所周知，受制于《商业银行法》的规定和银行资产投放商业模式的限制，银行授信需要足值的押品，而承担了大量创新创业经济活动的中小微企业，要么处于种子期，要么处于初创期或成长期，通常具有轻资产的属性。在间接融资体系下，银行出于风险防控的规避措施，使这些企业无法及时得到银行授信的足够支持。这导致大量中小微企业普遍面临融资难、融资贵和融资慢的问题（刘满凤、赵珑，2019：39）。《中国中小企业人力资源管理白皮书》显示，中国中小企业的平均寿命只有2.5年，很多中小企业无法摆脱成长过程中的"三年魔咒"。相比之下，美国中小企业的平均寿命则高达8.2年。

而大量的中小微企业和民营企业又是中国经济底色的重要组成部分，尤其是民营企业贡献了中国经济50%以上的税收、60%以上的GDP、70%以上的技术创新成果、80%以上的城镇劳动就业、90%以上的企业数量。[①] 但是，在当前中国以银行为主导的间接融资体系下，民营企业和中小微企业融资难问题没有得到根本解决。在市场在资源

---

① 《何立峰谈民营经济：为经济发展贡献了"56789"》，中国经济网，http://www.ce.cn/cysc/newmain/yc/jsxw/201903/07/t20190307_ 31628496. shtml，最后访问日期：2022年12月2日。

单位：%

表 1-1 2002~2020 年全国新增社会融资规模占比

年份	人民币贷款	外币贷款	委托贷款	信托贷款	未贴现银行承兑汇票	企业债券融资	非金融企业境内股票融资	保险公司赔偿	保险公司投资性房地产	其他
2002	91.90	3.60	0.90	—	-3.50	1.80	3.10	2.10	—	—
2003	81.10	6.70	1.80	—	5.90	1.50	1.60	1.50	—	—
2004	79.20	4.80	10.90	—	-1.00	1.60	2.40	2.10	—	—
2005	78.50	4.70	6.50	—	0.10	6.70	1.10	2.50	—	—
2006	73.80	3.40	6.30	1.90	3.50	5.40	3.60	2.10	—	—
2007	60.90	6.50	5.70	2.90	11.20	3.80	7.30	1.80	0.10	—
2008	70.30	2.80	6.10	4.50	1.50	7.90	4.80	2.20	0.10	—
2009	69.00	6.70	4.90	3.10	3.30	8.90	2.40	1.20	0.10	0.50
2010	56.70	3.50	6.20	2.80	16.70	7.90	4.10	1.30	0.10	0.70
2011	58.20	4.50	10.10	1.60	8.00	10.60	3.40	—	—	—
2012	52.10	5.80	8.10	8.20	6.70	14.30	1.60	—	—	—
2013	51.35	3.38	14.71	10.63	4.48	10.46	1.28	—	—	—
2014	59.44	2.16	15.23	3.14	-0.78	14.74	2.64	—	—	—
2015	73.14	-4.17	10.33	0.28	-6.86	19.08	4.93	—	—	—
2016	69.86	-3.17	12.28	4.83	-10.97	16.85	6.97	—	—	—
2017	52.93	0.01	3.06	8.50	2.05	2.39	3.35	—	—	—
2018	69.67	-1.87	-7.14	-3.10	-2.82	11.70	1.60	—	—	—
2019	66.01	-0.50	-3.67	-1.36	-1.86	12.67	1.36	—	—	—
2020	57.46	0.42	-1.13	-3.16	0.50	12.75	2.56	—	—	—

注："—"表示数据缺失。

资料来源：Wind。

配置中起决定作用的经济体制改革大方向下，依靠行政手段引导商业银行支持中小微企业，只会带来"上有政策、下有对策"的结果。2020年5月25日，中国银保监会联合五部门发布的《关于进一步规范信贷融资收费　降低企业融资综合成本的通知》明确指出，在信贷环节取消部分涉企收费，细化严禁贷存挂钩和严禁强制捆绑销售等现有规定。这充分说明，在现有以银行为主导的间接融资体系下，很长一段时间以来，中小企业在与银行合作过程中普遍存在的贷存挂钩和强制捆绑销售等问题还较为严重。金融在支持中小微企业发展中的作用渠道尚待健全。

这些中小微企业和科创企业的融资来源无非两种：一是内源融资，即通过自有的资金，俗称资本金融资、留存利润融资，对于初创企业来说，这无疑是巨大的短板；二是外源融资，即银行授信、信托资金、发行债券、民间借贷等。然而，在实际融资过程中，除非企业的发展规模已经达到了一定的层次，或者是有足够的固定资产进行担保，抑或是有其他足够的押品才能获得银行授信支持，但这对于初创企业来说无疑是强人所难。

在斯坦福商学院一项关于风投和银行如何介入创新活动的研究中，研究人员发现，如果这项研究成功率为100%，银行就会直接进入；如果成功率为50%，商业银行会进入；如果成功率只有10%，风投机构会进入（刘燕华，2019）。造成这种现象的主要原因在于，一方面，目前商业银行的业务模式决定了其风险偏好，在没有足值的押品面前，所有的资产投放都必须以是否覆盖风险敞口来衡量；另一方面，从商业银行资产投放的效率来看，一笔300万元的资产投放和一笔3亿元的资产投放，投入的人力资本和管理资源在本质上没有太大区别，而且从贷后管理的角度来看，同样规模的资产投放在大型企业和中小微企业的成本存在显著差距。加之在授信责任终身制的制度约束下，作为理性经济人，基于资源投放效率和风险敞口把控的考量，银行毫无疑问会选择大客户。

国外市场经验告诉我们，以注册制改革为契机，打通多层次资本市场生态的关键环节，带动中国金融体系向以市场为主导的直接融资体系转型，是金融服务高质量发展的重要举措。也就是说，金融支持创新增长，需要打通资本与创新之间的生态闭环，形成中国的创新资本市场体系。从这个角度出发，金融行业的一个新兴分支——私募股权投资①开始得到政府和学术界的高度重视。这主要是由于从广义范围来看，私募股权投资涵盖了企业首次公开发行前各阶段的股权投资，其范围既包括处于种子期、初创期、发展期各类企业的风险投资和创业投资，也包括处于扩展期、成熟期和上市前等各个阶段企业的融资。

行业规律显示，私募股权投资具有支持实体经济的天然属性，是金融支持实体经济发展的重要实现渠道，有利于促进中小型科创企业的发展壮大和科研成果的市场转化，是中小型科创企业成长和科研成果转化的重要催化剂。

2016 年 9 月 20 日，《国务院关于促进创业投资持续健康发展的若干意见》（国发〔2016〕53 号）明确强调，近年来，我国创业投资快速发展，不仅拓宽了创业企业投融资渠道，促进了经济结构调整和产业转型升级，增强了经济发展新动能，也提高了直接融资比重，拉动了民间投资服务实体经济，激发了创业创新。

这主要是因为，从融资方来看，作为创新创业主要载体的我国中小微企业普遍存在较为严重的融资难、融资慢和融资贵问题（Chan et al.，2013：431；赵忠滨，2018：82；Astarkina et al.，2019：822）。造成这一现象的原因，既有企业自身因素，如小微企业基本属于民营性质，获

①　私募股权投资也称风险投资或创业投资、天使投资，本书采用广义范围的概念，将风险投资、创业投资和天使投资统称为私募股权投资。

得资本性资金的路径较窄，相当多小微企业在获得最初创办企业时投入的资金后，缺乏后续的资本投入（王国刚、杨智清，2018：4），但更多的是多层次资本市场尚未建立这一外部因素（李栋等，2017：10）。在现有的融资体制下，资金的"脱实向虚"和空转现象（彭俞超等，2018：50~66）也加剧了中小微企业的生存困境。国际经验对比显示，对于创业企业来说，私募股权投资是企业成长过程中的主要融资来源（乐之，2003：28）。Sohl（2003：29）也认为，考虑到作为高增长创业企业种子资本的主要来源，风险投资是实现技术、资本、人才、管理等创新要素与创业企业有效结合的主要投融资方式。这也是为什么说创业投资的快速发展是推动大众创业、万众创新的重要资本力量。大力发展私募股权投资有利于促进经济结构调整、产业转型升级和科技创新。

党的十八大和十九大报告都曾明确指出，要实施创新驱动战略，而如何实施，其中一点就是要深化科技体制改革，建立以企业为主体、市场为导向、产学研深度融合的技术创新体系，加强对中小企业的创新支持，促进科技成果的市场转化。党的十九届四中全会公报也再次强调，加快建设创新型国家，建立以企业为主体、市场为导向、产学研深度融合的技术创新体系，支持大中小企业和各类主体融通创新，创新促进科技成果转化机制；同时要求，要加强资本市场基础制度建设，健全具有高度适应性、竞争力、普惠性的现代金融体系，健全推动发展先进制造业、振兴实体经济的体制机制。[①]

《中华人民共和国国民经济和社会发展第十四个五年规划和2035年远景目标纲要》也明确指出，坚持创新在我国现代化建设全局中的核心地位，把科技自立自强作为国家发展的战略支撑，深入实施创新驱动发展战略。

---

① 详见《中共中央关于坚持和完善中国特色社会主义制度　推进国家治理体系和治理能力现代化若干重大问题的决定》（2019年10月31日中国共产党第十九届中央委员会第四次全体会议通过）。

因此，从这个角度来说，在转变过去仅仅依靠投资和要素驱动的传统生产方式，不断挖掘经济增长潜力，依靠创新和技术进步实现经济发展方式全面转型的过程中，厘清私募股权投资与中国三次产业生产率之间的逻辑关系，对于成功探索中国创新驱动战略的金融方案、解决当前金融界普遍存在的资金"脱实向虚"和体内空转乱象、真正找到金融支持中国经济高质量发展的可行性路径，毫无疑问具有重要的理论和现实意义。

二 研究意义

（一）理论价值

从我国的投融资体制来看，在计划经济时代，我国形成了高度统一的政府主导式融资模式，这种体制虽然有利于发挥集中力量办大事的优势，但政府管得过严，缺乏灵活性，"一放就乱，一收就死"的循环怪圈一直没有被打破。私募股权投资作为一件"舶来品"，其在经济金融体系中真正扮演的角色，理论界还存在一定争议。例如，围绕私募股权对初创企业的成长性问题，学术界就存在截然不同的两种观点。一种观点认为，私募股权投资促进了初创企业的发展（杨胜刚、张一帆，2017：147；Sun et al.，2019：1）；另一种观点认为，私募股权投资并不能显著促进中小初创企业的发展（杨其静等，2015：192；谈毅等，2009：26）。当然，这些否认私募股权投资对创新创业作用的研究也指出，中国私募股权投资难以发挥积极作用，主要是由私募股权投资缺少长期稳定的资金支持、退出渠道也不完善等体制机制问题造成的。

本书有助于从理论层面厘清私募股权投资在中国经济发展中的作用。实际上，从发展历程来看，风险投资在发展过程中也呈现投资范围不断扩展与演变的基本规律。早期风险投资的对象主要是处于种子期和成长期、与高科技产业相关的创业企业，这被视为狭义的私募股权投资。而晚期的私募股权投资则向企业扩张期和成熟期扩散。

究其本质，私募股权投资实际上是金融制度的一种创新，这一制度一方面挑选出有远大发展前景的新公司，另一方面也帮助它们整合到现有的商业网络中以提升投资成功概率，主要包括资金支持、技术专长、营销"技术诀窍"和商业模式的指导等。因此，除了早期的高科技企业外，这种股权融资形式也特别适用于具有创新和增长潜力，但商业模式未经检验和无业绩记录的年轻公司，以及拥有成熟商业模式的扩张型公司。

20 世纪 70 年代美国硅谷高科技产业取得成功以后，风险投资向全球扩散，在世界各国的高科技产业发展中发挥了重要作用。与此同时，风险投资的范围也不断扩展，尤其是 80 年代以来，许多风险投资基金将投资范围扩展到种子期、成长期、扩张期和上市前等企业发展的各个阶段，并越来越多地投资于创业企业的晚期，甚至向传统产业领域扩张，形成了广义风险投资，即私募股权投资的概念。

进入 21 世纪，私募股权投资的对象基本从传统高科技企业拓展到一切具有开拓性、创新性风险项目的企业，几乎渗透到私人股权资本的全部领域。正因如此，欧洲和亚洲许多国家对私募股权投资和风险投资采用了统称的概念，没有进行严格的区分。典型的是，英国风险投资协会（BVCA）将对未上市公司进行的长期股权投资统称为风险投资，这实际上采用的就是广义私募股权投资的概念。在范畴界定上，本书也延续了这一做法。

从私募股权投资发展的内在逻辑出发，我们可以很容易地发现，私募股权投资具有支持实体经济发展的天然属性。这主要是因为，私募股权投资机构直接为创业企业提供融资支持及管理咨询、渠道网络等其他全方位服务，在创新资本形成的过程中，这一作用无疑是至关重要的。

此外，从我国当前宏观经济形势来看，随着经济新常态的持续和供给侧结构性改革的深入推进，我国经济发展面临着更为迫切的转型升级要求。党的十九大报告强调，要推动经济发展质量变革、不断增强我国经济创新力和竞争力。而增强经济创新力和竞争力的核心就是提升国民经济建设所急需的核心技术的发展水平。在这个领域，私募股权投资大有可为。这主要是因为，我国经济高质量发展的一个重要掣肘是核心创新能力不强，长期以来依靠高投资和廉价劳动力发展的传统模式在新常态下难以为继，加之处于从高速增长向高质量发展阶段的转换期，新的增长动能尚未形成，创新能力不强问题变得尤为突出。而解决该问题的关键在于科研成果的研发和市场转化，以及广大创新型中小微企业的发展壮大。因此，从理论角度厘清私募股权投资对中国经济创新增长的机理和作用路径，就变得极为重要。

（二）应用价值

根据中国证券投资基金业协会（https：//www.amac.org.cn/）的统计数据，风险投资在战略性新兴产业①布局方面成绩斐然。协会备案数据显示，截至 2018 年第二季度末，互联网等计算机运用、机械制造等工业资本品、医疗器械与服务、医药生物、原材料等产业升级及新经济代表领域成为风险投资基金的布局重点，在投项目 3.98 万个，在投本金 1.89 万亿元，有力地支持了创新和新经济发展。

而在支持中小企业方面，中小企业项目和早期创业项目成为风险投资基金的重点投资对象。协会备案数据显示，截至 2018 年第二季度末，在投项目中，投向中小企业项目 4.51 万个，在投本金 1.43 万亿元，分别占在投项目总数和在投本金总额的 66.94% 和 28.55%；投向种子期与

---

① 根据《战略性新兴产业分类（2018）》（国家统计局令第 23 号），战略性新兴产业是以重大技术突破和重大发展需求为基础，对经济社会全局和长远发展具有重大引领带动作用，知识技术密集、物质资源消耗少、成长潜力大、综合效益好的产业，包括新一代信息技术产业、高端装备制造产业、新材料产业、生物产业、新能源汽车产业、新能源产业、节能环保产业、数字创意产业、相关服务业等九大领域（见 http：//www.stats.gov.cn/tjgz/tzgb/201811/t20181126_ 1635848.html，最后访问日期：2022年 12 月 2 日）。

起步期项目 3.38 万个，在投本金 1.66 万亿元，分别占在投项目总数和在投本金总额的 50.20% 和 33.13%，为中小企业起步、发展提供了重要支持（胡家夫，2018）。

从这个角度来讲，风险投资机构通过投资初创企业，并为初创企业提供战略咨询、市场渠道等全方位服务与支持，有力地促进了创新创业发展。

总体来看，作为融资市场不可或缺的组成部分，风险投资凭借自身不同于银行融资的重要优势，通过支持处于不同发展阶段的企业成长壮大、为企业研发提供资金支持，不仅提高了企业的盈利能力（刘智毅、陈苏，2014：82），还有力地促进了具有不同融资能力的企业与多层次资本市场的有效对接，从而提升了整个金融市场的资源配置效率。

与此同时，风险投资机构凭借其丰富的行业经验和专业的管理层团队，可以整合优质资产，使目标企业的资本结构进一步优化，降低融资成本，推动目标企业战略调整，在细分市场实现产业延伸和优势互补，加速新技术的扩散和转移，创造出交易双方都无法单独拥有的附加价值。

结合全要素生产率来说，风险投资主要从三个层面作用于中国的创新增长。在宏观层面，其通过投资战略性新兴产业，推动了全社会技术进步与生产力水平提升。在中观层面，风险投资通过对服务业和相关新兴产业的投资，优化了地区产业结构。在微观层面，风险投资通过满足企业融资需求，使一大批具有核心技术和依托商业模式的创新企业得到了发展。

从资源配置角度来说，风险投资推动了生产要素的优化配置，使创新创业和实体经济转型升级的根基更加扎实。技术创新能力的提升和全要素生产率的改善，使经济发展的潜力被充分释放出来，空间更加宽广，最终形成了实现中国经济创新增长目标的强大支撑。

但是，受到发展阶段、统计数据和研究手段的制约，中国学术界对私募股权投资的认识还存在一定的局限，中国私募股权投资的制度环境与西方发达国家相比还存在较为明显的差距。本书的研究有利于重新审视私募股权投资在经济金融体系中的重要地位，并就创新增长被提到空前重要地位的新时期，如何设计对创新增长更友好的金融生态体系，以及私募股权投资健康快速持续发展的长效机制做出有益的探索。

第二节　相关概念和研究对象

一　相关概念

（一）私募股权融资

私募股权融资是私募股权投资中经常用到的一个概念，特指融资方通过私募股权的方式进行融资。具体来说，私募股权融资是指企业通过非公共市场手段，定向引入具有战略价值的股权投资人，从而获得企业发展所需资金，并同时得到投资人提供的一系列管理增值服务的一种不同于公开上市的股权融资方式。与一般融资方式不同的是，受资方不仅得到了投资方提供的资本金，同时得到了投资方提供的技术咨询、管理经验、市场营销甚至员工培训等资本经营服务，而非单纯的投资活动。在发达国家，私募股权融资是未上市企业常用的融资方式（盛立军，2003：109）。

（二）私募股权投资

私募股权投资（Private Equity，PE）最早诞生于 20 世纪末期的美国，常常和风险投资（Venture Capital，VC）或创业投资、天使投资概念通用，但其实它们之间略有区别。

首先是风险投资。1999 年科技部等部委联合发布的《关于建立风险投资机制的若干意见》曾对风险投资有明确的定义："风险投资是指向主要属于科技型的高成长性创业企业提供股权资本，并为其提供经营管理和咨询服务，以期在被投资企业发展成熟后，通过股权转让获取中长期资本增值收益的投资行为。"根据美国风险投资协会（NVCA）的定义，风险投资是由专业投资者提供资金并参与管理的一种投资形式，由风险投资者投入新兴的、迅速发展的、有巨大竞争潜力成长为重要经济贡献者的企业（特别是中小型企业），风险投资是企业初创期一种重要权益的资本来源。

其次是创业投资和天使投资。《国务院关于促进创业投资持续健康发展的若干意见》明确指出，创业投资是指向处于创建或重建过程中的未上市成长性创业企业进行股权投资，以期所投资创业企业发育成熟或相对成熟后，主要通过股权转让获取资本增值收益的投资方式。天使投资是指除被投资企业职员及其家庭成员和直系亲属以外的个人以其自有资金直接开展的创业投资活动。

最后是私募股权投资。欧洲私募股权和风险资本协会（EVCA）[①]将私募股权投资定义为专业投资的一种形式，涉及获得公司所有权（股权）并由私人持有（与公开股票交易所相反）。私募股权管理人通过多种渠道筹集投资资金，包括养老金、保险集团和主权财富基金等机构投资者以及私人投资者。私募股权投资通常是一种中长期投资，基金经理们多年来专注于某个他们熟悉的领域进行长期价值投资，而不是满足股票市场和股东的短期需求。在适当的时候，私募股权管理人出售其基金的所有权权益。在欧洲，私募股权投资为欧洲领先的养老基金和保险公司带来了可观的回报，使依靠这些机构退休的数百万欧洲公民受益。

综合来看，在历史发展实践中，从业者和监管部门逐级形成了较为明确的划分标准。英国风险投资协会认为，私募股权投资和风险投资之

---

① 欧洲私募股权和风险资本协会（EVCA）官方网站，https://www.investeurope.eu/about-private-equity/，最后访问日期：2022 年 12 月 2 日。

间的主要区别在于投资是专注于被投企业的不同发展阶段。① 一般来说，私募股权通常投资一些成熟的公司，这些公司已经运营了很多年，甚至数十年。相比之下，风险资本通常投资新公司，其中许多（如果不是大多数的话）还不能赢利，但它们具有颠覆性的业务，并且具有非常大的增长潜力。

具体来说，在严格的行业细分中，一般把专注于企业初创期的风险投资称为天使投资或创业投资，把投资企业发展壮大或上市后的资本称为私募股权投资，本书采用的是广义范围的概念，即将风险投资、创业投资和天使投资统称为私募股权投资。

需要强调的是，本书经常用到的私募股权投资若无特殊说明，实际是指私募股权投资的金额。这一表述在后文的实证部分将较为常见。同时，本书中的 PE 也是指广义范围的私募股权投资。广义私募股权投资图谱如图 1-1 所示。

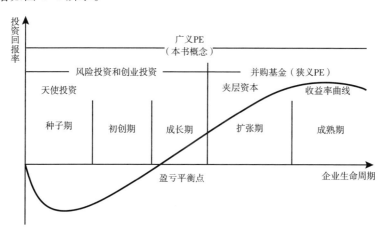

图 1-1　广义私募股权投资图谱

资料来源：笔者自制。

① 英国风险投资协会（BVCA）官方网站，https://www.bvca.co.uk/Our-Industry/Venture-Capital，最后访问日期：2022 年 12 月 2 日。

（三）私募股权投资基金

私募股权投资基金（Private Equity Fund）是从事私人股权（非上市公司股权）投资的基金，是私募股权投资机构的具体表现形式，主要包括投资非上市公司股权或上市公司非公开交易股权两种。与追求股权收益的投资不同，其是通过上市、管理层收购和并购等股权转让路径出售股权而获利。

胡永攀（2010：6~7）将私募股权投资基金划分为广义和狭义两种，其中广义的私募股权投资基金是指主要以私募方式募集资金，对未上市企业进行股权投资，经过对企业的改造、管理实现企业价值提升，最后通过资本市场退出实现资本增值的投资基金；狭义的私募股权投资基金则指投资于已经形成一定规模，并产生稳定现金流的成熟企业，即并购基金。

中国证券投资基金业协会在实际统计和管理工作中，将私募股权投资基金的范畴划定为：投资包括未上市企业和上市企业非公开发行和交易的普通股（含上市公司定向增发、大宗交易、协议转让等），可转换为普通股的优先股和可转换债等的私募基金。产品类型包括并购基金、房地产基金、基础设施基金、上市公司定增基金、夹层基金等。[①]

目前，私募股权投资基金的主要组织形式有公司制和有限合伙制。在公司制下，股东是出资人，也是投资的最终决策人，根据出资比例来分配投票权。而有限合伙制一般至少由一个普通合伙人（GP）和一个有限合伙人（LP）组成。在有限合伙制的基金中，该基金由风险投资基金经理（称为普通合伙人或 GP）管理，并用于投资公司。GP 也将自己的资金投入其管理的资金中。这是为了确保他们的利益与有限合伙人的利益保持一致。私募股权投资基金的固定寿命通常为 10 年，到期

---

① 中国证券投资基金业协会官方网站，http://www.amac.org.cn/researchstatistics/thematicresearch/zjjgzjz/，最后访问日期：2022 年 12 月 2 日。

后，它们将不得不退还投资者的原始资金以及任何额外的回报。这通常要求在基金结束前将投资出售或通过转让形式退出。

（四）三次产业

三次产业在本书中指的是第一产业农业、第二产业制造业、第三产业服务业，具体分类标准参照《国家统计局关于修订〈三次产业划分规定（2012）〉的通知》（国统设管函〔2018〕74号），[①] 具体如下。

第一产业是指农、林、牧、渔业（不含农、林、牧、渔专业及辅助性活动）。

第二产业是指采矿业（不含开采专业及辅助性活动），制造业（不含金属制品、机械和设备修理业），电力、热力、燃气及水生产和供应业，建筑业。

第三产业即服务业，是指除第一产业、第二产业以外的其他行业，包括批发和零售业，交通运输、仓储和邮政业，住宿和餐饮业，信息传输、软件和信息技术服务业，金融业，房地产业，租赁和商务服务业，科学研究和技术服务业，水利、环境和公共设施管理业，居民服务、修理和其他服务业，教育，卫生和社会工作，文化、体育和娱乐业，公共管理、社会保障和社会组织，国际组织，以及农、林、牧、渔专业及辅助性活动，开采专业及辅助性活动，金属制品、机械和设备修理业。

需要说明的是，本书行文中，第一产业、第二产业和第三产业有时候也分别用农业、制造业和服务业来表述。

（五）三次产业生产率

生产率原意是投入和产出的比例，在资源稀缺的条件下，其衡量的是资源（即劳动、自然资源、资本和企业家才能）的利用效率。本书

---

① 《关于修订〈三次产业划分规定（2012）〉的通知》，国家统计局官网，http：//www.stats.gov.cn/tjsj/tjbz/201804/t20180402_1591379.html，最后访问日期：2022年12月2日。

生产率特指全要素生产率。经济合作与发展组织（OECD）在《生产率测算手册》中，将全要素生产率定义为所有投入要素对产出增长贡献的一种能力。

本书将全要素生产率定义为产出增长超出要素投入增长的部分，全要素生产率来源包括技术进步、规模效应改善和组织效率提高，是技术进步和资源配置效率改善在经济发展中的综合表现。

在研究经济增长问题时，全要素生产率一般用来衡量某一经济体的增长质量和增长潜力。全要素生产率高，说明该经济体的增长方式具有可持续性，反之则说明该经济体的增长方式不可持续。

（六）创新增长

对于如何界定创新增长，二十国集团《创新增长蓝图》认为，创新增长理念涵盖支持创新、新工业革命和数字经济的行动，这些行动可以提升生产力、创造就业、释放新的经济潜力。[①] 从这个范畴出发，很容易引申出一个经济学名词，即全要素生产率（TFP）。在新古典学派经济增长理论分析框架下，TFP 被认为可以用来衡量一国在技术进步、规模经济和管理改善等方面的成效，TFP 高意味着经济发展潜力大、可持续性强（Qu et al.，2018：299；于斌斌，2015：83）。蔡昉（2015）认为，增长动力转换的核心是从投入驱动的经济增长转向依靠创新驱动，使创新真正成为引领经济发展的第一动力，而创新是否成功最终要以能否提高 TFP 为衡量标准。

从这些研究中可以看出，TFP 作为衡量无法被有形投入要素衡量的产出，有时也被称为技术进步率。其作为用来衡量生产中纯技术进步作用的指标，主要来源于技术进步、规模效应的改善和资源配置效率的提升，而这些又恰好是观察一个经济体创新增长的主要维度。因

---

① 《二十国集团创新增长蓝图》，人民网，http：//world.people.com.cn/n1/2016/0906/c1002-28693128.html，最后访问日期：2022 年 12 月 2 日。

此，将 TFP 作为创新增长替代指标是国内外学术界的一种常见思路。

二 研究对象

当前中国已是全球第二大经济体，但金融供给侧结构性改革和金融开放尚无法满足中国经济高质量发展的多样化和精细化要求，突出表现为大量中小型初创企业的融资难、融资贵和融资慢问题。本书的研究对象是私募股权投资与中国创新增长之间的关系。从上述概念的回顾界定中，可以发现以下两个逻辑线索。第一，作为金融业的一个"舶来品"，中国私募股权投资的发展处于何种阶段，国外已较为成熟的私募股权投资在中国的发展规模、国际比较究竟如何。第二，私募股权投资有利于创新创业的本质属性正在逐渐被学术界和政策制定者认识。并且，从资源配置的角度来讲，私募股权投资具有支持实体经济发展和促进技术进步的天然属性，这一属性与创新增长之间是否存在某种潜在联系，以及其可能的影响路径，也需要我们进一步厘清。

因此，本书的研究对象也将遵循以上两个逻辑线索展开，以私募股权投资的发展现状为基础，探讨其与中国经济创新增长之间的理论和实证关系，并就如何提升中国私募股权投资的发展水平和全要素生产率，实现中国经济创新增长做出政策路径上的探索，具体如下。

①中国私募股权投资的发展现状，具体包括广义私募、风险投资（VC）和狭义私募（PE）的概念界定，中国广义私募股权投资的发展现状梳理、存在问题及国际比较研究。

②私募股权投资对中国经济创新增长产生影响的作用机理分析，具体从融资支持、创新型企业成长及产业转型升级、高质量发展等角度展开分析。

③中国经济创新增长的测算，从三次产业全要素生产率的现状梳理

出发，收集中国省级三次产业的面板数据，利用半参数法计算出中国各省区市的 TFP 指标。

④私募股权投资对中国创新增长影响的实证分析，利用系统 GMM 等方法，从实证角度分别对农业、制造业和服务业展开分析，探究私募股权投资对 TFP 的影响。

⑤案例研究，从农业、制造业和服务业的角度，对国内外私募股权投资促进本行业创新增长的经典案例进行分析总结，为前文的理论和实证分析提供进一步支撑。

⑥政策研究，探究促进私募股权投资持续健康发展的可行性路径。

第三节　研究目标和研究方法

一　研究目标

本书的主要目标是探究私募股权投资与中国三次产业生产率之间的关系。围绕这一研究目标，又可以细分为以下五个小目标：第一，中国私募股权投资发展历程、现状和国际比较的系统性梳理；第二，中国私募股权投资本质属性的再认识，其与科技创新和资源配置效率之间的理论逻辑；第三，从三次产业角度对中国创新增长的测算、比较和分析；第四，从实证角度构建计量模型，检验私募股权投资与创新增长之间的数量关系；第五，针对以上研究结论，对中国私募股权投资持续健康发展和中国经济创新增长进行政策路径方面的探索。

二　研究方法

一是理论分析与实证研究相结合，通过梳理私募股权投资行业发展现状、中国创新增长的测算情况以及私募股权投资与创新增长的理论关系，并通过构建量化指标和实证分析模型，对其数量关系进行实证检验，试图从实证层面找到支撑理论分析的证据。

二是逻辑推理与规范研究相结合，试图从影响创新增长的内在因素出发，找到私募股权投资对中国创新增长的传输渠道，通过正反论证，验证二者的影响路径，并通过实证检验，厘清二者的发展关系。

三是国际比较与中国实际相结合，综合收集三次产业国内外私募股权投资的数据和典型案例，通过类比演绎等方式，找到可能的共同规律和中国私募股权投资持续健康发展的可行性路径。

第四节　主要创新和不足之处

一　主要创新之处

第一，研究视角的创新。中国私募股权投资发展较晚但起步很快，从投资金额来看，近年来，中国已成为仅次于美国的全球第二大私募股权投资市场。但正是由于起步较晚，中国学术界对私募股权内在机理和发展规律的认识还非常有限。本书基于中国产业转型升级和经济高质量发展的大背景，首次将研究视角投向私募股权投资（PE/VC）与产业转型升级和高质量发展之间的关系上，并通过翔实的国内区域和行业数据，全面、客观、真实地向读者呈现中国私募股权投资的发展态势和对全要素生产率的影响，以期为私募股权投资健康发展和中国高质量发展阶段转换从金融角度提供一定的路径选择和建议。

第二，研究数据的贡献。目前中国学术界因为统计数据的制约，基本无法准确掌握中国私募股权投资的相关数据。从知网来看，这方面的研究也较为匮乏。本书首次全面准确地对中国和世界主要国家或地区私募股权投资发展的历史数据和现状进行呈现，有助于国内学术界加深对该领域的理解和认识。本书利用翔实的数据，进一步丰富了现有关于私募股权投资的文献。

第三，研究边界的拓展。将全要素生产率作为创新增长的替代指标，是国内外学术界的一种常见思路。围绕全要素生产率的测算也一直是学术界的热点问题，国内外学者也开发出了一系列测算方法。从发展历程来看，随着研究方法的探索，近年来，半参数的测算方法在制造业领域的研究中得到了较为广泛的应用，但服务业和农业的大部分研究基本还停留在较为早期的 DEA 测算方法上。本书在笔者博士求学期间对制造业全要素生产率进行系统性研究的基础上，利用较新的三次产业数据，首次尝试将半参数方法拓展到农业和服务业领域，拓展了三次产业生产率研究的边界。将三次产业 TFP 置于同一研究范式下进行横向比较和分析，也有助于客观认识三次产业创新增长的差距，从而找到有针对性的解决措施。

第四，政策研究的探索。本书在中国经济转型和高质量发展的背景下，首次从私募股权投资角度对三次产业的影响进行理论和实证分析，这是一个金融和产业交叉的领域。在分析了当前的金融乱象，如资金"脱实向虚"之后，本书的研究为金融支持实体经济指明了一条具有一定可行性的路径，有助于丰富金融供给侧结构性改革、金融支持实体经济、高质量发展的路径选择等政策思路。

二　研究中存在的不足

第一，统计数据的制约，主要体现为数据的时间维度较短和精确度较低等问题。首先，中国私募股权投资发展起步较晚，成体系的公开数据较为缺乏。目前，中国私募股权投资基金的主管部门是中国证监会，但在执行过程中，实际主管部门是中国证券投资基金业协会（https://www.amac.org.cn/），该协会采用备案制，私募股权投资基金在协会备案后即可进行展业操作。但遗憾的是，中国证券投资基金业协会并没有对中国私募股权投资数据进行分地区和分行业的整理公布。部分数据是以协会报告、零散的新闻通稿、领导讲话等形式呈现，没有成体系、系统化的数据供公众查询。其次，获取国际数据的代价非常高昂。国际数据集中在美国、英国等发达国家的私募股权投资协会，这些数据库非常昂贵，国内购买的高校近乎为零。另外，私募股权投资数据较难获得也制约了相关研究走向深入。目前在国际数据的获取方面，美国私募投资协会数据库（PitchBook）是全球公认的较为全面的 PE/VC 数据库，但国内高校鲜有购买，导致国际数据的获取非常困难。最后，考虑到私募股权投资行业的封闭属性，出于商业秘密的需要，研究人员较难获得准确、全面、系统的行业和地区数据，从新闻报道中获得的零散数据缺乏精确度。

第二，实证检验稳健性不足。除理论分析外，本书构建了计量回归模型对私募股权投资与中国三次产业生产率之间的数量关系分别进行实证检验。但是，由于成体系的中国私募股权投资省级面板数据缺失较为严重，目前只能够得到 2009 年以后的省级面板数据，时间区间较短。这可能无法全面反映中国私募股权投资市场自形成以来对中国创新增长的影响，从而影响到实证检验的稳健性。

对于连续时间序列和细分行业及国际比较数据的获取，国内存在两个数据库，即清科私募通数据库（PEDATA）和 CVSource 投中数据库，前者是业内普遍较为认可的数据库，后者刚刚起步。在价格方面，前者一年价格接近 30 万元，后者为 6 万元左右。至于美国私募投资协会数据库，笔者熟悉的一些海外高校，如新加坡国立大学有购买，国内高校中清华大学已于 2019 年底走完购买流程，目前已进入清华大学数据库。截至目前，清华大学是国内高校中唯一购买了成体系并且较为全面的私募股权投资国际国内数据库的高校，主要由清华大学的校级研究机构——清华大学全球私募股权研究院使用。笔者自读博士以来，一直在清华大学全球私募股权研究院从事兼职研究员工作，做了大量相关领域的深入研究，包括连续两年负责《清华大学私募股权投资报告》（白皮书）国际部分的撰写和相关学术研究，作为主要成员参与了多项国家发改委财金司、工信部中小企业局和相关监管部门委托给研究院的相关政策研究工作，有较为充足的前期积累。在数据收集方面，笔者目前也拥有国际国内两个数据库的访问和使用便利。因此，数据方面的问题可以得到解决。至于实证结果的稳健性，考虑到本书采用的是省级面板数据，2009 年之后可选模型变量比较多，所以本书除采用广义矩估计（GMM）进行处理外，还尝试通过寻找合适的工具变量或更换被解释变量等方式予以解决。根据目前计量经济学和计量工具的发展，在备选数据充分的情况下，稳健性检验的处理在技术上已经较为成熟。

第二章
文献回顾与评析

第一节　私募股权投资相关研究

一　对私募股权概念和范围的界定

从前文的概念界定可知，私募股权投资、风险投资、创业投资和天使投资在本书中都属于广义私募的同一范畴。但是在专业投资机构的划分中，它们存在细微的区别，在私募股权投资的发展历史上，国内外学者围绕其定义和范围做了大量的探索，具体如下。

首先是风险投资。成思危（1999：2）认为，风险投资是一种权益资本，是指把资金投向蕴藏着较大失败风险的高新技术开发领域，以期成功后取得高资本收益的一种商业投资行为。其实质是通过投资一个高风险、高回报的项目群，将其中成功的项目进行出售或上市，实现所有者权益的变现（蜕资），这时不仅能弥补失败项目的损失，而且可使投资者获得高额回报。而在对创业投资的概念界定中，Ferrary 和 Granovetter（2009：326）认为，创业投资是"实行专业化管理，对新兴的以增长为诉求的未上市公司进行的股权式投资"。钱苹和张帏（2007：78）进一步指出，创业投资机构是一种新型的金融中介，它从出资者那里募集资金，并把资金投向成长潜力大的创业企业，使人力资本和金融资本实现有效结合。至于另外一个与风险投资和创业投资概念密切相关的天使投资，李华和王鹏（2003：51）通过对 OECD 国家内部天使投资的规模、阶段及领域的划分研究，发现天使投资与风险投资在企业成长阶段上存在明显的互补关系。天使投资的规模要小于风险投资，天使投资主要集中在企业的研究开发和创业阶段，天使投资在将高成长企业培育到一定阶段后引起风险投资机构的兴趣，由风险投资机构继续培育。

可以看出，风险投资与创业投资实际上是对同一概念的不同表述，而天使投资又是风险投资的早期阶段。但是，天使投资是一种非正规的风险投资，它在许多方面都有别于风险投资公司或者风险投资基金等专业机构所从事的正式的风险投资活动（涂峰，2006：40）。这些资本主要是通过对企业发展的初期和早期阶段进行注资，从而在承担投资风险的同时，分享企业成长收益。而初创期的企业很有可能面临较大的失败风险，因此这种投资面临巨大的不确定性，故而业界也经常将天使投资和创业投资统称为风险投资。

其次是私募股权投资。哈佛大学教授 Lerner（2002：73）认为，如果将经济系统中投资于企业的权益资本按是否可以在公开市场自由交易这个标准来划分，可分为可公开交易和不可公开交易的权益资本两种，后者即是私募股权，它是指不必经过证券监管机构审批登记、在私人及各金融机构或非金融机构之间交易的权益资本。这部分权益资本包括非上市公司的权益资本、上市公司非公开交易的权益资本、未在证券交易所登记或者因其他规定不能公开上市交易的股票等。

美国风险投资协会（NVCA）和美国两家最重要的研究机构 Venture Economics 公司与 VentureOne 从不同类型私募股权运作项目的角度，将私募股权定义为所有的风险投资（VC）、管理层收购（MBO），以及夹层投资（Mezzanine Investment）、"基金的基金"（Fund of Funds，FOF）投资和二级投资（邓康桥，2006：100）。一般来说，私募股权投资是指投资于非上市股权，或者上市公司非公开交易股权的一种投资方式。广义的私募股权投资涵盖企业首次公开发行前各阶段的权益投资，即对处于种子期、初创期、发展期、扩展期、成熟期等各个时期的企业的股权进行投资。

最后是关于私募股权投资和风险投资的区别。中国学者吴晓灵（2007：6）认为，以非上市企业为主要投资对象的各类风险投资基金或产业投资基金，是风险投资的重要表现形式。在此基础上，张学勇和廖理（2011：118）提出，通常认为主要投资于企业早期阶段的属于风险投资，而投资于扩张期或成熟期阶段的属于私募股权投资。因此，私募股权投资实际上可以理解为风险投资发展的后期或高级阶段（陈芳、崔汕汕，2010：55）。

综合来看，国内外学者在研究中基本达成了以下共识，即天使投资、风险投资和创业投资属于私募股权投资的早期阶段，企业成熟期和扩张期的风险资本被定义为狭义的私募股权投资，广义范围的私募股权投资是包含了天使投资、风险投资和创业投资的风险资本。

二　对私募股权投资本质属性的认识

作为一个新生事物，国内学术界对私募股权投资的研究起步较晚。公开文献显示，中国学者对私募股权投资相关问题的研究，基本始于2000年前后，这也和中国私募股权投资的发展时间轴大致吻合。

在私募股权投资刚刚进入中国之初，一些学者从私募股权投资的制约因素出发，开始了对私募股权投资发展正当性和必要性的争论。例如，时任中国私募股权研究中心（筹）发起人盛立军在接受媒体采访时公开表示，在当前的产权制度下，中国金融企业缺乏寻找持续盈利模式的动机，以民营资本为核心的私募股权融资产业能够通过"金融民营化"弥补这一缺陷（张阳，2003：44）。李建良和濮江（2004：73）对此持有不同的观点，他们认为风险投资的内在运行机制是"合理预期高

收益和合理控制高风险"，其投资对象不是人们一般意义上所理解的
"高成长的中小企业"、"高科技企业"或"风险企业"。如果仅仅是为
了解决风险投资的退出问题，就设计过低的上市标准、推出创业板，这
是一个错误的选择。

在私募股权投资发展的初期，甚至是在其大踏步发展的过程中，这
种质疑的声音从未缺席。尤其是随着中国加入世贸组织，中国金融业基
于入世承诺①对外开放的步伐也逐渐提速，这种观点一时甚嚣尘上。
2005 年 9 月，著名私募股权投资机构凯雷投资集团对太平洋人寿 4 亿美
元的投资议案获得太平洋保险集团董事会通过，凯雷投资集团因此获得
太保人寿 24.975% 的股权；同年 10 月，凯雷投资集团以 3.75 亿美元收
购徐工机械 85% 的股权，它们分别是当时中国私募股权投资发展历史上
最大的 PE 交易和第一起国际并购基金获大型国企绝对控股权案例（商
野，2006：62）。在市场化改革的初期，这两个案例自然引起了轩然大
波，也引来了不少产业和金融安全角度的质疑。

针对私募股权投资的质疑声音，不光是在国内，而且在国外学术界
也同样存在。Tykvová（2006：399）研究发现，虽然大多数文献强调了
私募股权投资的积极作用，但这些结论主要是对美国独立封闭式私募股
权基金的分析，不能代表私募股权投资行业的整体情况。在私募股权投
资中，私募股权基金的提供者和基金的治理结构、战略目标和经验，对
其增值活动具有决定性的影响。

随着对私募股权运作模式认识的深化，更多的学者开始注意到其获
取高额收益背后的运作机理。陈峥嵘（2004：58）在对过去 20 年美国
的发展经验进行研究后发现，一方面，私募股权市场的中介机构作为一
个桥梁和纽带，有助于拓宽中小企业的融资渠道，使其融资渠道多元

---

① 《中华人民共和国服务贸易具体承诺减让表》，中国政府网，http://www.gov.cn/
gongbao/content/2017/content_ 5168131. htm，最后访问日期：2022 年 12 月 2 日。

化，在一定程度上缓解中小企业的融资难问题；另一方面，私募股权市场也是中等规模公司、陷入财务困境的公司和寻求收购融资的上市公司的重要融资渠道，有利于满足不同类型企业多样化的融资需求。另外，私募股权投资加速了基于研究的技术开发和商业化，对创新绩效产生了积极影响，从而为经济增长做出了重要贡献（Link et al., 2014: 103）。

也就是说，虽然私募股权投资有资本追逐高额收益的内在驱动，但是其对企业融资和提升资本市场资源配置效率具有重要的影响。研究私募股权投资的本质属性，需要将其置于中国资本市场发展的宏大视野中去观察。

王磊（2009: 1）指出，中国资本市场的发展并没有跟上经济发展的脚步，投融资渠道的单一，一方面导致社会巨额资金被迫滞留在银行系统，以及掌握在其他诸如保险公司和养老金等一些大的机构手中；另一方面导致众多企业一直处于资本短缺所带来的发展瓶颈中。尤其是对于处于首次公开募股（IPO）前夕的企业来说，有私募股权投资参与的企业，其企业价值高于无私募股权投资参与的企业，并且国有背景的私募股权投资较民营背景的私募股权投资对被投资企业价值的提升作用更为显著（李九斤等，2015: 151）。

综合来看，国内外学者在对私募股权投资本质属性的研究中，经历了从质疑到支持的复杂认识过程。截至目前，学术界基本形成了私募股权投资有利于经济发展的普遍共识。而这一作用的发挥，主要是通过支持中小企业、促进技术创新、完善多层次资本市场、提升资源配置效率等多个角度来实现的。值得强调的是，私募股权投资这一本质属性和对经济发展的正外部性，恰好是全要素生产率提升的重要实现渠道。

三 私募股权投资运作模式和发展现状

在实际运作过程中，私募股权投资主要是遵循"募投管退"四个流程，即"募资、投资、管理和退出"。随着私募股权投资的蓬勃兴起，国内外学者围绕私募股权投资全流程的运作机制和存在的问题做了大量的研究。

在募资环节的研究中，张红（2017：222）认为，政府参与渠道单一，产业投资基金没有起到引导作用，而且缺乏相应激励机制；商业银行不可以投资非银行部门或企业；过度依赖海外资本，这些是当前中国私募股权资本募集环节存在的主要问题。也就是说，当前中国私募股权投资机构普遍存在募资难和长期资金匮乏的困境。对于此问题，李靖（2016：50）认为，私募股权资本募集是私募股权资本运行的前提，是私募股权资本循环与周转的起点。拓宽我国私募股权资本募集渠道，需要积极发挥政府资本的引导作用，规范商业银行涉足私募股权资本领域，鼓励富裕家庭和个人投资私募股权资本，加强对海外资本的引导与监管。在进一步的研究中，胡力勇（2019：37）指出，开拓募资渠道显得格外重要，政府应该放开社保基金、保险、银行等机构资金进入私募股权投资市场的限制。曹秀峰（2015：56）研究了近年来在中国市场日益活跃的"大众筹资"（crowd funding）[①] 这一新型互联网金融模式中私募股权众筹有关问题，认为应该本着"法无禁止即允许"的原则，鼓励先行先试，推动"大众创业、万众创新"。

在私募股权投资运作中，对目标公司的价值评估是确定投资数额和股权份额等投资协议基础条款的前提条件，所以企业价值评估是私募股权投资中的核心问题之一。在当前中国私募股权投资二级市场疲软、私募股权投资机构利润被进一步压缩的背景下，继续沿用西方经典的估值模型，会导致我国私募股权投资企业的估值模糊（姚颖，2013：2）。围绕该问题，姚磊（2012：55）认为，对赌协议是投融资双方因信息不对称而产生的一种估值调整机制，应该重视对赌协议的作用。但是，

---

① 大众筹资即网友（投资人）一起为某个项目募集资金，在我国香港称作"群众集资"、台湾地区称作"群众募资"，主要有回报类众筹、债权类众筹、股权类众筹和捐赠类众筹四类。

在中国现有法律环境中，因现行的股份转让限制和上市制度等原因，对赌协议还存在不少法律障碍的现实情况。刘迎霜（2015：123）的研究指出，监管部门不应绝对禁止对赌协议，而应创造法律条件使之在私募股权投资实践中得以合法运用。保护公众利益、促进交易、尊重市场自治，应是对对赌协议所持的价值判断。

私募股权投资全流程中的"管"，主要是指投后管理。对于私募股权投资机构来说，最终实现项目退出是最重要的目标之一，而投后管理实现的企业增值又恰恰是企业后续实现退出的重要环节（左依获，2020：138）。在私募投资强监管、难退出的大形势下，面对项目投资周期长、风险高的主要特性，投后管理已逐渐成为投资机构降低投资风险、保障投资收益、提高投资成功率的核心竞争力（张秀敏，2019：131）。在进一步细化的案例研究中，宋倩雯（2019：40）通过对硅谷天堂投资联创电子的案例进行分析，认为应该从权益性投后管理、财务性投后管理、战略性资源输出三个角度逐步完善投后管理路径。考虑到中国私募股权投资起步较晚，在投后管理方面缺乏经验，李天（2019：181）将研究的视角投向了美国，在对国际著名私募股权投资巨头KKR的投后管理经验进行分析后，认为投后管理必须走精细化的路线，这主要体现在管人、管事、管资本"三步走"策略上，针对企业不同发展阶段和不同行业提供差异化的管理服务。

在私募股权投资基金的整个运作流程中，资本的退出是十分关键的一环。只有私募股权投资基金顺利地从投资项目中退出并获得高额利润，才能吸引更多的资本进入私募股权投资领域（印露，2009：12）。刘三江（2018）研究了美国私募股权基金退出情况，发现其一级市场退出方式经历了从以IPO为主到以并购为主的演变，总体上呈现出IPO退出机制逐渐衰退、二次出售退出比例逐年上升、并购仍为退出机制第一选择的阶段性特征。但是，在对中国市场的研究中，方红艳和付军（2014：105）发现，基于成熟资本市场的信息不对称和声誉假说并不能很好地解释我国 VC/PE 的退出方式，相反，来自中国市场的数据反映了近年来 VC/PE 行业较为普遍的突击入股短期套现现象。而造成这种现象的主要原因是，我国风险资本市场体系尚不完善，产权交易市场交易制度不完善，交易尚未完全市场化，难以形成合理的定价机制，制约了风险资本通过并购、股票回购和清算方式退出，从而加剧了风险资本短期套利动机。因此，畅通私募股权投资退出渠道，是促进私募股权投资市场持续健康发展的重要保障。詹丹（2014：18）的研究也支持了这一观点，他认为目前的退出方式存在诸多问题，突出表现在私募股权投资市场需要退出的资金远远不是目前已有资本市场可以消化的，国内 IPO 的暂停，让中国私募股权投资基金以往依靠公开发行上市退出的方式难以为继。吕周汀（2018：11）则从 PE 二级市场的角度，建议以目前的区域性股权交易市场为基础，建立全国的 PE 二级交易平台。发达国家的经验显示，以首次公开募股（IPO）、兼并和收购（M&A）、股份回购和清算以及二级市场转让等为主要通道的退出方式，应该是私募股权投资退出市场的重要发展方向。

综合来看，在对中国私募股权投资运作全流程和发展短板进行研究的过程中，学术界基本达成了以下共识：中国私募股权投资行业还普遍存在募资难、长期资本短缺、短期逐利动机强烈的问题；投资标的估值中的中国方案缺位，法律环境没有跟上市场发展的需要；投后管理不够精细化；退出渠道较为单一；等等。这些对"募投管退"全流程现状的研究，既有利于我们深入认识中国私募股权投资的发展现状，也为接下来中国私募股权投资发展的未来路径指明了方向。

四 私募股权投资法律规制问题研究

在私募股权投资发展过程中，除了私募股权投资机构和被投企业外，政府也是重要的参与者。西方发达国家的经验告诉我们，政府作用的正确发挥，是市场持续健康发展的重要保障。在私募股权投资法律规制问题的研究中，学术研究主要集中在私募股权投资机构设立、业务操作规制和新生事物监管三个角度。

首先是机构设立方面的研究，主要从立法的角度展开。私募股权投资的载体是私募股权基金，目前世界范围内的私募股权基金主要有公司制和有限合伙制两种形式。中国相关领域立法建设的滞后，使得自20世纪90年代中后期以来我国的私募股权基金走上了一条曲折的发展道路。

从发展历程来看，我国私募股权投资基金最早是从设立境外法人投资基金开始的。1995年，国务院批准中国人民银行颁布《设立境外中国产业投资基金管理办法》。这是关于中国产业投资基金的第一个全国性法规（苏东海，2007：25）。《公司法》《合伙企业法》《创业投资企业管理暂行办法》等一系列相关法律的修订和管理办法的出台，特别是2007年6月1日新《合伙企业法》的实施，为国内私募股权投资引入有限合伙组织形式奠定了坚实的法律基础（孙玉美，2010：107）。尤其是《合伙企业法》修订后确立的有限合伙企业制度为我国私募股权投资基金发展提供了新的制度供给与法律支持（李建伟，2007：57）。

其次是业务操作规制方面的研究。张玲（2016：22）从《私募投资基金监督管理暂行办法》（2014年）和中国证券业协会有关基金管理人备案登记、内控指引等一系列行业规则出发，认为目前我国关于私募股权基金的立法仍处于探索阶段的事实无法否认，基金管理人、投资者的准入标准被以各种方式突破，不利于我国私募股权投资基金行业的规范发展。王虎生（2018：16）从备受关注的"PE对赌第一案"争议出发，在认真对比美国风险投资协会制定的《美国风险投资示范合同》后认为，只要对赌协议不违反公司法定资本制度，未实质损害公司和债权人的利益，该对赌协议就应该是有效的。这桩引发中国PE界"地震"的对赌协议肇始于2007年10月，基本事实经过可以概况如下。

PE 机构 A 与 B① 签订投资协议。A 以 2000 万元现金入股，获得 B 部分
股份。双方对赌条款约定，B 公司 2008 年净利润不应低于 3000 万元，
否则需向 A 提供补偿。结果 2008 年 B 公司实际净利润仅有 2.68 万元，
据此计算需补偿 A 1998 万元。而 B 不肯履行约定，于是 A 将之告上法
庭。法院一审判决该协议无效，二审维持原判。② 也就是说，在该 PE
对赌第一案中，法院判决双方的对赌条款及协议无效，这引发了学界对
PE 退出问题的思考。在对业务运行全流程中的退出规制问题进行研究
时，刘晶明（2018：518）发现，中国私募股权投资基金退出的法律法
规散见于各部门，不成体系，整个法律制度司法效率与可预见性较差，
判决与仲裁执行困难长期困扰着法院。

最后是新生事物监管方面的研究。随着行业的发展，数字技术与私
募股权投资的融合发展效应开始显现。针对互联网股权融资这一新生事
物，赵吟（2019：126）认为，应该遵循理念更新的类型化思维，由主
体资质认定转向投资行为规范，凭借金融产业链源头上的风险控制促进
真正意义上的股权众筹规范化发展。

综合来看，在对私募股权投资法律规制问题的研究中，中国学者基
本得出了中国私募股权投资立法建设滞后于私募股权投资行业发展实际
的结论，认为构建中国私募股权投资持续健康发展的长效机制，需要结
合我国实际，逐步构建体系化的法律规制框架。

五 私募股权投资对创新增长的影响研究

考虑到私募股权投资的内在属性，学术界围绕私募股权投资与创新
增长的关系展开了细致的研究。尤其是随着中国资本市场的日益完善，

---

① A 和 B 分别为苏州工业园区海富投资有限公司（简称"海富投资"）和被投公司甘
肃世恒有色资源再利用有限公司（简称"甘肃世恒"）。

② 《中国 PE 对赌第一案引发的争议》，搜狐网，http://news.sohu.com/20120821/
n351160720.shtml，最后访问日期：2022 年 12 月 2 日。

私募股权投资机构的退出渠道更加通畅，这为学术界研究私募股权投资对创新增长的影响提供了一个绝佳的试验田。在企业数据研究层面，何涌（2019：118）以 2009~2016 年我国 569 家创业板上市公司为样本，使用其 2009~2017 年的非平衡面板数据，研究了风险投资、R&D 投入对企业创新质量的影响后发现，风险投资参与对企业创新质量有显著促进作用。和常识相悖的是，该研究还指出，过多的 R&D 投入会降低企业创新质量，实证结果表明，风险投资对 R&D 投入与企业创新质量之间的关系有显著调节作用。这再次说明，创新增长有自己的内在规律，不能一味地依靠资金投入，还需要资金以外的现代企业管理、商业模式等的投入进行配套，而这恰好是私募股权投资机构所擅长的赛道。

实际上，风险投资在研发投入和创新产出之间发挥调节作用已基本成为学界共识。主要原因在于，风险投资甄别了创新产出的质量，有效抑制了研发投入转化为以外观设计和实用新型为代表的低质量创新产出，而且促进了研发投入转化为以发明专利为代表的高质量创新产出（胡志强、彭博，2016：165）。Alvarez-Garrido 和 Dushnitsky（2016：819）的研究也验证了风险投资对企业创新的积极作用，他们以 1990~2003 年成立的 545 家美国生物技术企业为样本，发现与独立的 VC 支持同行相比，CVC（企业风险投资）的被投资者表现出更高的创新率。

至于私募股权投资对更为宏观层面创新的影响，华岳等（2019：74）采用全国 282 个地级市 2003~2015 年的面板数据，将"政府风投引导基金"作为工具变量，检验风险投资与城市创新间的因果关系后发现，风险投资能提升我国城市创新水平，尤其是发明专利与实用新型专利的数量。进一步的异质性分析显示，在东部城市、人力资本更加丰裕的城市、大企业密集度更高的城市和政府规模更大的城市，风险投资对创新的影响更为显著。

综合来看，国内外学术界的普遍共识是，私募股权投资机构通过融资支持和增值服务，促进企业创新能力的提升以及整个行业和地区创新能力的改善。不过，这种改善的一个重要约束是，私募股权投资机构健康发展的生态体系形成，因为私募股权投资机构的流动性风险会扰乱投资周期继而阻碍企业的融资进程（Alexis，2015：4）。

第二节 三次产业创新增长测算及影响因素系统梳理

一 农业 TFP 测算及相关研究

从生产率的概念界定来看，所谓生产率就是在一定时间内具体劳动或机器产出的数量。就农业生产率而言，它是指单位劳动时间内所生产的农产品数量，或生产单位农产品所需要的劳动时间。中国传统小农经济生产模式，决定了较低的农业生产率水平。突出表现是，20 世纪 70年代，中国农村地区人均食物摄入量仅仅达到全球平均水平（勃兰特、罗斯基，2009：400）。

中国学者陈振汉（1955：124）从历史的维度出发，也得出了相同的结论。他考察了中国历史上农业生产率的高低，发现中国农业的生产过程决定了其需要消耗大量的农村劳动力，这是中国农业劳动生产率处于极低水平的重要原因。可以说，农业生产具有较低生产率，是很长一段时间学术界的普遍共识。

20 世纪 50 年代开始的大规模工业建设、"大跃进"和人民公社化运动，吸纳了大量的农业人口。与工业相比，农业本身的特点决定了其具有较低的劳动生产率，如何在向国民经济建设输送源源不断的劳动力，又能满足国民经济建设需要的基础上提升劳动生产率，引发了中国学术界对农业劳动生产率影响的思考。

这主要是因为，农业是国民经济的基础。一个社会在一定时期内究竟能够拿出多少人力、物力和财力投入工业、商业、交通运输业等行业以及文化、教育、卫生等部门，首先取决于该国农业生产率的高低（张敏如，1962：43）。因此，正确安排国民经济各部门比例关系的先决条件之一，就是对农业生产率进行准确测定。

大量学者由此开始了探索，在对农业生产率测定问题的研究中，陈仁恩和林期望（1959：65）提出在农村地区，用公社全年农业总产值除以全年在农业生产上耗工总数的值作为替代指标。按照这个思路，农业生产率的分母应该是集体劳动时间。但是，在进一步的研究中，李玉先和朱道华（1963：42）指出，考虑到"劳动日"是集体所有制特有的经济范畴，如果用"劳动日"来衡量，则不能达到揭示节约劳动时间之途径的目的。按照马克思（1955：374）的观点，提高劳动生产率，就是"使较少量劳动有生产较大量使用价值的力量"。因此，随着对农业生产率认识的深化，如何用更少的单位投入获得更大的产出，提升中国农业生产率，逐渐成为学术界关注的热点问题。

不少学者沿着这个思路，将研究的视角投向了国际经验的对比分析中。关丁（1963：22）系统研究了查理·梅堡和卡尔·波朗特发表的《美国农业生产率：1870—1960年》一文，发现近百年来，美国农业按人计算的劳动生产率增长速度较快，主要是因为美国的农业生产中包含了大量来自农业以外的产品，非农部门对农业生产率的不断提高有着相当大的贡献。丁声俊（1990：10）研究了德国农业生产率的情况，发现重视农业科研，实行鼓励竞争的市场经济，加强对农民的教育培训，扩大农场经营规模，实施家庭农场经营和专业化合作的模式，是德国农业生产率提升的秘诀。Sheng等（2013：80）研究了澳大利亚1952～2007年农业生产率的变化情况，发现过去十年恶劣的气候条件和持续下降的公共研发投资导致澳大利亚农业生产率增长放缓。么明（2014：24）研究了二战后匈牙利拉科西政府采用行政手段强迫农民加入生产合作社，实行义务交售制，导致农民生活水平下降、生产积极性降低、农业部门产出减少的内在机制，指出规模经营的现代化农业是农业发展的必由之路。Chen等（2018：575）对全球32个主要农业大国进行研究后发现，日本等土地资源稀缺国更加关注市场化、多样化与优质化，成功实现了农业劳动生产率的跃升，这是其经验所在。

从国际经验的借鉴中，中国学者发现了一个新的问题，即在农业生产转移到以工业机械为基础的现代生产体系下，以跨单位协作和农工一体化为基础的专业化、集中化生产变化，需要对劳动生产率的计算方法进行调整，突出表现是要反映出原材料消耗及科技进步对劳动生产率的影响（刘德光，1986：43）。在这种背景下，农业全要素生产率逐渐成为该领域研究的新风向。

农业全要素生产率指在一定地区和时期内农业生产的总产出与总投入之比，是反映农业生产力水平和运营效率状况的综合指标。农业 TFP 提高是科技进步、经营运作效率改善等各方面综合作用的结果，表明了生产效率的提高和农产品生产（或供给）能力的增强（孟令杰，2001：60）。

在具体的研究进程中，全炯振（2009：36）运用非参数 Malmquist 生产率指数模型和参数随机前沿函数模型结合起来的 SFA-Malmquist 生产率指数模型，测算了中国各省份农业全要素生产率，发现在 1978~2007 年，中国农业全要素生产率的增长主要来自农业技术进步。这一发现得到了高帆（2015：3）的再次验证，他利用 DEA-Malmquist 指数法分析了 1992~2012 年我国各省农业 TFP 的演变趋势及影响因素后发现，技术进步是引致我国及各省农业 TFP 变动的主要因素，并且发现我国农业 TFP 的年均增长率为 3.1%，对第一产业 GDP 年均增长率的贡献率为 79.21%。

至于对农业全要素生产率影响因素的研究，朱秋博等（2019：22）基于农业部农村固定观察点 2004~2016 年的农户数据和农村信息化补充调查数据，采用手机信号、互联网和移动网络的接通程度作为农村信息化的度量指标，分析了信息化对农户农业全要素生产率的影响，发现信息化发展对提升农户农业全要素生产率具有促进作用，这种作用主要来源于农业技术效率的提高。但受农村人力资本的制约，在本书研究的数据期内信息化对农业技术进步并没有表现出显著影响。进一步的研究显示，从不同教育形式来看，相较于学历教育，以技术培训、职业教育等为主体的非学历教育更能直接促进一个地区农业生产率的提升（杨芷晴，2019：52）。

综合来看，在对中国农业生产率研究的过程中，国内外学者利用数量测算和国际对比的研究方法，得出了中国农业全要素生产率逐年提高主要是由技术创新和教育水平提升驱动的基本共识。这些研究为我国准确认识农业创新增长的现状、制约因素和提升路径，做出了很好的铺垫。

二 制造业 TFP 测算及相关研究

对制造业生产率的研究一直是学术界的热点问题之一，这主要是因为随着人类进入工业化社会，经济结构发展了重要变化，大量的劳动力从农业部门涌入工业部门，引起了经济社会结构的深度变迁。这种观点先后见于克拉克和库兹涅茨等人关于经济发展和产业结构关系的研究成果中（吕铁，2002：87）。一般来说，当生产要素从具有较低生产率或生产率增长较为缓慢的部门，向具有较高生产率或生产率增长较快的部门转移时，整个经济体的总生产率也会随之增长。[①]

国内学术界对中国制造业生产率的研究，始于中国加入世贸组织后制造业的对外开放和大量外资的引进。Szirmai 等（2002：863）测算了1980~1999 年中国制造业劳动生产率的变化情况，发现中国制造业劳动生产率的增长在 20 世纪 90 年代展示了令人瞩目的加速度，中美劳动生产率的追赶进程已经开始。但是中美之间制造业生产率的差距不容小

[①] 这种观点就是所谓的结构红利假说。根据该假说，如果一个经济体（国家或地区）致力于发展那些具有较高技术含量或者说技术进步快的产业，那么其就会获得相对于其他经济体而言更高的生产率增长率。

觑，黄勇峰和任若恩（2002：161）研究发现，就劳动生产率来说，中美之间的差距相当大，1985~1994 年美国制造业劳动生产率大约是中国制造业劳动生产率的 17.67 倍。

随着微观层面统计数据体系的完善，利用微观数据进行研究也逐渐可行，这些研究丰富了制造业生产率研究的文献。都阳和曲玥（2009：25）利用 2000~2007 年中国规模以上制造业企业数据，研究了劳动报酬与生产率之间的关系，发现中国制造业劳动生产率实现了较快的增长。但是，杨汝岱（2015：61）的研究得出了相反的结论，在依托 1998~2009 年中国工业企业数据库，利用 OP、LP 方法对企业层面全要素生产率进行测算后，发现中国制造业整体全要素生产率年均增速存在较大波动，分解数据显示，制造业生产率增长更多的是来源于企业成长，但空间在不断缩小，据此，他认为中国制造业需要寻找资源配置效率改善的新模式。

除了对中国制造业生产率进行测算外，还有更多的研究把目光投向制造业全要素生产率的影响因素上来。邱斌等（2008：20）基于 DEA 的 Malmquist 指数方法分析了中国制造业全要素生产率及其分解变量技术进步和技术效率的变化规律，发现研发与出口交货值对生产率存在正向影响，FDI 总体上对内资企业产生了正向技术溢出效应，而且更多的是由后向关联促进技术进步带来的。吴延兵（2006：60）运用中国四位数制造产业数据对 R&D 与生产率之间的关系进行了实证检验，发现 R&D 对生产率有显著正向影响。在控制了市场因素和产权因素的影响后，这一关系依然显著。而针对中国大力发展外向型经济，以及鼓励制造业企业出口对全要素生产率的可能影响，钱学锋等（2011：3）利用 BACI 数据库 1995~2005 年 HS 六分位贸易数据，从种类变化角度考察了进口贸易影响制造业全要素生产率的精确机制，发现对于上游行业来说，进口种类增加对制造业全要素生产率提高有显著促进作用，而大部分行业自身进口种类的增加未能达到这一效果。这种差异取决于进口来源国和行业技术水平。戴觅和余淼杰（2012：211）的研究进一步支持了这一观点，在利用 2001~2007 年中国规模以上制造业企业调查数据估计了出口即期和长期生产率效应之后，他们发现对于有出口前研发投入的企业来说，出口对生产率存在持续且幅度较大的提升作用；但对于没有出口前研发投入的企业来说，出口对生产率没有显著的提升效应或提升效应持续时间短且较弱。

这些研究虽然观察的视角不同，采用的方法和数据也各有差异，得出的结论也不尽相同，但是所有的发现都指向了一个共同的焦点，即科技创新和技术水平的提高是促进制造业全要素生产率改善的重要渠道。

2013 年以来，中国经济进入新的发展阶段，从高速增长向高质量发展阶段转化。对制造业高质量发展的现实需求，催生了大量国内学者对制造业生产率研究的关注。王家庭等（2019：99）运用反事实方法与非参数方法中的核密度估计方法，估算了各省以及分行业劳动生产率增长的驱动力，并探究了制造业增长动能的转换过程。整体上看，支撑中国制造业保持稳定增长的动能正逐步由资本驱动转向技术驱动。黄群慧等（2019：5）重点关注互联网发展对制造业效率的影响这一现实问题，从城市、行业和企业三个维度全面检验了互联网发展对中国制造业效率的影响程度和内在机制，认为互联网发展显著提高了制造业企业生产率。城市互联网发展指数每提高 1%，制造业企业的生产率会提高 0.3%。这种影响机制主要是通过降低交易成本、缓解资源错配问题以及促进创新来实现的。此外，纪玉俊和宋金泽（2019：94）将研究的视角投向了行政垄断对制造业生产率的影响上，在利用 2001~2014 年 28 个制造业行业的面板数据进行实证检验后，发现行业对外开放促进了全要素生产率的提高，而行业行政垄断则抑制了这种促进作用。

综合来看，中国学者在对制造业生产率的测算和分析研究中，逐渐形成了中国制造业生产率不断改善、与美国的差距在日渐缩小、对外开放水平提升和出口贸易发展都有利于中国制造业提升全要素生产率等共识。与此同时，在对中国制造业全要素生产率的研究中，中国学者也发现，提高制造业生产率依旧需要依托科技创新和整个经济社会资源配置效率的改善。

三 服务业 TFP 测算及相关研究

关于服务业生产率研究的经典文献，要回到对鲍莫尔"成本病"[①]的研究上来。美国经济学家威廉·鲍莫尔（Baumol，1967：415）建立了一个两部门宏观经济增长模型，其中一个是进步部门（progressive sector），另一个是停滞部门（stagnant sector）。他认为，在正常情况下，进步部门生产率相对快速增长将导致停滞部门相对成本的不断上升。

根据鲍莫尔的"成本病"理论，生产率增长的差异会带来不同部门之间工资的差异，但停滞部门的人员会要求工资向进步部门看齐，这会导致停滞部门在国民经济中的占比越来越高，继而抑制整个经济部门的生产率增长。

马克思对服务业生产率问题的判断也对服务经济研究产生了深远的影响，其代表性的观点是，多数服务是非生产性的，因此服务业存在不可避免的低效率问题（德劳内、盖雷，2011：38）。加之索洛悖论[②]的影响，很长一段时间以来，服务业生产没有效率的论断在学术界占据了主导地位。在这一问题的争论上，中国学者李江帆（1982：29）首先提出了质疑，他根据马克思的《剩余价值理论》中"生产人口相对的少，不过是劳动生产率相对的高的另一种表现"这一表述，提出随着物质生产领域劳动生产率的提高，无论是资本主义国家，还是社会主义国家，

---

① 根据鲍莫尔的观点，教育、表演、旅店和政府服务等部门的劳动生产率相对于制造业来说，更难以提升。典型的如，在演艺市场上，300 年前的莫扎特四重奏要 4 个人演，300 年后依然要 4 个人。

② 又称生产率悖论（productivity paradox）。是指高速的信息技术生产部门劳动生产率上升非常明显，但是服务业部门并没有出现这种情况，而服务业部门又恰好是信息技术利用更为密集的部门。

从事物质生产的人口百分比必然逐渐下降，非物质生产劳动者必然逐渐增多。这一判断，拉开了中国学术界对服务业生产率再认识的序幕。

在进一步的研究中，针对服务业生产率之谜，梁若冰（2002：35）研究发现，计算机投资的效果有滞后性，难以确定的服务业产出导致的测度误差，是服务业存在索洛悖论的主要原因之一。徐宏毅和陶德馨（2002：141）从生产率的定义出发，认为服务业产出具有非同质性、非实物性、无形性和非储存性，而且服务业产出往往是一个生产、分配和消费同步进行的过程，这些特征会影响到对服务业产出的衡量，因此传统的工业生产率测度方法不适用于服务业。庞瑞芝和邓忠奇（2014：86）在比较之后发现，虽然中国服务业 TFP 增长稍逊于工业，但从平均值来看，服务业生产率（效率）高于工业，并且近年来服务业 TFP 增长有赶超工业的趋势。综合来看，在对服务业生产率之谜的研究中，中国学者发现，"鲍莫尔—富克斯假说"和国内关于服务业低效率的观点并无事实依据。

在对服务业生产率属性有正确认识之后，大量学者开始使用现代化计量手段对服务业生产率问题进行系统全面的研究。杨向阳和徐翔（2006：68）采用非参数 Malmquist 指数方法实证分析了中国服务业全要素生产率的增长状况，并将其分解为技术效率和技术进步。结果发现，1990~2003 年中国服务业全要素生产率增长的主要原因是技术进步水平的提高，但技术效率下降产生的负面影响也不容忽视。在后续的研究中，刘兴凯和张诚（2010：55）用相同方法得出的结论进一步丰富了这一发现。改革开放以来，中国服务业 TFP 不断提高，但增长幅度呈阶段性下降态势，在空间分布上，还存在东部、中部和西部的区域性差异。此外，杨青青等（2009：46）采用随机前沿生产函数模型（SFA），发现人力资本、信息化和市场化对我国服务业的技术效率具有重要作用。在进一步的细分行业研究中，曾燕萍（2019：45）运用 DEA-Malmquist 指数法对 2012~2017 年中国文化服务业企业全要素生产率进行测算后发现，中国文化服务业企业全要素生产率总体负增长，且主要依赖技术进步的拉动。顾乃华和夏杰长（2010：14）从理论和实证两个方面检验了鲍莫尔—富克斯假说在中国的存在性后，发现生产性服务业①的崛起对鲍莫尔—富克斯假说形成了挑战，受生产性服务业②发展影响，第二、第三产业的相对劳动生产率差距在缩小。

　　这些研究为我们深刻认识服务业生产率的现状做出了积极的贡献。但是，王恕立等（2016：123）在对现有服务业生产率的测算方法进行对比后发现，这些传统全要素生产率测算方法大都忽视了环境污染问题，在将环境因素引入服务业生产率体系，运用基于 DDF 的 Malmquist-Luenberger 生产率指数对中国 2004~2013 年服务业分行业 TFP 进行再估算后发现，忽视环境因素会高估服务业全要素生产率的增长率，但是他们的发现也承认，无论是否加入环境因素，服务业 TFP 增长的主导因素都是技术进步。

　　除了技术进步之外，究竟还有什么因素影响着服务业全要素生产率？Marel（2012：1530）利用跨国面板数据进行研究后发现，服务贸易壁垒（管制）不能用来解释服务业全要素生产率的跨国差异，相反各国信息通信技术（ICT）与资本的结合水平起着更为重要的作用。这一发现再次验证了一个基本的经济直觉，即技术创新有利于服务业生产率的改善。但在进入管制的问题研究上，刘丹鹭（2013：84）得出了

---

① 根据国家统计局印发的《生产性服务业统计分类（2019）》，生产性服务业主要包括为生产活动提供的研发设计与其他技术服务，货物运输、通用航空生产、仓储和邮政快递服务，信息服务，金融服务，节能与环保服务，生产性租赁服务，商务服务，人力资源管理与职业教育培训服务，批发与贸易经纪代理服务，生产性支持服务。

② 《国务院关于加快发展生产性服务业促进产业结构调整升级的指导意见》（国发〔2014〕26 号）明确指出，生产性服务业涉及农业、工业等产业的多个环节，具有专业性强、创新活跃、产业融合度高、带动作用显著等特点，是全球产业竞争的战略制高点。加快发展生产性服务业，是向结构调整要动力、促进经济稳定增长的重大措施，既可以有效激发内需潜力、带动扩大社会就业、持续改善人民生活，也有利于引领产业向价值链高端提升。

截然相反的结论。他通过对中国省级面板数据进行检验后指出，就服务业而言，当放松管制体现为国有以及集体企业垄断力量的减小时，它与全要素生产率增长有显著的正向关系。抛开这些观点的争论不谈，我们很容易发现一个共识，即政府管制对服务业生产率具有重要影响。

随着中国全面构建更高水平开放型经济步伐的不断提速，外资进入中国和中资走向世界的双向开放格局日益形成。基于对这一现实问题的回应，陈景华等（2020：87）利用空间计量模型实证检验服务业 FDI 和 OFDI 对服务业全要素生产率的空间溢出效应后发现，服务业 FDI 和 OFDI 都能够显著地促进区域内服务业全要素生产率的增长。为了探讨开放经济条件下生产性服务业开放对服务业生产率的影响机制，陈明和魏作磊（2018：95）利用 2004～2015 年中国生产性服务业开放的平衡面板数据，采用静态 IV-GMM 和动态 SYS-GMM 方法进行实证检验后发现，研发设计与其他技术服务、信息服务、货物运输、通用航空生产、仓储和邮政快递服务"走出去"对服务业生产率的影响相对较大，而金融服务、生产性租赁服务和商务服务"引进来"的影响相对较大。

此外，数字技术的出现，引起了物理世界的广泛重组和聚合，服务业生产率低的假设不再成立（江小涓，2017：4）。一个经典佐证就是，借助卫星电视和网络，大量服务通过网络空间跨境提供，极大地提高了服务业的生产率（江小涓、罗立彬，2019：68）。对于服务业生产率分析模型中的这一重大变化，江小涓（2021）认为，网络上的教育节目和文字信息可以无限次观看和浏览，边际成本极低，规模经济极为显著，效益递增几乎没有边界，任何制造业都无法与之相比。

对于数字技术出现后对传统生产函数的影响，Goldfarb 和 Tucker（2019：3）认为，数字技术的出现降低了经济活动中的搜索、复制、运输、跟踪和验证成本，而大量新产品正是利用数字技术实现了交易成本的下降。而对于消费者来说，基于数字逻辑的新产品在市场上创造了一条具有更强吸引力的"长尾"，这大大增加了消费者盈余（Aguiar and

Waldfogel，2018：492）并提升了整个社会的福利（Brynjolfsson et al.，2019：7250）。实际上，以产业数字化和数字产业化为主要形式的数字经济对传统经济学分析逻辑的冲击已是不争的事实，现有研究基本认为，数字经济的出现有利于更好地匹配供需，形成更完善的价格机制，由此提高经济的均衡水平（荆文君、孙宝文，2019：66），数字经济是我国新旧动能转换的关键推动力量（李晓华，2019：40）。

综合来看，国内外学者在对服务业生产率的研究过程中，经历了从服务业生产没有效率到对服务业生产率正确认识的复杂过程。在对服务业与制造业不同的生产消费属性进行正确认识后，学术界利用非参数Malmquist 指数等方法，对中国服务业全要素生产率进行了系统全面的分析，得出了中国服务业全要素生产率持续改善的主要促进因素为技术进步的结论，同时也发现，政府规制放松和对外开放会对服务业全要素生产率改善产生积极的影响。

第三节　私募股权投资与三次产业创新增长关系研究

一　私募股权投资与农业 TFP

国内学者从农业生产率角度展开的分析，始于对农业科技创新能力不足和资源配置效率低下问题的关注。杨同芝（2000：28）指出，农业科技成果转化率低、科技储备不足、技术创新不够是一直困扰我国农业科技发展的主要问题。随着中国加入 WTO，我国农产品市场将完全开放。在农业领域，引入风险投资有利于加速农业科技成果的转化，提高我国农业的科技含量，增强我国农业及农产品在国内、国际市场上的竞争力。随着风险投资支持实体经济的本质属性逐渐被正确认识，国内呼吁在农业生产过程中引入风险投资机制的声音越来越大。张社梅和王慧莹（2004：25）研究发现，在当前农业科技体制中引入风险投资，将农业创新经费问题直接推向市场,利用风险投资来发展农业高新技术,可降低农产品生产成本,彻底实现农业经济增长由粗放型向集约型的转变。

至于私募股权投资引入农业生产后可能产生的影响,高锁平(2006:42)对我国农业产业化利用私募股权融资的典型案例进行分析后发现,私募股权投资拓宽了农业产业化直接融资渠道,有助于培育壮大农业产业化龙头企业,同时也有利于转移分散农业产业化经营的风险。农业产业化经营引入私募股权融资,为我国解决农业产业化经营融资难题提供了一个新的思路。当然,也有学者从国际经验的对比中发现,资本对农业转型的作用不一定都是积极的。例如,周娟(2015:93)研究了韩国农业转型失败经验后发现,20世纪80年代以后,随着农产品市场的对外开放和贸易自由化的加深,韩国政府放弃小农政策,转而推行市场化农业政策,积极推进土地规模化经营和农业资本化发展是失败的主要原因。但是,更多的研究不断揭示了风险投资对农业科技创新的积极作用。郭鸿鹏和何新颖(2018:143)明确指出,农业科技创新与金融相结合是未来我国农业科技发展的必由之路,也是现代农业所蕴含的产业化、科技化、信息化、金融化发展的潜力所在。

21世纪初期,伴随中国加入WTO后对内对外双向开放水平的提升,社会各界对私募股权投资本质属性的认识得到了全面深化。为了解决"三农"问题,形成金融支持农业发展的合力,中央一号文件从2004年开始连续12年提出要鼓励农业科技创新和科技成果转化。2010年中央一号文件提出,要建立农业产业发展基金,[①] 提高农村金融服务质量和水平。发挥好基金的辐射带动作用,以此来引导社会资金进入农村,培育农业产业化龙头企业,并以龙头企业为支点,带动产业和行业

---

① 2013年3月21日,中国农业产业发展基金在北京举行揭牌仪式。这是我国第一只国家级农业产业基金,经营范围包括以股权形式投资农业产业化龙头企业、农业流通等重点农村服务业企业、农业和农村配套服务与建设项目等。

的发展，推动农业经济繁荣（尹晓宇、宋帅，2015）。

这主要是因为，随着大力推进农业现代化政策的落实，越来越多的农业企业谋求创新，致力于做大做强，但缺乏资金成为其发展路上的绊脚石（张云莹，2017：1），而私募股权投资恰好可以弥补农业生产中的这一短板和不足。在进一步采用微观数据的研究中，李丹（2019：43）从农业上市企业公司治理的角度研究了私募股权投资的影响，发现私募股权投资作为一种具有创新性的融资工具，不仅可以有效解决非农业上市企业融资难的问题，而且可以优化农业上市企业资本结构，为农业企业带来增值服务，提高企业绩效。广玉祺和吴雁鸣（2018：179）以2013~2016年新三板农业挂牌企业面板数据为样本，应用双重差分模型探讨了风险投资对农业创新的影响，发现风险投资机构的参与增大了农业创新投入强度，提高了农业创新产出水平和农业创新绩效，促进了农业发展。

综合来看，学术界通过大量的理论和实证研究初步达成了一个共识，即私募股权投资的出现，有利于缓解农业生产过程中存在的资金和创新不足、科技成果转化困难等问题，从而从支持农业科技发展、农业科技成果转化和农业产业化运行等多个方面促进农业创新水平和资源配置效率的提升，继而在无形中实现农业生产率的改善。

二　私募股权投资与制造业TFP

制造业是国民经济的主体，中国改革开放40余年辉煌成就的一个重要经验就是发展了一批具有世界竞争力的先进制造业企业。在此过程中，既有大型制造业企业，也有大量具有创新禀赋的中小制造业企业。而发达国家德国的经验又告诉我们，建设一批具有创新精神的中小制造业企业，以智能制造为牵引推动产业转型升级，是中国走新兴工业化道路的重要实现渠道。

学术界从私募股权投资角度研究风险资本与制造业生产率之间关系

的文献，始于对大量中小企业融资难问题的关注。2008 年国际金融危机之后，李静筠（2008：34）基于中小企业普遍面临的银行贷款难、首次公开募股难和发行债券门槛高等问题，从蒙牛集团的两轮私募股权融资案例出发，研究了私募股权投资基金对企业成长的影响，发现私募股权投资的引入能够显著促进企业成长。

随着私募股权投资的发展，私募股权投资制造业企业的微观数据更加丰富，大量学者从制造业上市企业微观样本的角度展开了深入分析。徐新阳（2011：65）以 2004~2007 年在深圳证券交易所中小企业板上市的苏浙两省 27 家制造业企业为研究对象，对私募股权投资对企业上市后经营绩效的影响进行了实证检验，发现私募股权投资对所投资企业上市后的经营业绩具有积极作用，并且这种积极作用随着私募股权投资机构持股比例的减少而不断减弱。费一文等（2012：68）以具有私募股权融资背景的中国上市公司为研究样本，使用随机前沿分析模型等方法，实证分析了私募股权投资与企业生产率之间的关系，结果发现，所有样本企业的全要素生产率在引入私募股权投资当年都有了明显提高。2009 年，中国创业板①开板，这为研究私募股权投资与制造业企业之间的潜在关系提供了一个良好的准自然实验。这主要是因为，根据中国证券监督管理委员会发布的《首次公开发行股票并在创业板上市管理暂行办法》，创业板市场主要服务于自主创新企业及其他成长型创业企业。② 从企业构成来看，在创业板上市的企业大多属于刚刚成立不久、市场规模较小、业绩也不够突出却具有较大成长空间的高科技企业。而这些企业恰好是私募股权投资

---

① 创业板又称二板市场（Second-Board Market），股票代码以"300"开头，与主板市场（Main-Board Market）不同，它是专为暂时无法在主板上市的创业型企业、中小企业和高科技产业企业等需要进行融资和发展的企业提供融资途径和成长空间的证券交易市场。创业板是主板市场的重要补充，在资本市场占有重要位置，是一个门槛低、风险大、监管严格的股票市场，也是一个孵化科技型、成长型企业的"摇篮"。

② 深圳证券交易所创业板学堂，http://investor.szse.cn/institute/video/gem/index.html，最后访问日期：2022 年 12 月 2 日。

机构的主要投资标的，而且通过 IPO 退出也是私募股权投资机构最为理想的变现方式。邹佳（2013：41）基于创业板上市公司数据进行研究后发现，私募股权不仅为中小企业提供了资金，还充分利用自己的资源优势帮助企业更快发展。同时，私募股权的快速发展为资本市场培育了大量上市企业资源，促进了企业之间的兼并收购，继而进一步推动了资本市场发展。

至于私募股权投资与科技成果转化的关系，党嘉钰（2019：56）利用问卷调查方法，对在全国范围内通过网络和实地调研方式得到的303 份问卷进行了分析，发现就样本企业而言，私募股权投资持股比例与科技成果转化两者呈正向关系，也就是说，私募股权投资显著地促进了科研成果的市场转化。

在利用微观制造业企业数据的研究中，中国学者逐渐形成了私募股权投资有利于企业成长和市场资源配置效率提升的基本共识，这一共识也得到了国外学者采用国外样本进行研究后的进一步确认。Arnold 等（2016：1）利用 1993～2005 年约 4000 家印度公司面板数据进行研究，发现印度银行、电信、保险和运输等服务业改革政策的实施，最终促进了印度制造业企业生产率改善，这种作用的发挥主要依赖政策改善形成的强大动力。Pierrakis 和 Saridakis（2017：55）从申请专利视角出发，对 2359 家英国公司 4113 笔投资交易进行了分析，发现从私人 VC 基金获得投资的公司，拥有和从公共支持 VC 基金获得投资的公司一样的创新绩效，据此他们认为风险投资有利于企业创新绩效提升。

为了解决中国制造业大而不强的问题，中国政府提出了制造业转型升级，实现从制造业大国向制造业强国迈进的战略。关于如何促进制造业转型升级目标的顺利实现，盛小鹏（2014：33）研究发现，制造业转型升级需要足够的资金支持，而银行等传统金融机构由于自身条件的限制，有很多领域是它们不愿意或没有能力涉及的。近年来伴随我国经济社会的高速发展，国外私募股权投资机构蜂拥而至，国内私募股权投资机构也如雨后春笋般迅速增加，私募股权投资的出现能在一定程度上填补银行及公募股权不愿或没有能力涉及的空白领域，为具有发展潜力的制造业公司提供资金及管理方面的支持。

综合来看，国内外学者在对私募股权投资与制造业生产率关系的研究过程中，发现私募股权投资促进制造业生产率提升的关键步骤，是从拓展制造业被投企业的融资渠道、提供增值服务、改良治理结构、支持企业创新和提升被投企业的市场表现等多个渠道实现的。从更为宏观的视角来看，除了私募股权投资有利于改善被投企业的生产率之外，国内外学术界基本形成了私募股权投资有利于促进高新技术企业发展和产业转型升级的基本共识。

三 私募股权投资与服务业 TFP

随着服务业的发展，第三产业在国民经济中的占比持续攀升，中国迎来了货真价实的服务经济时代。尤其是随着中国经济转型升级的任务越来越迫切，服务业在国民经济中的重要性更是与日俱增。王旭东（2001：6）从中国实施可持续发展战略的角度出发，认为科研、教育产业是实施可持续发展战略的先导产业，文化、体育产业是实施可持续发展战略的优势产业，信息产业是实施可持续发展战略的主导产业，环保产业是实施可持续发展战略的支柱产业。

在服务业大发展的背景下，传统认为服务业生产率较低的观点已经无法解释现实经济生活中服务业蓬勃发展的客观事实。鲍莫尔假说引起了学术界越来越多的质疑。这主要是由于现代技术特别是网络技术的发展正在改变服务业的基本性质，引起了广泛的资源重组与聚合，对传统服务经济理论提出了根本挑战，服务业生产率低的假设不再成立（江小涓，2017：4）。

沿着这个逻辑出发，很容易得出一个推论，即服务业生产率的高低在很大程度上受到网络技术发展和由此引起的资源配置效率改变的影响。从前文关于私募股权投资属性的研究中，我们发现了私募股权投资创新创业和支持新兴产业的内在规律。

在现实经济生活中，网络技术和新兴服务业确实是私募股权投资主要关注的领域。例如，梁潇（2018：1）发现，作为关乎国家信息化发展进程的战略性先导产业，软件与信息技术服务业作为新兴高科技产业，逐渐取代制造业、零售业等传统产业成为近年来投资的焦点，受到了私募股权基金的大力追捧。这一发现得到了张昊楠（2019：19）的进一步确认。张昊楠（2019：19）在研究信息产业私募股权投资的典型案例、进行国际范围内的政策比较、研究我国的顶层设计后发现，私募股权投资基金竞相追逐软件与信息技术服务业的主要原因是，该行业近年来被列为"十三五"期间的战略性新兴产业。而随着产业升级和各行业信息化建设的提速，软件与信息技术服务业的需求得到了大量释放。

可以看出，私募股权投资主要是通过对新兴服务业和战略性新兴产业[①]的投资，在给予这些行业被投企业资金支持和增值服务后，促进行业发展并最终作用于产业转型升级。孙俊和褚明晔（2013：65）对私募股权投资在长三角地区各行业间的流向路径进行研究后发现，私募股权基金的行业投向能够与长三角地区经济转型升级的方向保持较高的一致性，战略性新兴产业和现代服务业成为私募股权基金的热门投资领域。

而从概念界定的角度来讲，现代服务业主要是指依靠计算机技术、信息技术和现代管理理念发展起来的，以提供无形服务为主，具有高知

---

① 国家统计局 2018 年 10 月 12 日第 15 次常务会议通过了《战略性新兴产业分类（2018）》，规定战略性新兴产业是以重大技术突破和重大发展需求为基础，对经济社会全局和长远发展具有重大引领带动作用，知识技术密集、物质资源消耗少、成长潜力大、综合效益好的产业，包括新一代信息技术产业、高端装备制造产业、新材料产业、生物产业、新能源汽车产业、新能源产业、节能环保产业、数字创意产业、相关服务业等九大领域。

识资本、高技术含量和高附加值的服务业，如科技服务、计算机和软件服务等（商禹，2011：15）。美日信息产业的发展经验显示，信息产业已经成为推动两国经济发展的主要动力，这主要是因为信息技术不光自身会产生经济效益，而且能够渗入其他传统产业部门，全面提高劳动生产率（郭辉，2007：1）。

至于投融资如何促进科技服务业的发展，宁凌和李家道（2011：26）在对美日英科技服务业激励政策进行比较分析后发现，通过市场机制的设计，保障资源向高科技产业和中小企业倾斜，设立专门的金融机构和担保机构，是日本政府科技服务业政策成功的关键。

如此一来，我们很容易得出一个推论，即私募股权投资提升服务业生产率是通过对信息服务业和战略性新兴产业的金融及增值服务支持来实现的。在进一步的研究中，部分学者开始探讨二者之间的传输渠道和作用机理。武长河和王潞（2019：1）利用长三角地区三省一市（江苏省、浙江省、安徽省、上海市）2005~2016 年数据，实证分析了风险投资对长三角地区生产性服务业与制造业协同集聚的影响，发现风险投资显著促进了区域创新，而区域创新对长三角地区生产性服务业与制造业协同集聚具有显著的正向影响，区域创新在风险投资影响长三角地区生产性服务业与制造业协同集聚的过程中起到了中介作用。

第四节 本章小结

如果从私募股权投资的本质属性出发，很容易发现一个基本事实，即风险投资具有支持实体经济发展和创新创业的内在基因。发达国家的经验告诉我们，一个成熟的私募股权投资市场，是成功实现经济转型升级和创新经济发展的重要力量。

就创新型企业来说，企业进行的创新活动通常需要经历一个复杂而漫长的过程，在此过程中需要巨大的资金投入，风险性较高，不确定性较大。在中国现有以银行为主导的间接融资体系下，银行等各个金融机构向创新型企业提供贷款的积极性不高。但风险投资专注于投入高风险、高收益和高投入的创新型企业，而且作为一种权益性投资，恰好与技术创新的特点相契合（华姗姗，2019：51）。因此，私募股权投资通过为高新技术企业和行业提供资金及增值服务支持，促进了技术创新，继而实现了对生产率提升的正向溢出效应。

从生产率改善的另外一个维度资源配置效率角度来看，私募股权投资机构出于风险和收益的考量，往往会选择那些具有明显技术优势和较大增长潜力的创新型企业，这些企业本身所具有的高成长性和私募股权投资支持的相互作用，在退出渠道畅通的情况下，最终实现了私募股权机构和被投企业的双赢。这一过程实现了更高水平的市场出清，提高了整个社会生产要素的配置效率。

综合上述国内外学者的分析不难发现，虽然三次产业生产率各有差异，但实现三次产业生产率提升的关键都是科技创新和资源配置效率改善。而私募股权投资本身的行业属性和本质规律，有助于中国三次产业实现技术创新和资源配置的优化，从而提升中国三次产业的生产率。

第三章
私募股权投资与创新增长的
理论分析

第一节　创新资本形成理论

产出需要一定生产要素的投入，现代西方经济学的基本观点认为，劳动力、土地、资本、技术和企业家才能是基本的生产要素。从历史沿革来看，在这一问题的分析上，西方经济学和马克思主义政治经济学虽然拥有相似判断，但是围绕金融资本的不同观点导致了资本和货币本质上的不同结论。比如，围绕资本是不是生产要素的争论，直接决定了不同的生产分配理论。马克思主义政治经济学认为，只有劳动才能创造价值，而其他要素虽然也会参与财富的生产过程，但并不直接创造价值。因此，在社会主义和共产主义阶段其他生产要素全部实行公有制的前提下，就只能实行按劳分配或按（劳动力的）需（要）分配。相比之下，西方经济学则认为资本和土地、劳动力一样可以创造价值。可以说，正是对资本不同作用的认知，导致了分配思想上截然不同的差异。

单就马克思金融资本理论的核心观点来看，马克思认为，社会再生产中生产、分配、交换和消费四个环节是相互作用、紧密联系的，其中起着关键作用的是生产环节，因此引申出了马克思金融资本理论的第一个核心观点，即生产是金融的基础。此外，马克思认为现代社会的经济运行规律实际上是资本主义经济的运动规律，由此形成了其金融资本理论的第二个核心要点，即资本是金融的核心。这种观点认为，现代金融体系是受资本运动规律支配的。与此同时，马克思还认为，在生息资本上，资本关系取得了最能表现、最富有拜物教的表现形式，其生产的动机就是赚钱。根据这一判断，引申出了马克思金融资本理论的第三个核心观点，即金融资本是资本最纯粹的表现形式。从资本主义生产关系的主要矛盾出发，马克思提出了其金融资本理论的第四个核心观点，即金融资本会加深资本主义的经济矛盾。

恩格斯关于生产、垄断和信用的理论，同样也是马克思金融资本理论的重要基础。在《反杜林论》中，恩格斯认为资本主义生产资料和产品的社会化与生产资料私有制之间具有不可调和的矛盾，而且这一矛盾会随着社会化大生产的发展而加剧，这是产生以调节生产为目的的联盟（托拉斯）的经济基础。而托拉斯产生的目的是获取更多的利润。从资本的表现形式来看，私募股权资本更多的是追求在新兴领域和垄断领域（如股票的定向增发和混合所有制改革）获得超额利润。因此，就获取超额收益这一动机来看，私募股权资本和恩格斯笔下的垄断资本具有目的和动机上的一致性。

但有一点需要强调，在马克思主义经济学家中，对金融资本进行了比较全面和系统论述的是德国经济学家鲁道夫·希法亭。他在1910年出版的《金融资本》一书中认为，随着资本主义生产的发展，信用也会日益发展起来。在发达的信用基础上，股份资本产生了。这时，工业资本和银行资本也日益相互渗透，银行资本在越来越大的程度上转变为产业资本。"我们把通过这种途径实际转化为产业资本的银行资本，即货币形式的资本，称为金融资本。"（希法亭，1994：253）从金融资本的动机来看，金融资本有三大动力因素使其进行全球扩张，即争夺世界市场、争夺原料市场、争夺投资范围（朱炳元，2016：8），并且这种争夺日益激化。布哈林（1983：78）认为"这是现代资本主义的发展、资本主义转变成金融资本主义所引起的结果"。如果从这个逻辑出发，很容易得出一个结论，即资本最终的归宿是与产业相融合，这也在无形之中从侧面再次论证了私募股权投资支持实体经济的天然属性。

此外，马克思金融资本理论体系中的一个重要组成是列宁的金融资本理论。1917 年，列宁出版了《帝国主义是资本主义的最高阶段》（简称《帝国主义论》），提出帝国主义是资本主义的垄断阶段，帝国主义是垄断的资本主义（芬四，1989：39）。这既是列宁帝国主义理论的重要基础，也是列宁主义体系的重要组成部分。按照列宁的标准，马克思恩格斯的"资产阶级时代"可以划分为商业资本主义时代、工业资本主义时代和金融帝国主义时代（张保和，2019：71）。《帝国主义论》一书是列宁在 20 世纪初期创作的伟大著作，它系统剖析了《资本论》出版后长达 50 年内资本主义演变过程中的新情况、新问题，就帝国主义的产生、本质、基本特点及历史走向等进行了深入而全面的研究（吴小霞，2015：34）。列宁提出的"垂死的资本主义"在新的历史时期也发生了一些新的变化，需要辩证地加以识别。这主要是由于资本主义同样呈现不断变化的新态势。但是，其分析方法上的科学性仍然毋庸置疑。尤其是对于当代金融资本来说，其通过私募股权投资的方式，加剧了资本的集中和垄断，而其对高额回报的追求也在无形之中促进了资本对生产率提升的正外部性边际效应的溢出，助推了创新资本的形成，这是不容忽视的特征事实。

综合来看，马克思在《资本论》第三卷中关于利润分割、生息资本、银行资本、虚拟资本及资本主义信用制度的分析（吴楠，2018：62），为后世学者正确认识金融资本理论奠定了根本性的基础。尤其值得说明的是，在《资本论》第三卷第五篇的论述中，马克思提出了"虚拟资本"这一概念，这个概念是马克思在分析资本的具体形式时提出来的，原意是指没有价值却能够给它的持有者带来收入的资本。虚拟资本的产生没有改变资本追逐利润的本性，却改变了资本追逐利润的方式（朱炳元、陈冶风，2019：56）。不难看出，马克思金融资本理论的本质是一个历史范畴，在不同的阶段拥有不同的表现形式和存在方式。这为当前我们理解私募股权资本的产生、缺陷和发展路径做出了有益的探索。从马克思主义的基本原理出发，我们不难发现，私募股权投资实际上是金融资本进入全球化时代之后，顺应全球产业结构变迁的一种新的表现形式。其本质是金融资本在创新创业领域的集中体现。在当今时代，金融资本依托先进的信息技术和金融化手段，渗透到资本主义社会生活的每个角落，很多马克思主义学者普遍认为金融资本驱动下的现代资本主义社会已经进入了全球金融资本主义阶段（孔昱程，2019：30）。考虑到资本的逐利性本质，具有较高收益率和较大风险，即收益和风险并存的私募股权投资行业，已然成为金融资本在全球化时代的重要集散地。

与此同时，在另外一个范畴，现代西方经济学同样对"资本"分析倾注了大量的笔墨，形成了独立于马克思主义政治经济学的另外一种观点。典型的是，在古典经济学诞生前的分析框架中，重农学派的代表人物之一杜阁（1961：51）认为，"资本是积累起来的价值"。但是，受制于经济社会发展条件和认知的时代局限，重农学派的观点中，生产资本只是农业资本。古典经济学的代表人物亚当·斯密认为，资本是人民储存起来以取得收入的那部分资财，是收入的重要来源（李朝林，2004：13）。这一观点得到了大卫·李嘉图（1962：78）的进一步确认，他认为"资本是国际财富中用于生产的部分，能够带来利润的积累"。在新古典经济学派的分析框架下，马歇尔认为，资本是一切能够自行带来收入的"物"，在他看来，资本与劳动之间并没有剥削关系。新古典综合派的代表人物萨缪尔森和诺德豪斯（1998：55）认为，资本本身就是生产要素，其价值与利息率的高低息息相关。随着时代的发展，知识资本的概念逐渐进入现代西方经济学的分析框架中。知识资本

（knowledge capital），一般是指以人或其知识成果为载体的知识总量在工作岗位上一定期间内释放出来的现值，包括员工积累的知识和技能的应用，以及正在创造的知识及其成果等。知识资本投入和人力资本投入能够推动效率变革，从而促进生产要素的集约利用，提高技术创新效率和全要素生产率，同时也将对技术创新效率的随机变动产生差异化影响（余东华、王必好，2020：76）。随着知识资本概念的提出，西方经济学对资本概念的研究已越来越接近私募股权资本的本质，即在追逐创新、科技和新兴技术的过程中形成的特有资本。

可以看出，虽然和马克思主义的资本概念有着本质区别，但无论是马克思主义政治经济学的分析范畴，还是现代西方经济学的方法论，在研究资本本质和发展态势的过程中，都不约而同地指向了同一个领域，即创新。这既缘于创新能够带来潜在的高收益，也缘于资本本身对高额利润的追求。如果把分析的角度再往前追溯，创新的更深层含义是对更高生产率的追求，也是资本的创新逻辑所在。也就是说，资本追求高额利润的内在动机决定了其对创新的不懈追求，而这在无形之中促进了整个社会劳动生产率的提升。

第二节　技术创新和可持续发展理论

创新是挖掘经济增长的内生动力，中国同发达国家的科技经济实力差距主要体现在创新能力上。实施创新驱动战略，根本之策就是要实现增长驱动从资源投入和投资推动向更多依靠技术创新驱动转变，这既是一个国家兴旺发达的不竭动力，也是不断提升中国经济在全球竞争中的优势、促进可持续发展的根本所在。

风险投资与创新的关系一直是学术研究领域的热点问题。陈思等（2017：158）发现，VC进入能够显著促进被投企业创新，表现为专利申请数量的显著增加。同时，外资背景VC和多家VC联合投资对被投企业创新活动的正向效应更明显。VC 投资期限越长，对创新的促进作用也越强。进一步考察显示，造成这一现象的主要原因在于，VC 进入有利于被投企业引入研发人才，扩大研发团队，为被投企业提供行业经验与资源，从而有利于提高企业创新能力。实际上，大量的研究都指向了一个共同的观点，即私募股权投资具有与创新结合的内在动力，并且正是由于私募股权投资机构的介入，创新才变得更加容易。这一方面是由于私募股权投资机构介入创新活动之后，补齐了大量创新主体在早期缺乏耐心资本的根本性短板；另一方面是出于退出等目的的考量，私募股权投资机构有做大被投机构和项目的内在动机，在对被投企业和项目注资之后，其专业化的增值服务有利于创新主体快速地市场化，而这本身亦是大量专注于创新的主体的另外一个明显的短板。

自改革开放以来，中国依靠大量廉价的生产要素和广阔的国内市场，走上了一条对内改革、对外开放的外向型经济发展道路，并取得了巨大的成功。经济进入新常态以后，我国的消费需求、投资需求、出口和国际收支、生产能力和产业组织方式、生产要素相对优势、市场竞争特点、资源环境约束、经济风险积累和化解、资源配置模式和宏观调控方式等都发生了趋势性变化（黄荔梅，2020：112）。在生产要素约束日益趋紧的当今中国，不断增大的资源环境压力、不断上升的人力资源成本，使得传统的增长模式越来越不具有可持续性。因此，加快实现由要素驱动、投资驱动的低成本优势向具有巨大潜力的创新优势转变变得日益迫切。

因此，实施创新驱动战略，从根本上讲是要实现经济社会的可持续发展。若从概念界定的角度来讲，可持续发展其实是一个包含了微观、中观和宏观三个层面的复杂概念。具体来说，微观层面的可持续发展是一个会计层面的概念，在不改变经营效率和财务政策的前提下，企业销售收入可持续增长；而中观层面的可持续发展是指在资源和预算约束下，行业发展长期稳定和可持续；相比之下，宏观层面的可持续发展是指在整个经济社会发展的速度和规模与生态环境系统相协调、相适应的可持续发展理念指导下，实现生态平衡与经济社会共同持久良性发展的增长。

不难发现，就构成体系而言，创新增长实际上是一个包含了理念、战略和执行机制的多层次生态体系。从宏观层面来看，随着中国特色社会主义进入新时代，中国社会的主要矛盾已经从人民日益增长的物质文化需要同落后的社会生产之间的矛盾，转变为人民日益增长的美好生活需要和不平衡不充分发展之间的矛盾。这是党的十九大在确立中国特色社会主义新的历史方位后做出的一个重大政治判断（张敏，2017）。从现实维度看，破解经济发展不平衡不充分问题主要是推动经济高质优质发展，坚持以人民为中心的根本立场，牢牢把握和立足中国基本国情和客观实际，适应新常态，落实新理念，以建设现代化经济体系推进高质量、高效率发展（刘儒、贺升杰，2019：11）。

而如何实现高质量、高效率发展，从根源上来说，就是要把创新摆在第一位，将创新作为引领发展的第一动力。而发展动力决定发展速度、效能、可持续性。对我国这样大体量的经济体来讲，如果动力问题解决不好，那经济持续健康发展和"两个翻番"是难以实现的。当然，协调发展、绿色发展、开放发展、共享发展都有利于增强发展动力，但核心在于创新。抓住了创新，就抓住了牵动经济社会发展全局的"牛鼻子"（习近平，2019：4）。

人类历史的发展历程和发达国家的经验以及中国改革开放40余年的发展实践充分告诉我们，在大国竞争中，理论、制度、科技、文化等领域的创新是一个国家兴旺发达的不竭动力，国际竞争新优势也越来越体现在创新能力上。因此，可持续发展能力的根本源头就在于自身创新能力，创新能力越强，说明其可持续发展能力越强。

从西方经济学的基本理论来看，在对创新问题的理论探索中，逐渐形成了以熊彼特为主要奠基人的创新经济学理论。他从生产函数出发，认为企业主对生产要素的全新组合，有助于实现经济发展的动态性和循环性。

新古典经济增长模型的先驱索洛教授在其代表性论文《技术变化和总量生产函数》中，通过把柯布-道格拉斯生产函数本身和"技术水平恒定"的限制加以改进，从希克斯中性技术进步出发，推导出了增长速度方程，提出了著名的技术进步索洛模型。他认为，长期增长率是由劳动力增加和技术进步决定的，前者不仅指劳动力数量的增加，而且包含劳动力素质与技术能力的提高。所以，索洛的长期增长模型打破了人们一直奉行的"资本积累是经济增长的最主要因素"的观念，说明长期经济增长除了要有资本以外，更重要的是靠技术的进步、教育和训练水平的提高（Solow，1957：312），这一模型也被后世学者称为外生经济增长模型。

在这一问题的研究中，2018 年诺贝尔经济学奖获得者之一罗默提出了另外一种观点。他在 1990 年的论文中构造了一个比 1986 年论文更加完整的知识外溢性增长模型。在该模型中，产量是技术、人力资本、物质资本和劳动的函数。技术和人力资本对经济增长都具有决定性的作用。假设技术进步是通过投资的外在性来实现的，并引入一个显现的研发部门来解释技术进步的内生性源泉，从而提出了一个具有外溢性知识的内生增长模型。在这个模型中，技术具有外部性特征，从而使整个经济的生产规模报酬递增（Romer，1990：71）。

值得强调的是，虽然索洛和罗默在技术进步是外生还是内生的判断上得出了截然相反的论断，但是，二者都强调了技术进步对经济持续增长的重要作用。当前中国正处于从高速增长向高质量发展阶段转化的关键时期，如何提升可持续发展能力？如何真正实现创新驱动战略的落地？西方发达国家的经验告诉我们，充分发挥市场主体的创新活力，形成全社会创新创业的良好氛围，是创新驱动战略真正落地的重要支撑和保障。

从这个角度来说，私募股权投资在形成创新资本、支持创新创业方面的重要性日益凸显。中国共产党第十八届中央委员会第三次全体会议通过的《中共中央关于全面深化改革若干重大问题的决定》（以下简称《决定》）明确指出，要深化科技体制改革，建立健全鼓励创新的体制机制，健全技术创新市场导向机制；加强知识产权运用和保护，探索建立知识产权法院，打破行政主导和部门分割，建立主要由市场决定技术创新项目和经费分配、评价成果的机制；完善风险投资机制，创新商业模式，促进科技成果资本化、产业化。从概念可知，《决定》中的风险投资，实际上就是狭义范围内的私募股权投资，其是指对初创期的创业企业进行投资的资本。这主要是因为，这类创新型企业通常具有高风险和高收益并存的特征。私募股权资本的介入正是凭借其在某个赛道的深耕，敏锐地寻找到具有发展潜力的企业，在企业成长的早期介入企业的股权，从而分享企业成长壮大后的发展收益。

比如，对创新增长至关重要的信息系统与集成开发产业、集成电路企业、车联网、生物医药、新能源、新材料、机器人、工业母机及相关零部件生产等具有广阔市场前景和较大产业带动能力的一些工业战略性新兴产业和专精特新企业，在间接融资方式占据主导地位的融资体系下，很难得到银行授信的足够支持。即使有政府基金领投和银行业窗口指导，但要素成本较低，因此毫无疑问应该更好地发挥市场的决定性作用。

随着私募股权投资事业的不断发展，"投机"观点逐渐让位，而支持创新创业的这一本质属性日益得到重视。为了促进"大众创业、万众创新"，《国务院关于促进创业投资持续健康发展的若干意见》明确指出，创业投资是实现技术、资本、人才、管理等创新要素与创业企业有效结合的投融资方式，是推动大众创业、万众创新的重要资本力量，是促进科技创新成果转化的助推器，是落实新发展理念、实施创新驱动发展战略、推进供给侧结构性改革、培育发展新动能和稳增长、扩就业的重要举措。

由此，我们不难得出私募股权投资有利于创新创业事业发展的基本结论。而这一作用的发挥也主要是通过在发展早期给予初创企业宝贵的金融支持，同时风险资本的逐利性又通过对高新技术的追求，促进了技术研发实力的提升和技术成果的市场转化。在另外一条作用路径上，与初创企业和技术成果市场转化密切相关的一个必备要素，是企业管理和市场营销的必要保障。对于初创企业和科研人员来说，这一创业成功的必要保障恰好是其较为缺失的要素，而私募股权投资机构恰好可以弥补这一不足。它们通过提供所谓的增值服务，不仅为创新创业企业和个人提供资金支持，也通过企业内部管理的规范化和市场拓展，从而帮助创新创业的微观主体成功创业。在当今中国，这一资本创新的基本逻辑也日益被社会各界认可和接受。

党的十八大报告提出，科技创新是提高社会生产力和综合国力的战略支撑，必须摆在国家发展全局的核心位置。党的十九大报告再次明确，要加快建设创新型国家。瞄准世界科技前沿，强化基础研究，实现前瞻性基础研究、引领性原创成果重大突破。加强应用基础研究，拓展实施国家重大科技项目，突出关键共性技术、前沿引领技术、现代工程技术、颠覆性技术创新。深化科技体制改革，建立以企业为主体、市场为导向、产学研深度融合的技术创新体系，加强对中小企业创新的支持，促进科技成果转化。

总体来看，在创新驱动战略的落地过程中，私募股权投资通过对创新创业的支持，不仅能够显著提升科学研究的水平，促进科研成果的市场转化，而且通过对大量中小初创企业的支持和提供的增值服务，促进了创业企业的发展壮大，从而提升了整个社会的创新能力和可持续发展能力，最终也促进了整个经济社会生产率的提升。

第三节　金融结构优化理论

持续的资本形成对经济发展具有重要的作用。1948 年，英国经济学家罗伊·F. 哈罗德在《动态经济学导论》一书中以凯恩斯的有效需求不足理论为基础，考察了一个国家在长时期内国民收入和就业的稳定均衡增长所需条件，系统地提出了他的增长模型，认为在现实经济中，由于储蓄不一定会全部转化为投资，对发展中国家来说，资本形成是实现经济增长的前提。在一定条件下，资本形成的多少决定着经济发展水平的高低。

虽然哈罗德-多马模型存在忽视技术进步在经济增长中的作用这一重大缺陷，但一个不可否认的事实是，在经济发展过程中，与资本形成密切相关的金融体系发挥着至关重要的作用。金融体系作为整个国民经济资金运作的总枢纽，承担着筹集分配资金和控制货币供给"总闸门"的关键职能。如何使闲置的资金得到合理的应用？如何合理使用不同的金融工具？如何恰到好处地将资金分配到实体经济真正需要的部门？这些都是整个金融体系运行成效的重要参考。

毫无疑问，在现代化经济体系中，金融是必不可少的一环。健全完善的现代金融体系，是一国或一地区经济社会发展的重要保障，也是其实现长治久安和经济社会持续稳定健康发展的重要支撑。经济发展和生产率提升，也都必须建立在资金有效配置的基础之上。

从金融体系的构成来看，金融体系是一个包含金融资产、中介机构、交易市场和政府管制框架在内的复杂综合体。从金融体系的组成方式来看，发达国家在漫长的历史发展过程中，形成了两套截然不同的组织体系。一是以美国为代表的市场主导型金融体系，即以金融市场占主导地位，商业银行、保险机构等互为辅助支撑的金融体系；二是以德国为代表的全能型银行融资主导体系。此外，也有以法国、日本、英国、加拿大等为代表的介于二者之间的，具有一定的银行集中度，但是储贷机构、养老保险和金融市场发展水平也较高的现代金融体系。

从中国金融体系构成的历史维度来看，新中国成立以来，初步建立了以中国人民银行为主体的融资和金融监管体制，这种融资体制在新中国成立初期特殊的历史条件下，发挥了积极的作用。但是，计划经济体制下高度集中的管理机制，已不能适应改革开放之后迅速发展的融资市场变化的需要。1978 年，中国人民银行从财政部分离出来，迈开了中国现代金融体系建设的第一步。1993 年，国务院颁布了《关于金融体制改革的决定》，明确了中国人民银行货币政策制定和金融监管的两大职能。在这前后，上海证券交易所于 1990 年 11 月正式成立，1994 年国有专业银行开始启动商业化改革。为了进行有效监管，1998 年中国保监会成立，1999 年中国首部《证券法》颁布实施。中国加入 WTO 之后，金融业从内需性开放走上了制度性开放之路。截至目前，中国已经初步建立了包含直接融资和间接融资在内的市场体制，在"分业经营、分业管理"的管理架构下，中国金融体系为改革开放和外向型经济发展战略的成功实施奠定了坚实的基础，也做出了巨大的贡献。

随着时代的发展，当今中国已是全球第二大经济体和世界第一制造业出口大国。改革开放以来突飞猛进的经济增长使得中国经济社会发生了日新月异的变化，外向型经济发展战略走到了迫切需要产业结构转型升级的新时期。在融资体系中占据主导地位的商业银行赖以发展的生存环境也发生了重大变革，突出表现在对透明、开放和可预期资本市场发展的强烈渴望上。

从本质上来看，这种现代金融体系的市场基础是中国经济高速发展、产业结构升级换代、风险管理与财富管理需求增长，核心特征是高度市场化、开放、风险分散性、科技支撑，可以承担支付清算、资金跨时空调配、财富管理与融资等职能（吴晓求等，2020：60）。中国以银行为主导的金融体系在客观上适应了人口红利时期动员储蓄、推动大规模投资的需求，然而，基于中国经济正在面临的结构性变化，这种体系必须改革。改革的基本方向是建立开放的市场导向体系，要让市场在金融资源配置中发挥决定性作用，要发展强大的资本市场以及培育与资本市场密切相关的机构投资者（殷剑峰，2018：31）。

因此，深入推进金融供给侧结构性改革必须打破融资市场中银行占据主导地位的现状，深入推进利率市场的开放，加快金融市场的开放，放宽对非银行金融机构及外资银行的准入限制，加快金融制度和金融工具的创新，逐渐改变单一的间接融资市场结构，建立高效运作的资本市场。相比之下，从各国金融体系的经验来看，银行导向的金融体系通常具有更加显著的政府干预倾向，而在（资本）市场导向的金融体系中金融资源的配置主要依靠市场机制。

对此，党的十九大报告明确指出要深化金融体制改革，增强金融服务实体经济能力，提高直接融资比重，促进多层次资本市场健康发展。健全货币政策和宏观审慎政策双支柱调控框架，深化利率和汇率市场化改革。健全金融监管体系，守住不发生系统性金融风险的底线。党的十九届四中全会公报《中共中央关于坚持和完善中国特色社会主义制度推进国家治理体系和治理能力现代化若干重大问题的决定》也再次强调，要加强资本市场基础制度建设，健全具有高度适应性、竞争力、普惠性的现代金融体系，有效防范化解金融风险，健全推动发展先进制造业、振兴实体经济的体制机制。

所以，问题的根源又回到了哈罗德-多马模型提出的初衷，即如何更有效地发挥好资金在支撑经济可持续增长方面的积极作用。这实际上是一个金融如何支持实体经济，以及金融如何更有效地支持创新经济发展的问题。

众所周知，金融监管与市场主体之间一直存在着"猫与老鼠"的博弈。出于逐利性的动机，金融机构往往会在监管的灰色地带游走，典型的如近年来在资管新规出台前，大量的商业银行资金通过资管计划多层嵌套进入了证券市场，大量保险企业的资金也通过各种眼花缭乱的资产管理计划在二级市场大肆攻城略地，突出事件是震惊全国的"宝万之争"和险资举牌格力电器事件①。金融"脱实向虚"的现象，使得资金体内空转套利盛行，对实体经济的健康发展造成了严重的负面影响。

另外，金融"脱实向虚"的另一个深远影响是，实体经济普遍存在的融资难、融资贵和融资慢困境。大量的中小初创企业由于轻资产的特征，无法在当前的融资体系下获得发展初期所需要的宝贵资金。近年来，虽然中国政府出台了大量针对性的改革举措，特别是党的十八大以来，中国金融体系的供给侧结构性改革深入推进，金融产品、金融市场开发和金融监管得到了有效加强。但是，在现有金融体系中，由于存在固有结构的制约，国有企业、上市公司、大型企业融资相对便利，中小企业和科技创新企业的融资需求仍然无法得到有效满足，金融支持创新创业的体制机制还需要进一步完善。

中央已多次出台措施促进创新资本的形成和发展。2019 年 2 月，习近平总书记在主持中央政治局完善金融服务、防范金融风险第十三次集体学习时强调，深化金融改革开放，增强金融服务实体经济能力，坚决打好防范化解包括金融风险在内的重大风险攻坚战，推动我国金融业健康发展；重点强调，要围绕建设现代化经济的产业体系、市场体系、区域发展体系、绿色发展体系等提供精准金融服务，构建风险投资、银

---

① 值得强调的是，珠海格力电器的股权争端最后以私募股权投资机构高瓴资本成功入局格力电器大股东圆满画上句号。据公开资料，高瓴资本是一家专业化、市场化，具有国际影响力的创新型投资机构。其投资横跨最早期的种子投资、风险投资、私募股权投资、上市公司投资以及并购投资等股权投资的全部阶段。在此之前，格力电器董明珠女士曾公开明确表示"格力需要的是真心诚意愿意帮助格力电器发展的企业"，"此次交易绝不接受野蛮人参与"（参见《高瓴是如何击败厚朴成为格力电器最大股东的？》，"中国新闻周刊"百家号，https：//baijiahao.baidu.com/s? id=1648730054875886785&wfr=spider&for=pc，最后访问日期：2023 年 1 月 31 日）。

行信贷、债券市场、股票市场等全方位、多层次金融支持服务体系。①

但是，出于对风险识别机制的制约，以银行为主体的融资体系对大量处于创新创业前沿的中小微初创企业的支持力度依然有限。而中国金融体系中这一现有的不足和缺陷，却恰好是私募股权投资的属性优势。这主要是因为，私募股权投资机构的投资逻辑是注重资本与实体经济的融合。在投资范围上，其涵盖了从企业初创期的风险投资到企业成长和壮大期的股权投资，有效地满足了实体企业的融资需求，也着力缓解了中小微初创企业的融资难问题。

综合来看，私募股权投资是中国多层次、广覆盖、有差异的融资机构的有益组成部分，其在高额投资收益的动机驱使下，在自己熟悉的赛道大量投资主业集中、技术先进、商业模式领先、产品市场前景广阔的初创企业和高新技术研发，有力地补齐了现有金融体系对创新资本关注不足的短板，从而支持了创新经济的发展。私募股权投资的这些商业行为，最终促进了科技创新和资源的优化配置，促进了整个被投企业生产率的改善。

第四节　产业结构升级理论

产业结构也叫产业体系，通常是指国民经济各产业的构成及不同产业之间的联系和比例关系。在现代产业经济学的基本分类中，若按照资源密集程度划分，产业结构可以分为劳动密集型、资本密集型以及技术密集型三类。目前国际上通行的划分方法是联合国经济和社会事务统计局制定的《全部经济活动国际标准行业分类》（International Standard Industrial Classification of All Economic Activities），简称《国际标准行业

---

① 习近平：《深化金融供给侧结构性改革　增强金融服务实体经济能力》，新华网，http：//www.xinhuanet.com/2019－02/23/c_ 1124153936.htm？agt＝2/，最后访问日期：2022年12月2日。

分类》（ISIC）。① 根据该产业分类法，产业结构分为第一产业（农业）、第二产业（工业和建筑业）、第三产业（除第一、第二产业以外的其他各行业）。

在经济思想史上，产业结构升级理论一直是经济学家们关注的重点。配第、克拉克、库兹涅茨、罗斯托、霍夫曼以及钱纳里的研究均有所涉及，并提出了一系列对后世影响深远的观点。其中，英国经济学家配第发现，制造业比农业、商业比制造业能够获得更多的收入，这种不同产业之间相对收入上的差异，必然会造成劳动力向获得更高收入的部门转移。克拉克在此基础上，将国民经济划分为三大产业，通过整理统计资料后发现，劳动力首先由第一产业向第二产业转移，当人均国民收入水平进一步提高时，劳动力便从第一、第二产业向第三产业流动，并逐步形成劳动力产业分布格局，这就是众所周知的配第-克拉克定理。根据该定理，在经济发展过程中，首先是第二产业得到较大发展，随后是第三产业得到较大发展。

美国经济学家西蒙·库兹涅茨在继承克拉克研究成果的基础上，于1941 年出版著作《国民收入及其构成》，该书首次从学术角度，把第一、第二、第三产业分别称为农业部门、工业部门、服务部门。通过对大量历史经济资料的研究，库兹涅茨发现，随着经济发展水平的提升，农业部门的相对国民收入在大多数国家都低于工业部门和服务部门，并且服务业的就业人数比重会相对上升。库兹涅茨的研究实际上探讨了国民收入和产业结构的演进关系，按照这一逻辑，随着经济发展水平的提升，服务业将成为吸纳就业的主体。从现阶段世界发达国家的经验来看，库兹涅茨的判断显然与实践经验是相吻合的。

美国经济学家 W. W. 罗斯托在产业结构的研究过程中提出了著名

---

① 为了与国际接轨，中国国家统计局根据最新的 ISIC Rev. 4 版本，对中国的产业结构划分进行了调整，具体标准参见国家统计局发布的《2017 年国民经济行业分类》（GB/T 4754—2017）。

的主导产业扩散效应理论。根据该理论，为了促进区域经济的全面发展和产业转型升级，应该选择具有较强扩散效应的产业，以便充分发挥其辐射传递效应，从而带动全球的产业转型升级，这就是所谓的"罗斯托基准"。

根据"罗斯托基准"，一个新的部门发展会带来原材料等生产要素新的投入需求，这会拉动经济的增长，而中间投入部门的投入成本在为新部门输出产品和服务的同时，也会降低自身的成本，从而带动周围工业部门的产出和成本发生变化。这就是其主导产业的后向联系效应、前向联系效应和旁侧效应。

有意思的是，罗斯托认为，主导产业的建立需要经历足够的资本积累和投资，必要时还需要吸引外商直接投资和依托大量的技术创新、制度创新，以及大批具有创新精神和创新意识的企业家参与。不难看出，罗斯托的理论指明了创新、产业结构和经济增长三者之间的内在逻辑关系。

而至于产业结构研究的趋势，德国经济学家 W. G. 霍夫曼在其1931 年的成名作《工业化的阶段和类型》[原书为德文版，英文版的译名为《工业经济的增长》（1958 年）]（王师勤，1988：54）中，为了探究消费资料工业净产值与资本资料工业净产值的比例关系，把工业化发展阶段的产业分成了三类，即消费资料产业、资本资料产业和其他产业，并据此提出了著名的"霍夫曼系数"。此外，霍夫曼还提出了著名的工业化四阶段论，在定量地研究了工业化演进的四个阶段后，认为所谓的主导产业不是一成不变的，随着工业化的推进，新的主导产业会取代旧的主导产业（Hoffmann，1958：6）。根据该理论，霍夫曼认为，随着人类社会生产力水平的不断发展，尤其是科技的发展，产业结构将会由第二产业主导向第三产业主导转变。

在该领域的研究中，哈佛大学教授霍利斯·钱纳里是产业经济学研究的集大成者，他在其主要著作《工业化进程》（1969 年）中，将不发达经济到成熟工业经济的整个变化过程划分为三个阶段六个时期（三个阶段分别是初期、中期和后期；六个时期是指不发达时期、工业化初期、工业化中期、工业化后期、后工业化时期和现代化时期）。钱纳里认为，对于任何一个经济体来说，从一个发展阶段向更高一个阶段的跃进都必须通过产业结构转化来推动。

这些理论探究了产业结构变迁的本质属性、作用机制和发展规律，为我们全面认识产业结构的优化路径奠定了基础。可以看出，在产业结构演进的过程中，随着经济社会发展水平的不断提升，服务业占据主导地位的时期终将来临，而创新和科技水平的发展是促进产业结构向更高水平跃升的关键变量。考虑到私募股权投资与创新和科技之间的紧密联系，沿着这个逻辑出发，很容易得出私募股权投资有利于产业结构升级的基本结论。

而关于技术创新和产业结构之间的必然联系，经济学家 M. 卡曼、N. 施瓦茨等人从垄断与竞争的角度对技术创新的过程进行了研究，探讨了技术创新与市场结构的关系，提出了最有利于技术创新的市场结构类型。卡曼、施瓦茨认为，制约和影响技术创新的因素主要有三种：一是市场竞争程度的强弱；二是企业规模的大小；三是垄断力量的强弱。

值得强调的是，马克思主义政治经济学中的许多理论都体现了产业结构的思想，主要涉及价值规律理论、利润平均化理论、两大部类平衡理论以及技术进步理论（杨仁发、李娜娜，2019：27）。马克思（2004：218）认为，"不同生产部门由于投入其中的资本量的有机构成不同，会产生极不相同的利润率。但是资本会从利润率较低的部门抽走，投入利润率较高的其他部门"，这种资本流动会促进产业结构的变迁。在这个变迁的过程中，追求更高利润的动机，催生了不同产业部门的要素流动，从而最终优化了资源的配置，实现了产业结构的整体优化。在资本的有机构成理论中，马克思认为从价值形式上来看，资本是由一定数量的不变资本和可变资本构成的。"大工业领域内生产力的极度提高，以及随之而来的所有其他生产部门对劳动力的剥削在内涵和外延两方面的加强，使工人阶级中越来越大的部分有可能被用于非生产劳动"（马克思，2004：513），也就是说，随着工业化的不断发展，就业人口向服务业的转移不可避免，而资本家出于对利润的不断追求，也会不断增加对技术的投入，这最终促进了整个经济向服务业占主导地位的产业结构转型。

不难发现，产业结构升级理论的研究方法和立场虽然存在差异，但最终的研究都指向了一个几乎相同的结论，即创新和技术发展是产业结构走向更高端的必备条件。从生产率提升的角度来说，提升整个产业和国家的生产率，创新和技术发展同样是重要的推动力。据此，可以得出一个推论，即产业结构的升级变迁同样也会体现在生产率的变化上。

在现实经济生活中，这样的佐证比比皆是。比如，工业国家的生产率毫无疑问会高于农业国家；而服务业占据主导地位的经济体，其生产率也毫无悬念会高于工业经济占据主导地位的经济体和服务业发展水平不高的经济体。江永红和陈禀楠（2018：87）从产业结构服务化角度考察我国全要素生产率增速放缓的原因时发现，2008~2016年我国产业结构服务化导致全要素生产率增速下降了27.6%，并且呈现显著的区域差异。服务化效率不高、生产要素重置效率低下、产业结构存在区域差异是导致这一现象出现的主要原因。陈菲琼等（2015：522）直接指出，伴随中国产业转型升级，作为新型融资工具的产业投资基金极大改善了相关行业的要素禀赋，刺激了优势产业的发展。其中，融资类基金通过提升产业多样化来影响产业结构。回到私募股权投资本身，其和产业结构变迁的理论逻辑关系已经十分清晰。

首先，私募股权投资本身即是产业转型升级的产物，较高的私募股权投资行业发展水平本身就是产业结构优化的重要表现。这主要是因为，从归属范畴来看，私募股权投资是现代金融体系的重要组成部分，而现代金融体系属于服务业的重要分支，其本身即是产业结构演进的产物。随着人类社会从农业社会到工业社会再到服务业社会的演进，私募股权投资的发展环境和经济基础日益形成，也日益为社会所接受。私募股权投资发展的程度越高，说明服务业的发展程度越高。在服务经济大发展的时代，专业化生产带来的效率改善和规模效应提升，最终促使整个社会组织生产的效率也较农业和工业社会实现了质的飞跃，最终在产业升级的动态变化中提高了整个行业乃至社会的生产率。

其次，技术进步是全要素生产率改善的重要来源。私募股权投资主要关注的行业是具有较高科技水平和广阔市场发展前景的行业。中国证券业协会的统计数据显示，私募股权投资主要集中在高新科技、生物技术、新型设备、高端制造、5G 和信息技术等行业。而这些行业几乎都属于国家发改委 2019 年修订发布的《产业结构调整指导目录（2019年）》[①] 中的鼓励类目录。从行业属性来看，这些行业无不是对产业转型升级具有关键作用的核心高新技术产业。私募股权投资的发展能够促进资金、人才向这些高新技术行业流动，并且在高新技术的市场转化方面，私募股权投资机构也能够提供企业现代化规范管理、市场拓展和商业模式创新方面的专业化指导，从而提升这些高新技术产业的研发水平或者是商业化发展能力，并最终通过高新技术产业的发展，促进整个社会生产率的提升。

最后，从需求侧来看，私募股权投资机构支持的都是创新创业型中小企业，这些企业本身具有鲜明的创新属性，是新产品和新供给的提供者。在三次产业中，这类创新型企业的发展壮大，有助于满足和适应人

---

① 根据国家发改委网站消息，此次修订的重点，一是把制造业高质量发展放到更加突出的位置，加快传统产业改造升级，大力培育发展新兴产业；二是促进形成强大国内市场，加快发展现代服务业；三是大力破除无效供给；四是提升科学性和规范化发展水平，对于方向尚不明确的新产业新业态，要"宜粗不宜细"。

民群众在新的经济结构下日益增长变化的新消费新需求，推动消费方式向发展型、现代型转变，从而促进整个社会的消费升级。而从供给侧来看，私募股权投资机构通过对生产性服务业①企业的支持，有效地激发了内需潜力，带动了社会就业，推动了服务业与农业、工业等在更高水平上的有机融合，引领了产业向价值链的高端攀升，从而推动了产业结构的调整和升级。因此，可以说私募股权投资有利于推动供给和需求均衡点位置的右移，使得供需在更高水平上实现新的动态平衡。这种供需新平衡的动态调整，有利于改善整个经济社会的资源配置效率。

综合来看，从产业结构升级理论出发，我们发现私募股权投资本身就是产业结构调整升级的产物。在经济结构向更高水平迈进的产业升级过程中，私募股权投资通过支持高科技创新企业和行业的发展，促进了新消费的发展，推动供需实现了更高水平的平衡，从而提升了社会的资源配置效率，并最终促进了所投资行业全要素生产率的提升。

第五节　本章小结

全要素生产率作为衡量单个企业、行业乃至整个国家或经济体投入产出效率究竟处于何种水平，生产方式是否具有可持续性的量化指标，在国际竞争日趋激烈的当今世界，毫无疑问具有重要意义。在国家层面，全要素生产率高低，直接决定了该国生产方式的国际竞争力。因此，对我国三次产业全要素生产率进行准确的测算、厘清其影响因素，在经济发展进入新常态、供给侧结构性改革深入推进、转型升级和高质量发展目标日益迫切的当今中国，具有十分重要的理论和现实意义。

---

① 根据《国务院关于加快发展生产性服务业促进产业结构调整升级的指导意见》（国发〔2014〕26号），现阶段我国生产性服务业重点发展研发设计、第三方物流、融资租赁、信息技术服务、节能环保服务、检验检测认证、电子商务、商务咨询、服务外包、售后服务、人力资源服务和品牌建设。

　　本章从创新资本形成理论、技术创新和可持续发展理论、金融结构优化理论和产业结构升级理论出发，发现私募股权投资作为现代金融体系的重要组成部分，其健康发展不仅是创新资本形成的重要途径，而且是创新驱动战略成功实施的重要支撑。这主要是因为，资本追求高额利润的潜在动机，决定了其对创新和高新技术的不懈追求。而技术改善又有利于全要素生产率的提升，因此私募股权投资在无形中促进了整个产业全要素生产率的提高。

　　此外，风投机构的发展，优化了现有的金融体系，改善了金融资源的配置效率。这主要是因为，在以银行为主的间接融资市场体制下，中小创业企业很难获得银行授信的支持，这不利于创业企业的成长壮大。而私募股权投资的出现优化了现有的金融体系，对高额投资回报的追求吸引了大批风险资金进入该领域。风投机构可以通过自身的资本注入和增值服务，促进中小创新创业型企业的发展壮大，以及企业科技创新能力的提升。

　　综合来看，私募股权投资是对现有金融体系的重要补充，它改善了金融资源的配置效率，促进了科技创新的发展和组织效率的提升，最终促进了产业结构的转型升级和更高水平供需均衡的形成，并通过技术创新和资源配置效率的改善，促进了整个三次产业全要素生产率的提升。

第四章
中国私募股权投资发展现状
与国际比较

第一节 中国私募股权投资发展现状

从中外对比来看，中国私募股权投资的发展在很长一段时间内滞后于西方国家，在计划经济体制下，私募股权投资甚至一度是讨论的禁区。20世纪末期，随着中国对外开放步伐的整体提速，以及市场经济的发展和思想大解放，私募股权投资日益得到中央的重视。从1985年至今，中央政府相继出台了一系列推动私募股权投资事业发展的顶层设计方案，如《中共中央关于科学技术体制改革的决定》（1985年）、《中共中央　国务院关于加速科技进步的决定》（1995年）、《促进科技成果转化法》（1996年）、《关于建立我国风险投资机制的若干意见》（1999年）、《外商投资创业投资企业管理规定》（2003年）、《关于当前金融促进经济发展的若干意见》（2008年）、《国务院关于促进创业投资持续健康发展的若干意见》（2016年）等。

一　中国私募股权投资发展历程梳理

（一）1985~1990年的萌芽和孕育阶段

以诺斯为代表的制度经济学家们普遍认为，制度是决定经济增长的关键因素。中国风险投资的发展同样遵循这一基本规律。目前，多数学者认为，我国风险投资起源于 20 世纪末期中国的改革开放。

20 世纪 80 年代中期，西方各种投资理念和工具随着改革开放后打开的国门进入中国。1985 年 3 月 13 日，《中共中央关于科学技术体制改革的决定》指出，科学技术体制改革的主要内容是：在运行机制方面，要改革拨款制度，开拓技术市场，克服单纯依靠行政手段管理科学技术工作，国家包得过多、统得过死的弊病；在对国家重点项目实行计划管理的同时，运用经济杠杆和市场调节，使科学技术机构具有自我发展的能力和自觉为经济建设服务的活力。促进技术成果的商品化，开拓技术市场，以适应社会主义商品经济的发展。对于变化迅速、风险较大的高技术开发工作，可以设立创业投资给予支持。

为配合科技创新工作的推进，对科学技术体制进行有步骤的改革，1985 年，财政部主导、联合国家科学技术委员会共同出资的中国本土第一个风险投资公司——中国新技术创业投资公司（简称"中创"）①正式成立。

另外，1985 年 5 月中国科学院与深圳市政府兴办了中国第一个高新技术园区，1988 年 5 月国务院批准建立了第一个国家高新区——北京市新技术产业开发试验区，1988 年 8 月国家高新技术产业化发展计划——火炬计划开始实施，创办高新技术产业开发区和高新技术创业服务中心被明确列入火炬计划的重要内容。在火炬计划的推动下，各地纷纷结合当地特点和条件，积极创办高新技术产业开发区，扶持高新技术产业发展。

---

① 中创成立初期的主要职能是为高新技术开发进行投资或提供贷款，但在这个时候，中国的上交所和深交所都还没有成立。在这样的环境下，大环境配合的缺位，使得其开展风险投资困难重重，最终在 1997 年亚洲金融危机中，因违规炒作房地产和期货而于 1998 年 6 月被中国人民银行宣布终止金融业务并进行清算。

但是，当时我国市场经济体系刚刚形成，市场上基本不存在真正意义上的创业企业。此外，投资方式也主要是向高新技术企业发放贷款，而不是股权投资，投资资本并没有形成典型完整的"募投管退"循环，还不能视为严格意义上的风险投资。突出体现就是，我国第一家风险投资公司——中国新技术创业投资公司于1985年9月正式成立，其定位是对国家高新技术企业进行投资。但由于所有项目无法通过上市的方式退出，其业务闭环无法形成，最终被破产清算。

这些尝试给中国社会带来了市场经济和风险投资的商业启蒙。与此同时，伴随全国各地各类高新技术产业园区建设步伐的加快，中国也迈出了私募股权投资和创新创业企业发展的第一步。

（二）1991~2002年的探索与起步阶段

由于以贷款方式从事风险投资并不成功，中国一些地方开始出现以股权投资方式支持高新技术企业发展的风险投资公司。1991年3月，国务院发布《国家高新技术产业开发区若干政策的暂行规定》，提出可在高新技术产业开发区建立风险投资基金，条件成熟的可以创办风险投资公司，同时批准建立26个高新技术产业园区。此后，一些地方纷纷设立各类风险投资基金，如国家科技风险开发事业中心、江苏省高新技术风险投资公司等。这些风险投资公司主要是由各高新技术产业园区所在地地方政府的财政资金出资设立的。1990年、1991年我国沪深证券交易所相继成立，客观上为风险投资的发展提供了一个退出渠道。

与此同时，一些外资机构开始进入中国市场。1993年，IDG与上海市科学技术委员会创立了太平洋技术风险投资（中国）基金（PTV-China），基金规模为2000万美元，主要出资方为IDG，并陆续投资了携程、如家、百度、腾讯等企业。

1995年，中国人民银行发布《设立境外中国产业投资基金管理办法》，鼓励国外风险投资机构来华投资，大批外资VC机构纷纷进入中国，包括红杉资本、华登国际、汉鼎亚太等，还有一些外资 VC 机构在中国内地设联络办公室，如 NEA、DCM、RedPoint 等。

这些外资风险投资机构进入中国市场，为我国带来了国外风险投资基金管理的先进经验，为我国本土风险投资机构的成长提供了示范效应与学习机会。

1998 年，全国政协九届一次会议上，著名经济学家成思危代表民建中央提交了《关于尽快发展我国风险投资事业的提案》。1999 年科技部等部委联合发布《关于建立风险投资机制的若干意见》，极大地推动了中国风险投资事业的发展。北京市政府 2000 年 12 月颁布《中关村科技园区条例》，2001 年发布《有限合伙管理办法》，至此，中国风险投资及私募股权发展的政策环境日渐宽松。

政策环境的改善促进了我国风险投资产业的快速发展。清科私募通数据显示，1999 年全国新增风险投资机构 40 家，风险投资机构总数接近 100 家，风险资本总额达到了 256.7 亿元。与此同时，我国一些科技型公司到境外成功上市，为风险资本的退出探索出了一条可行的渠道。社会各界对风险投资充满信心，风险投资出现了强劲增长。1998～2000年全国创业投资机构数量呈逐年递增态势，2000 年达到最高点。

2001 年以来，受互联网泡沫的影响，国际风险投资行业受到冲击，外资风险投资机构放慢在中国的投资步伐，中国本土风险投资受到一定影响。2002 年中国风险投资机构数量有所增加，但增速继续放缓。在已经成立的机构中，国有独资和政府参股的风险投资机构占绝大部分，外资或合资的风险机构还较少。2002 年 11 月，清科研究中心联合多家行业组织共同进行了 2002 年中国风险投资年度调研。根据调研统计，已知资本量的风投机构共有 200 家，管理着总计约 1065 亿美元的资本，其中可用于投资中国的资本约为 104 亿美元。本土机构 269 家（已知资本量的有 149 家）管理着 41 亿美元可投资中国的资本，数量上仅为 38 家（已知资本量）的外资风险投资机构却掌管着 59 亿美元可投资中国的资本。在投资方向上，外资的投资重点在 IT、通信/电信以及互联网领域。本土创投青睐的是传统产业、新材料以及生物医药产业。[①] 上述事实表明，虽然外资风险投资机构数量在中国风险投资机构中的占比小，但在中国风险投资中发挥着主导作用，推动投资规模快速扩大。

受国内外因素的影响，一些在 1999~2001 年成立的活跃在中国的几十家外资基金在 2000 年互联网泡沫之后，投资速度明显放慢，积压了大量可投资资本。这些基金由于多种原因在 2003 年开始进行项目投资，在外资风险投资机构投资的拉动下，国内风险投资市场出现了恢复性增长。

在这一阶段，中国真正意义上的风险投资机构已经产生，以外资风险投资机构为代表的风险投资机构开始按照典型的风险投资业务操作模式进行市场化的投资运作。但是，总体而言，我国多数风险投资机构仍由政府机构或国有企业进行主导，普遍存在投资主体单一、资金运作效率低下等问题。另外一个重要的问题是，中国风险投资基金的设立缺乏国家层面的法律依据。在展业过程中，一些私募股权投资机构只能通过与信托公司合作，采用信托计划的方式进行投资。国外典型的有限合伙企业制度在中国还无法实行，这一阶段我国私募股权投资处于探索阶段。

（三）2003~2007 年的迅速发展阶段

2003 年，一些国外产业巨头的 CVC 纷纷以战略投资者身份进入中国风险投资行业，从而开辟风险投资的新模式。如 2003 年 6 月，CDMA 技术鼻祖美国高通公司正式宣布，将在中国投入 1 亿美元的风险投资。2003 年 10 月，诺基亚也在上海悄悄地设立风险投资机构。2003 年底，Motorola 和 IBM 两大通信产业集团，作为战略投资者也都相继进入中国

---

① 清科研究中心：《2002 年中国创业投资年度研究报告（精简版）》，https：//report. pedata. cn/129. html，最后访问日期：2023 年 1 月 31 日。

的风险投资领域。此外，中国也诞生了一家这样背景的战略投资者——联想投资。

经过中国私募股权基金与信托公司"阳光化运作"的积极探索，中国私募股权基金的展业模式日趋成熟。2004 年 5 月，中小企业板经国务院批准正式在深交所设立，为中国风险投资发展提供了新的机会。2005 年 11 月，中国风险投资行业第一部国家层面的政府法令《创业投资企业管理暂行办法》发布，为风险投资企业提供了特别法律保护。

伴随外部环境的改善，2004 年中国风险投资延续了 2003 年以来的回暖趋势，投资更为活跃并首次突破 10 亿美元大关。据清科研究中心统计，中外风险投资机构在 2004 年共对 253 家中国相关企业进行了投资，投资额总计 12.69 亿美元，创历史新高，其中，投资案例数量较 2003 年增加43%，投资金额上升 28%。[①] 2004 年，有 21 家风险投资机构成功募集到资金，新募集到的可投资于中国的资金总额为 6.99 亿美元。

2006 年，由科技部研究中心、火炬中心和条件财务司联合编写的《中国创业风险投资发展报告 2006》，对自 2002 年开始全国创业风险投资的发展情况进行了全面的行业调查，数据显示，截至 2005 年，中国创业风险投资机构累计投资项目 3916 项，其中高新技术投资项目达到2453 项，投资额达到 326 亿元。[②]

清科私募通数据显示，2006 年中国风险投资行业延续稳步增长趋势，中国风险投资市场投资总额达 17.78 亿美元，比 2005 年高出 52.1%，增速超越以往任何一年。而 2007 年中国风险投资市场披露投资案例 399 项，较2006 年增长 10.22%，投资总额达到创纪录的 32.47 亿美元。

---

① 《那年寒冬，本土创投死了一大半》，"36 氪"百家号，https://baijiahao.baidu.com/s?id=1650879339355119379&wfr=spider&for=pc，最后访问日期：2023 年 2 月 14 日。

② 《〈中国创业风险投资发展报告 2006〉正式出版发行》，科学技术部网站，https://www.most.gov.cn/kjbgz/200607/t20060731_ 35182.html，最后访问日期：2022 年 12月 3 日。

　　在此期间，在欧美成熟市场占据主导地位的并购基金开始进入中国。2003 年，联想控股旗下的弘毅投资正式成立，标志着中国本土并购基金的诞生。弘毅投资参照国际私募股权公司惯例设立，业务聚焦中国本土企业的兼并收购活动。弘毅投资在短短的 4 年时间，依托联想支持在中国并购市场攻城略地，先后投资中国玻璃、先声药业、中联重科、石药集团等重量级企业，确立了在中国私募股权基金行业的重量级地位。

　　2003 年，华平投资（Warburg Pincus）也在中国设立分支机构。2004 年 12 月美国华平投资集团和中信资本市场控股有限公司联手收购哈药集团 45% 的股权；2005 年华平投资入驻圣元奶粉，并作为战略投资者，长期持有圣元；此后，又先后投资了国美电器以及汇源果汁等中国优质公司。

　　2004 年 6 月，美国著名的 PE 机构新桥资本（New Bridge Capital）以 12. 35 亿元的价格，从深圳市政府手中收购深圳发展银行 17. 89% 的股权（魏涛，2009：17），这也是国际私募股权基金在中国的第一起重大案例。此后，新桥资本于 2007 年和 2008 年再度加持，累计投入 22. 53 亿元收购深发展股份；在 2010 年退出时，账面浮盈约达 160 亿元。[①]

　　进入 2005 年以后，高盛等国际著名的 PE 机构开始介入中国大型商业银行改制重组，它们分别注资入股中国银行（BOC）、中国建设银行（CCB）和中国工商银行（ICBC），这些投资机构均在上述商业银行重组上市以后获取了丰厚收益。2005 年 9 月，凯雷投资集团注资 4 亿美元获得太平洋人寿 24. 975% 的股权，这是当时中国私募股权投资发展历史上最大的 PE 交易。[②] 2005 年 10 月，凯雷投资集团又以 3. 75 亿美元收

①　《新桥退出深发展赚 160 亿　招商局持招行市值 360 亿》，新浪财经，http：//finance. sina. com. cn/money/bank/bank_ hydt/20100531/05418028100. shtml，最后访问日期：2023 年 1 月 31 日。

②　《太保诞生中国最大私募股权交易　将在 10 月完成》，新浪财经，http：//finance. sina. com. cn/money/insurance/bxsd/20050908/10311951460. shtml，最后访问日期：2023 年 2 月 15 日。

购徐工机械 85% 的股权①，虽然此项交易在 3 年后宣告失败，但它使并购基金在国内市场引起了极大关注。

2006 年 12 月高盛以 25.7 亿美元收购双汇，② 2007 年 9 月黑石集团出资 6 亿美元购入蓝星集团 20% 的股权，③ 此后在中国相继投资中国平安、蒙牛、南孚等企业。

2007 年 6 月 1 日，重新修订的《合伙企业法》正式实施，修改后的《合伙企业法》从法律形式上确立了有限合伙制基金的合法地位，这使得我国的风险投资及私募股权投资市场组织模式与国际趋同，有限合伙制基金成为风险投资及私募股权投资行业的普遍组织形式。

2007 年有 12 只本土私募股权基金成立，募集资金 37.30 亿美元，较 2006 年增长 145.9%，④ 基金投资策略呈现多元化，如过桥资金、PIPE 投资、夹层资本投资和重振资本投资策略。其中，2007 年 12 月，厚朴基金募集成立。厚朴基金采用国际标准的合伙制模式，募得 25 亿美元，大幅超过原计划的 20 亿美元，⑤ 基金定位于中国企业并购重组领域的收购。

2007 年 2 月 7 日，为贯彻《国务院关于实施〈国家中长期科学和技术发展规划纲要（2006—2020 年）〉若干配套政策的通知》（国发〔2006〕6 号）精神，结合《创业投资企业管理暂行办法》，为扶持创

① 《凯雷 3.75 亿美元收购徐工机械 85% 股权》，新浪财经，http://finance.sina.com.cn/stock/s/20051026/02432064020.shtml，最后访问日期：2023 年 2 月 15 日。
② 《高盛 25.7 亿元吃定双汇　外资并购再引各界忧虑》，搜狐财经，https://business.sohu.com/20061218/n247101427.shtml，最后访问日期：2023 年 2 月 15 日。
③ 《黑石 6 亿美元收购蓝星 20% 股权》，新浪财经，http://finance.sina.com.cn/stock/s/20070911/10343966761.shtml，最后访问日期：2023 年 2 月 15 日。
④ 《去年我国企业境内外融资逾千亿美元》，央视网，http://finance.cctv.com/20080118/102686.shtml，最后访问日期：2023 年 2 月 15 日。
⑤ 《格力股权争夺陷罗生门　突然出现的厚朴是何方神圣？》，"同花顺财经"百家号，https://baijiahao.baidu.com/s?id=1630501691838741988&wfr=spider&for=pc，最后访问日期：2023 年 2 月 15 日。

业投资企业发展，财政部和国家税务总局颁布了《关于促进创业投资企业发展有关税收政策的通知》，规定创业投资企业采取股权投资方式投资于未上市中小高新技术企业 2 年以上（含 2 年），凡符合条件，可按其对中小高新技术企业投资额 70% 抵扣该创业投资企业应纳税所得额。创业投资逐渐迎来一个发展的新时代。

（四）2008~2017 年的繁荣与深化阶段

2008 年受国际金融危机影响，中国私募股权投资受到一定的冲击，交易数量及金额大幅回落。2008 年 12 月，国务院办公厅颁布《关于当前金融促进经济发展的若干意见》，明确要求出台有关管理办法刺激经济发展，其中特别提出要完善私募投资行业的管理，鼓励其健康发展。这些办法快速带动了中国境内私募投资的发展，私募股权投资市场再次启动回升（陈文婷等，2017：14）。自 2008 年以来，中国私募股权行业呈现跳跃式发展，在短短十余年间发展成为全球仅次于美国的私募股权投资市场，这一时期堪称中国私募股权投资行业发展的"黄金十年"。

1. 多层次资本市场体系逐步确立

从 2009 年开始，中国政府酝酿了 10 年之久的创业板终于在深圳证券交易所"开闸"，我国风险投资行业迎来全新的发展机遇。创业板的开启提高了风险投资通过 IPO 的退出比例，2009 年上市退出比例达到历史最高水平（25.3%）。2009 年新上市企业 36 家，其中 25 家企业共获得 46 笔风险投资支持。

顾名思义，创业板市场是着眼于创业，为了适应自主创新企业及其他成长型创业企业发展需要而设立的市场。各国对此的称呼不一，有的叫成长板，有的叫新市场，有的叫证券交易商报价系统，如美国的纳斯达克、英国的 AIM 等。与主板市场只接纳成熟的、已形成足够规模的上市企业不同，创业板以自主创新企业及其他成长型创业企业为服务对象，具有上市门槛低、信息披露监管严格等特点。①

作为多层次资本市场体系的重要组成部分，创业板主要目的是促进自主创新企业及其他成长型创业企业的发展，是落实自主创新国家战略及支持处于成长期的创业企业的重要平台。具体来讲，创业板公司应是具备一定的盈利能力、一定的资产规模，且需存续一定期限的具有较高成长性的企业。② 2010 年 12 月 31 日，中国创业板股票行业统计见表 4-1。

2012 年 7 月，国务院批准设立全国中小企业股份转让系统，即"新三板"，这标志着我国全国性的场外证券交易市场正式形成，自此，我国风险投资机构增加了重要的退出渠道。此后，新三板挂牌企业迅速增加。2015 年 7 月 22 日，随着新三板 17 家企业的挂牌，新三板挂牌企业数量达到 2811 家，正式超过沪深两市当时 2800 家的上市公司数量总和。到 2017 年 12 月底，新三板市场挂牌企业数量超过 1 万家，全年融资总额达到 1336.25 亿元。

随着新三板市场的发展以及创业板市场的壮大，我国基本上形成了包含沪深主板市场、创业板市场、新三板场外交易市场以及区域性股权交易市场在内的相对完善的多层次资本市场。我国多层次资本市场的发展，为我国民众进行创业创新提供了良好的退出渠道并激发了他们极大的创业热情。

中国私募股权投资市场的退出渠道更加通畅，为私募股权投资机构形成"募投管退"的完整商业闭环创造了良好的环境，中国私募股权投资市场开始真正走上市场化和国际化的规范发展道路。

2. 本土风险投资开始掌握话语权

2008 年受国际金融危机影响，外资风险投资机构在中国市场的业务

---

① 深圳证券交易所：《什么是创业板市场？》，http：//investor. szse. cn/institute/video/gem/t20160128_ 538112. html，最后访问日期：2022 年 12 月 3 日。

② 深圳证券交易所：《创业板市场主要服务于何种类型的企业》，http：//investor. szse. cn/institute/video/gem/t20090416_ 538113. html，最后访问日期：2022 年 12 月 3 日。

表 4-1　中国创业板股票行业统计（2010 年 12 月 31 日）

单位：只，元

行业名称	股票数	成交金额	成交量	总股本	总市值	流通股本	流通市值
农林牧渔	4	131295031	3651911	556800000	14693740000	136799500	3513052810
采矿业	1	30085465	847585	64000000	2290560000	16000000	572640000
制造业	112	4357877006	102093900	12561027901	522768171524	3473177583	13827966417
建筑业	2	60396713	1029889	223000000	18759126000	56600000	4715460000
批发零售	2	75098374	2422178	245700000	7799420000	101064389	3218080448
运输仓储	1	26836949	1786096	90000000	1390500000	35460000	547857000
信息技术	20	757651418	18940585	2277189286	9268142576	729762054	27665175759
商务服务	2	26152356	767867	171755272	5956862794	43000000	1491250000
科研服务	3	102788977	2765462	267335000	12077476800	82561210	3394349800
公共环保	2	168408270	2244352	315000000	27831720000	70600000	6516344000
卫生	1	52877078	1215426	267000000	11812080000	74800000	3309152000
文化传播	3	137991652	3722111	467480000	18460810000	217931000	7341064550
总计	153	5927459289	141487362	17506287459	736521891694	5037755736	200564095784

注：数据统计范围包含存托凭证。

资料来源：深圳证券交易所行业统计，http：//www.szse.cn/market/stock/deal/index.html。

收缩，随之而至的是中国本土风险投资机构稳步崛起。清科研究中心（2010：51）数据显示，2009年新募集的94只基金中，人民币基金共有84只，占比达到89.4%，外币基金10只，占比仅有10.6%；从募资金额来看，人民币基金募资金额为35.67亿美元，占募资总额的60.9%，外币基金募资金额为22.89亿美元，占募资总额的39.1%。自2009年开始，中国本土风险投资机构数量开始超越外资机构，逐渐占据主导地位，2010～2011年继续保持快速增长态势。2011年中国风险投资市场共募集382只基金，同比增长141.8%，数量创历史纪录；募集完成金额高达282亿美元，同比增长152.5%；中国私募股权投资市场完成投资交易695起，同比增长91.5%。

自2012年以来，在中国政府"大众创业、万众创新"政策支持下，我国社会民众创业创新蓬勃发展，特别是2014年以后，我国包括风险投资基金在内的私募股权投资基金被统一纳入中国证券投资基金业协会监管范围，我国风险投资进入了规范发展的"快车道"。截至2017年底，中国证券投资基金业协会公布的数据显示，国内股权投资机构已经达到1.3万家，股权投资机构管理资本量总计8.7万亿元。其中，2017年新成立风险投资基金895只，募集总额达到3477亿元，投资案例数达到4822起，投资总额达2025亿元。自此，我国已形成多层次资本市场与风险投资/私募股权投资以及创业创新经济良性互动的发展局面。

根据清科私募通数据，2017年中国股权投资市场共募集3574只新基金，已募集完成基金规模近1.8万亿元，发生投资案例1.67万起，涉及投资金额合计达到1.36万亿元，中国股权投资市场投资总量占我国GDP的比重达到1.66%，中国私募股权投资对实体经济的支持作用正在逐渐显现。

根据PitchBook的统计，2017年美国VC/PE共募集资金2650.84亿美元，投资总额6224.42亿美元。因此，从募资额角度来看，2017年中国私募股权投资行业已经超过美国市场。但是，从投资额及存量资本角度来看，美国私募股权投资行业仍然处于优势地位。综合来看，自2017 年开始，中国已成为全球第二大私募股权投资市场。

3. 私募股权投资呈多元化发展

一是并购基金发展迟缓，以上市公司产业并购为主。2008 年国际金融危机爆发以后，并购基金海外资金来源受到限制，外资私募股权机构在中国的业务收缩，并购基金在国内市场发展势头有所放缓。2011 年起，中国本土并购基金开始正式启航，中信产业基金等并购投资管理机构相继成立。然而，由于中国资本市场长期存在的一些制度性缺陷，资本市场制度建设不完善，各种内幕交易比较严重，政府监管机构始终对上市公司的兼并收购保持严格的管制。2007 年，中国证监会发布了《中国证券监督管理委员会上市公司并购重组审核委员会工作规程》，对涉及上市公司的兼并收购活动实行严格审核，由此导致市场化的兼并收购活动实施效率不高，操作难度较大。另外，长期以来，国有企业在国民经济中占有绝对主导地位，私募股权投资机构很难像在欧美市场那样通过市场收购机制获取公司的控制权，然后对企业进行资产重组或管理层改组来提升企业市场价值。此外，私募股权管理机构在实施兼并收购过程中，不可避免地需要融资。由于中国金融监管机构对金融机构使用高杠杆始终保持高度警惕，所以，欧美国家盛行的典型的杠杆收购在中国股权投资市场很难操作，因而其并不占据主流地位。但是，在资本市场，上市公司和 PE 机构联合设立并购基金事件不断增加，东方财富 Choice 数据显示，2014～2016 年新成立的上市公司并购基金数量分别为 41 只、205 只和 609 只（刘宗根，2017）。2015 年实施产业并购的上市公司有 857 家，并购金额为 1.37 万亿元；2016 年实施产业并购的上市公司有 797 家，并购金额为 1.55 万亿元。

二是成长资本居于主导，参与 Pre-IPO 以及定向增发成为重要投资策略。中国资本市场长期采用审核制或者核准制，上市公司 IPO 存在较严重的发行抑价现象，在很多情况下，几乎所有 IPO 新发股票上市以后，相对发行价格都有100%以上的收益，因此，很多私募股权基金通过各种途径参与上市公司 Pre-IPO，这样的投资期限短、收益高、风险也较低，本质上是一种制度性套利，这是我国狭义私募股权基金中成长资本长期占据很大比例的原因。例如，2018 年在全部私募股权募集金额中，成长资本为 8266 亿元，所占比重为 53.00%，但如果不考虑母基金，则所占比重为 70.46%。

在成长资本中，还有很大一部分资金参与上市公司定向增发以及新三板市场增发。2006 年，中国证监会发布《上市公司证券发行管理办法》，明确了上市公司定向增发新股的相关管理制度。自 2008 年以后，定向增发新股日渐成为上市公司再融资的重要途径，许多私募股权基金积极参与上市公司增发新股，并在 2016 年达到高峰。在 2014~2017 年新三板市场迅速发展期间，还有很多私募股权基金以定向增发方式参与新三板企业定向增发。

2015 年中国股票市场发生股灾，监管机构在 2016 年初对通过定向增发等方式获取的股票加强了流通限制。进入 2017 年以后，由于前期通过定向增发进入市场的投资者亏损幅度较大，而且许多投资流通受限，部分私募股权基金参与定向增发的热情下降（见图 4-1）。

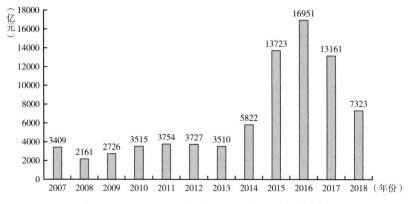

图 4-1　2007~2018 年沪深 A 股定向增发融资额

资料来源：Wind 数据库。

三是房地产和基础设施投资占比较高。2011~2012 年中国政府继续放宽货币政策与积极财政政策，大量银行信贷投向房地产行业与基础设施建设行业，各地方政府纷纷建立地方融资平台，许多私募股权投资机构通过各种方式参与了房地产投资与地方政府平台投资。清科研究中心数据显示，2011 年中国 PE 基金投资于房地产的比例为 7%。其中，许多投资从形式上看是股权投资，但由于有显性或者隐性融资方担保，本质上更类似于债券融资，即所谓的"明股实债"。这种投资方式虽然形式上是以股权的方式投资于标的公司，但本质上却具有刚性兑付的保本约定。因此，其表面上是股权投资，实质上是债权投资。自 2013 年以后，中国政府加强对房地产投资的限制，且房地产市场本身蕴含的风险较大，因此，私募股权机构对房地产投资的力度开始减小。

（五）2018 年开始的调整巩固新时代

进入 2018 年，受复杂的国际经济环境及国内宏观经济与金融政策的影响，以及在私募股权投资行业自身发展规律的作用下，中国私募股权投资行业进入调整阶段。

2017 年 10 月 18 日，党的十九大报告提出，中国经济由高速增长阶段转向高质量发展阶段。中国转变经济增长方式，不再片面追求增长速度，而是要求增长质量与效益并重。2017 年底，中央经济工作会议确定 2018 年经济工作的重点集中于防范化解重大金融风险、精准脱贫、污染防治三大攻坚战。为配合上述战略部署，2018 年 4 月 27 日，中国人民银行、中国银保监会、中国证监会和国家外汇管理局联合印发了《关于规范金融机构资产管理业务的指导意见》，业内简称《资管新规》。《资管新规》的核心内容包括破刚兑、控分级、降杠杆、提门槛、禁资金池、除嵌套、去通道。《资管新规》出台以后，之前大量通过银行资产管理计划绕道进入私募股权投资市场的渠道被阻断，私募股权投资机构的资金期限管理难度加大，金融体系监管趋严，私募股权投资行业募资环境迅速趋冷。

在国内经济及金融面临严峻形势的同时，面对中美贸易摩擦，国内外资本市场出现剧烈震荡。2018 年 A 股市场在 1 月冲高以后逐级下跌，上证指数全年下跌 24.59%，深证成指全年下跌 34.42%，创业板指全年下跌 28.65%。由于市场低迷、IPO 审核趋严，各类私募股权投资通过境内市场 IPO 退出难度加大。此外，前几年红火的新三板市场流动性快速萎缩，交易清淡，通过新三板市场退出的功能几乎丧失。

另外，中国私募股权投资行业在前一阶段超常规跳跃式发展过程中，由于发展过快、专业人才供给不足、业务模式不规范，行业自身也积累了一定的风险。例如，部分机构在市场红火阶段为盲目扩大规模，采用产品多层嵌套、资金池、高杠杆、期限错配、承诺回报等不规范操作，随着时间的推移，上述潜在风险逐渐暴露，给行业发展带来负面冲击。

由于上述诸多因素的冲击，2018 年中国私募股权投资行业进入巩固与调整阶段，行业总体呈现"两难"局面，即募资难、退出难。

1. 鼓励私募股权投资发展的扶持力度加大

为深入实施创新驱动发展战略、进一步激发市场活力和社会创造力，现就推动创新创业高质量发展、打造"双创"升级版，2018 年 9 月 26 日，国务院发布《关于推动创新创业高质量发展打造"双创"升级版的意见》（以下简称《意见》）。

《意见》明确提出，充分发挥创业投资支持创新创业作用，进一步健全适应创业投资行业特点的差异化监管体制，按照不溯及既往、确保总体税负不增的原则，抓紧完善进一步支持创业投资基金发展的税收政策，营造透明、可预期的政策环境。规范发展市场化运作、专业化管理的创业投资母基金。充分发挥国家新兴产业创业投资引导基金、国家中小企业发展基金等引导基金的作用，支持初创期、早中期创新型企业发展。加快发展天使投资，鼓励有条件的地方出台促进天使投资发展的政策措施，培育和壮大天使投资人群体。完善政府出资产业投资基金信用信息登记，开展政府出资产业投资基金绩效评价和公共信用综合评价。

2. 减税降费持续优化创新创业的发展环境

2018 年 3 月 28 日，国务院常务会议确定将增值税税率由原先的17%、11%调整为16%、10%，降低市场主体税负。同年 4 月 25 日，国务院常务会议决定将在京津冀、上海、广东等 8 个全面创新改革试验地区和苏州工业园区开展的创业投资企业和天使投资个人税收政策试点推广到全国实施。2018 年 5 月 14 日，财政部、国家税务总局联合印发《关于创业投资企业和天使投资个人有关税收政策的通知》，根据该通知，公司制创业投资企业采取股权投资方式直接投资于种子期、初创科技型企业满 2 年的，可以按照投资额的 70% 在股权持有满 2 年的当年抵扣该公司制创业投资企业的应纳税所得额。这进一步夯实了创业投资发展的基础。

2018 年 7 月 11 日，财政部、国家税务总局联合发布《关于进一步扩大小型微利企业所得税优惠政策范围的通知》，根据该通知，小微企业应纳税所得额低于 100 万元（含 100 万元），其所得减按 50% 计入应纳税所得额，税率为 20%。同年 8 月 31 日，全国人大常委会第五次会议表决通过，将个人所得税起征点提高至每月 5000 元。同年 11 月 1日，财政部、国家税务总局、科技部、教育部联合发布《关于科技企业孵化器　大学科技园和众创空间税收政策的通知》，对符合条件的孵化器、科技园和众创空间免征房产税和城镇土地使用税；部分收入免征增值税。同年 12 月 13 日，国务院印发《个人所得税专项附加扣除暂行办法》，新增 6 项专项附加扣除，自 2019 年 1 月 1 日起施行。

3. 金融业开放提速带来了新的挑战和机遇

2018 年 12 月 21 日，国家发改委、商务部联合发布《市场准入负面清单（2018 年版）》，这是首份面向各类市场主体的正式负面清单，也是中国政府进一步规范各类市场主体市场准入规则的举措，标志着中国开始全面实施市场准入负面清单制度。该清单共包含 151 项禁止和许可类事项，不在负面清单中的行业向各类投资者开放，无须经过行政许可。

在金融开放和负面准入清单模式下，外资私募股权投资机构布局中国市场的步伐加快。在业务范围上，对外资的开放力度同样很大。2018年 11 月 13 日，国家发改委等 5 部委联合发布了《关于鼓励相关机构参与市场化债转股的通知》，明确支持外资设立私募股权投资基金开展市场化债转股业务，允许外资依法依规投资入股金融资产投资公司、金融资产管理公司开展市场化债转股。

随着我国金融开放程度的不断提升，中国私募股权投资市场将会吸引越来越多的国际知名机构，而中国私募股权投资机构走向世界的机遇也将随之增加，一个双向开放的中国私募股权投资市场正在日益形成。

4. 建立科创板丰富多层次资本市场体系

2018 年 11 月 5 日，国家主席习近平在首届中国国际进口博览会开幕式上宣布，将在上海证券交易所设立科创板（Science and Technology Innovation Board）并试点注册制。2019 年，中国证监会发布《关于在上海证券交易所设立科创板并试点注册制的实施意见》、《科创板首次公开发行股票注册管理办法（试行）》和《科创板上市公司持续监管办法（试行）》等规范，科创板建设进入紧锣密鼓的实质推进阶段。

科创板的设立，将进一步完善我国多层次资本市场体系，全面提升金融服务科技创新企业能力、增强资本市场包容性、提升融资市场效率、推动资本市场改革，也为我国私募股权投资提供新的退出渠道，有利于推动我国私募股权投资及创新创业进一步的深度发展。

二　中国私募股权投资行业"募投管退"的基本情况

（一）数据查询规则

清科私募通数据库是清科集团旗下专注于中国创业投资暨私募股权投资领域的金融服务终端，登录网址为 https：//www. pedata. cn/。截至目前，该数据库是中国私募股权投资领域最为齐全的行业统计数据库。该数据库为清科集团旗下主要产品，可以为出资人、政府机构、银行、券商、投资银行以及律师事务所、会计师事务所、VC/PE 投资机构等提供专业的私募股权投资数据。从构成维度来看，其提供的数据主要包括基金概况、投资回报、企业财务数据等核心信息。与 Wind 数据库及起步不久的 CVSource 投中数据库相比，其具有更高的市场接受程度，也是本书中国私募股权投资数据的主要来源。具体查询规则如表 4-2 所示。

表 4-2 私募股权投资数据查询规则

一级目录	二级目录	搜索条件	范围界定	备注
基金募集	募集状态	首期募完, 正在募集		
		已募完		
	募集完成时间	自定义	2009 年 1 月 1 日至 2018 年 12 月 31 日	部分数据采用清科年度报告
	基金类型	更多	基础设施基金	
			成长型基金	
			创业基金	
			房地产基金	
			早期基金	
			夹层基金	
			并购基金	
	统计	选择数据		
投资	投资时间	自定义	2009 年 1 月 1 日至 2018 年 12 月 31 日	部分数据采用清科年度报告
	融资方	企业总部	中国	不含境外
	投资方	机构类型	早期机构	不含 FOF、战投
			VC	
			PE	
	统计	选择数据		可看季度数据
退出	退出时间	自定义	2009 年 1 月 1 日至 2018 年 12 月 31 日	部分数据采用清科年度报告
	退出方	机构类型	早期机构	不含 FOF、战投
			VC	
			PE	
	统计	选择数据		可看季度数据
	退出回报			导出全部事件自行计算

资料来源：笔者自制。

（二）募资情况

如图 4-2 所示，2009 年，中国私募股权投资募集资金数量为 1285 亿元，募集基金数量为 124 只；到了 2018 年，募资额和募集基金数量分别为 12082 亿元和 3577 只。与 2009 年相比，募资额增长了 840.23%，募集基金数增长了 27.85 倍。可以看出，在 2009~2018 年的 10 年时间里，中国私募股权投资行业实现了爆发式增长。值得强调的是，2018 年的募集金额虽然环比下降，但募集基金数环比持平。这一走势与自 2017 年开始的中国经济"去杠杆"① 进程和防范金融系统性风险政策的稳步推进密切相关。

图 4-2　2009~2018 年中国私募股权投资基金募集情况

资料来源：根据清科私募通数据整理。

这主要是因为，大量金融资本出于逐利的动机，利用资管计划监管的漏洞，使用多层嵌套的方法进行监管套利。这种资金体内循环的模式，加剧了实体经济的融资困难，也增加了金融系统的风险。

---

① 2016 年 12 月，中央经济工作会议提出，以"三去一降一补"五大任务为抓手，推动供给侧结构性改革取得初步成效，即"去产能、去库存、去杠杆、降成本、补短板"。

对此，2017 年底召开的中央经济工作会议明确提出，今后 3 年，要打好防范化解重大风险攻坚战，重点是防控金融风险，要服务于供给侧结构性改革这条主线，促进形成金融和实体经济、金融和房地产、金融体系内部的良性循环（欧阳洁，2017）。"守住不发生系统性金融风险的底线"被放在了非常突出的位置。

2018 年 4 月 27 日，为了杜绝资本市场多层嵌套严重，房地产、影子银行、地方政府债务泡沫快速膨胀和宏观杠杆率过高等问题，中国人民银行联合中国银保监会、中国证监会及国家外汇管理局联合印发《关于规范金融机构资产管理业务的指导意见》（即《资管新规》）。《资管新规》对多年来存在的资管乱象进行了精准施策，推动了中国资管行业进入规范发展的新时代，这也直接导致了以往大量依靠银行资管进行募资的私募股权投资机构开始出现募资难问题。

综合来看，2018 年中国私募股权投资的募资额在走势上与这段时间整个中国经济金融的监管政策情况密切相关。这说明，中国私募股权投资行业是一个典型的政策密集型行业。当监管政策放松时，私募股权投资就会迅速发展；反之，当宏观政策收紧时，私募股权投资的发展就会受到一定的约束。

从各类基金的募集金额占比来看，如图 4-3 所示，2018 年，在中国私募股权基金募集金额中，占比最高的是成长型基金，在总募集金额中占据绝对体量，为 71%。此外，创业基金募集金额的占比也较高，为 14%。这从侧面说明，中国私募股权投资的偏好是处于成长和创业阶段的中小企业。而这些企业，恰好是中国成功实施"大众创业、万众创新"战略的重要支撑。因此，私募股权投资支持实体经济和创新创业发展的这一本质属性，应该得到重视。

（三）投资情况

从投资情况来看，如图 4-4 所示，2009 年，中国私募股权投资行业实现投资 1678 亿元，共发生投资案例 1910 个；到了 2018 年，投资

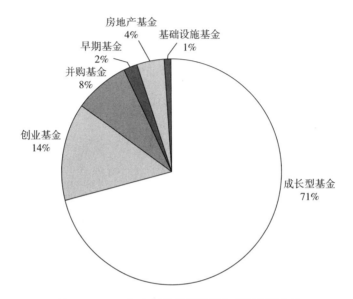

图 4-3　2018 年中国私募股权基金募资金额占比

资料来源：根据清科私募通数据整理。

金额上升至 10886 亿元，共发生投资案例 14984 个。与 2009 年相比，投资金额增长了 548.75%，投资案例数增长了 684.50%。

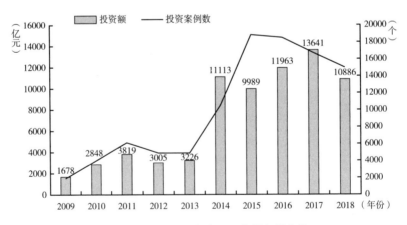

图 4-4　2009~2018 年中国私募股权投资情况

资料来源：清科私募通数据库。

可以看出，自 2009 年以来，中国私募股权投资行业的投资金额和投资案例数都实现了爆发式增长。投资金额的阶段性高峰出现在 2017年，投资案例数的阶段性高峰出现在 2015 年。

值得强调的是，2009 年投资金额大于募集金额，这主要是由于存量募集资金的存在，这一基本规律在 2014 年和 2015 年同样存在。但是，2016~2018 年投资金额都低于募集金额。这说明私募股权投资缺乏良好的投资标的，部分募集资金存在闲置的情况。

从私募股权投资的行业分布来看，如表 4-3 所示，2018 年，从投资案例数来看，占比最高的前三个行业分别是 IT、互联网、生物技术/医疗健康，全年吸引投资案例数占总投资案例数的比例分别为21.98%、18.14% 和 13.51%；从投资金额来看，占比前三的行业分别是金融、互联网和 IT，投资金额比例分别为 21.55%、12.35%和 10.59%。

表 4-3　2018 年中国私募股权投资行业分布情况

行业	投资案例数（起）	投资案例数比例（%）	投资金额（亿元）	投资金额比例（%）
IT	915	21.98	1152.75	10.59
互联网	660	18.14	1344.43	12.35
生物技术/医疗健康	626	13.51	1010.01	9.28
金融	292	6.09	2345.79	21.55
电信及增值业务	257	5.14	749.37	6.88
娱乐传媒	220	5.05	298.52	2.74
机械制造	212	4.24	291.81	2.68
电子及光电设备	188	3.67	263.84	2.42
教育与培训	156	2.32	77.00	0.71
清洁技术	129	2.28	175.77	1.61
连锁及零售	115	2.21	285.43	2.62
汽车	113	2.09	563.69	5.18
半导体	103	1.92	192.69	1.77

续表

行业	投资案例数 （起）	投资案例数 比例（%）	投资金额 （亿元）	投资金额比例 （%）
物流	101	1.74	582.01	5.35
化工原料及加工	88	1.62	167.63	1.54
房地产	87	1.08	637.75	5.86
建筑/工程	78	0.95	86.51	0.79
食品饮料	70	0.75	140.62	1.29
能源及矿产	63	0.60	89.85	0.83
农/林/牧/渔	45	0.49	55.43	0.51
纺织及服装	41	0.49	74.29	0.68
广播电视及数字电视	24	0.04	8.01	0.07
其他	3	3.62	294.48	2.70

资料来源：清科私募通数据库。

而行业数据显示，中国私募股权投资较为集中的行业是信息技术和新兴服务业等。这些行业恰好也是国家统计局《战略性新兴产业分类（2018）》中界定的战略性新兴行业范畴，同时也基本吻合《中共中央关于制定国民经济和社会发展第十四个五年规划和二○三五年远景目标的建议》（2020 年 10 月 29 日中国共产党第十九届中央委员会第五次全体会议通过）提出的加快壮大新一代信息技术、生物技术、新能源、新材料、高端装备、新能源汽车、绿色环保以及航空航天、海洋装备等产业的范围。由此可见，私募股权的主要投资行业与国家的创新战略密切相关。

从地域分布来看，如表 4-4 所示，2018 年，中国私募股权投资案例数比例最高的三个省市分别是北京（27.26%）、上海（17.31%）、广东（15.13%）；而从投资金额来看，投资金额比例最高的三个省市分别是北京（26.26%）、浙江（14.61%）、上海（12.97%）。这一结果表明，私募股权投资与当地经济发展水平密切相关，北京、长三角和珠三角是中国私募股权投资最为活跃的地区。

表 4-4 2018 年中国私募股权投资地域分布情况

省区市	投资案例数 （起）	投资案例数 比例（%）	投资金额 （亿元）	投资金额比例 （%）
北京	4084	27.26	2858.60	26.26
上海	2594	17.31	1411.84	12.97
广东	2267	15.13	987.87	9.07
浙江	1427	9.52	1590.70	14.61
江苏	1058	7.06	792.17	7.28
四川	328	2.19	198.25	1.82
湖北	321	2.14	85.56	0.79
山东	257	1.72	180.32	1.66
福建	234	1.56	74.78	0.69
安徽	198	1.32	88.7	0.81
陕西	143	0.95	35.46	0.33
天津	131	0.87	147.73	1.36
湖南	111	0.74	68.76	0.63
重庆	93	0.62	50.46	0.46
河南	83	0.55	112.19	1.03
河北	71	0.47	113.64	1.04
辽宁	61	0.41	11.24	0.10
江西	51	0.34	70.31	0.65
海南	50	0.33	24.16	0.22
贵州	48	0.32	145.27	1.33
吉林	38	0.25	33.59	0.31
黑龙江	31	0.21	17.01	0.16
广西	25	0.17	38.5	0.35
新疆	24	0.16	41.51	0.38
山西	20	0.13	23.69	0.22
云南	15	0.10	40.04	0.37
内蒙古	13	0.09	10.54	0.10
青海	9	0.06	3.6	0.03
宁夏	8	0.05	4.25	0.04
西藏	5	0.03	0.03	0.00
甘肃	4	0.03	0.88	0.01
其他	729	4.85	65.55	6.01

资料来源：清科私募通数据库。

（四）退出情况

"募投管退"是私募股权投资业务流程的一个完整闭环。成功退出并实现较高的收益，是所有私募股权投资机构的最直接诉求，也是其投资的经济逻辑所在。

从 2018 年中国私募股权投资基金退出情况来看，如表 4-5 所示，IPO 退出仍是所有投资机构的首选。在 2018 年，IPO 案例数在总退出案例数中的占比为 42.14%；其次是股权转让，占比为 25.75%；并购也占据着一定的比例，为 20.29%。就平均退出年限而言，回购所用时间最长，这主要是因为回购是在尝试 IPO 失败后投资机构不得已的行为。再从平均回报倍数来看，股权转让是收益最高的退出方式，其次是 IPO。综合来看，在 2018 年的中国私募股权投资市场，IPO 仍然是所有投资机构首选的退出方式，但是如果想要拥有更高收益的话，股权转让才是最佳的选择。

表 4-5　2018 年中国私募股权投资基金退出情况

退出方式	案例数（起）	案例数占比（%）	平均退出年限（年）	平均回报倍数（倍）
IPO	949	42.14	3.23	5.99
股权转让	580	25.75	3.18	9.06
并购	457	20.29	2.42	3.63
回购	194	8.61	3.93	3.76
借壳	43	1.91	1.57	1.80
清算	27	1.20	1.43	1.06
新三板	1	0.04	1.33	2.48
其他	1	0.04	2.25	不适用

资料来源：清科私募通数据库。

三 中国私募股权投资行业面临的主要挑战

尽管经过 20 多年的发展，中国私募股权投资行业取得了长足的进步，但目前该行业仍存在诸多问题和不足，具体如下。

（一）缺乏统一监管标准

从法律层面看，对私募证券、私募股权基金的监管在法理上尚未统一，对私募股权基金的治理主要依赖行政授权。2012 年修订的《证券投资基金法》首次将非公开募集证券投资基金纳入调整范围。2013 年 6 月，经国务院和中央编委批准，中央编办印发《关于私募股权基金管理职责分工的通知》，将私募股权基金授权中国证监会进行监督管理。2014 年 8 月，中国证监会发布的《私募投资基金监督管理暂行办法》（以下简称《暂行办法》），授权中国证券投资基金业协会（以下简称"基金业协会"）对私募股权基金管理人及私募股权投资基金进行备案登记，并履行自律管理职能。但在实践中，《证券投资基金法》第二条明确规定基金法适用的范围为"证券投资基金"，由此导致以《证券投资基金法》为基础对私募股权投资基金进行监管存在法理上的缺陷，《暂行办法》法律效力缺乏上位法的支持。

部分市场机构认为"证券投资基金不包含股权投资基金、创业投资基金"，从而认为股权投资基金、创业投资基金不受《证券投资基金法》与《暂行办法》约束，对中国证监会行政监管和基金业协会自律管理形成很大挑战。此外，《证券投资基金法》具体条文不够细致，也导致行政监管与行业自律的边界不清晰，影响治理效能。商事登记制度改革后，存在大量实质从事私募股权投资管理业务的机构并未在基金业协会登记备案的情况。据不完全统计，北京、上海、深圳三地工商注册且经营范围中带有"投资管理""资产管理"字样的投资类企业超过 12 万家，其中，仅有 2 万余家在协会完成机构登记和产品备案。对于大量未登记备案的机构及产品，行业协会无法实施有效的自律管理。这些机构存在大量以私募股权投资名义进行非法集资的行为，投资行为不规范，投资者权益无法得到有效保护。

（二）长期稳定资本匮乏

私募股权投资从事的是长期投资，因此，需要稳定的、理性的长期资本和有耐心的资本供给。从美国等市场的经验看，私募股权基金的资金来源中，有 40% 来自养老金和社会捐赠资金。国际市场的经验显示，养老金、保险资金等机构投资者资金是私募股权投资的重要资金来源。根据基金业协会的统计，截至 2018 年，在我国私募股权基金的资金来源中，高净值个人资金占比 16.6%，机构资金占比 83.4%。其中，从细分构成来看，工商企业（含合伙企业）资金占比达 41.7%，各类资管计划资金占比 33.8%，保险资金占比 2.8%，养老金、社会公益基金、大学基金等长期资金占比仅为 0.3%。中国私募股权基金缺乏长期、理性、有耐心的机构投资者资本。中国需要在税收、监管等方面采取措施，引导养老金、保险资金等机构投资者资金进入私募股权投资领域，改善投资者结构。

（三）业务模式尚待规范

一些机构业务模式不清晰，存在利用监管规则和标准的不一致漏洞进行监管套利的情况。一些产品多层嵌套，资金池模式蕴含流动性风险，部分产品成为信贷出表的渠道，明股实债、刚性兑付普遍，利用监管盲区在正规金融体系之外形成影子银行，这些均在一定程度上干扰了国家宏观经济调控，提高了社会融资成本，影响了金融服务实体经济的质效，蕴含一定的风险。

（四）部门投资项目估值过高

过去几年，私募股权行业由于高回报引起越来越多的关注，各领域人才和机构纷纷进入私募股权行业，股权投资管理机构快速增加，导致行业竞争白热化，投资估值居高不下，部分项目估值水平甚至高于同类项目在股票二级市场的定价水平。

（五）中介服务体系建设落后

私募股权投资涉及私募股权投资者、私募股权投资机构、中介机构、中小企业等参与主体。在国外，私募股权行业在几十年的发展中，形成了分工合作的专业化管理体系。中介机构会集了私募股权投资各方面的专业人才，为私募股权投资机构、私募股权投资者以及中小企业提供投资、融资、会计、法律、科技、咨询等中介服务。而在国内，目前有经验的私募股权投资专业人才不足，特别是投后管理的专业人才严重缺乏，更为重要的是市场缺乏高度专业化的中介服务机构。由于专业人才不足，私募股权行业呈现出在募资领域低层次的恶性竞争现象，一些私募股权投资机构采取虚假承诺等手段盲目追求募资规模，而无法在投资项目识别、交易方案设计、项目投后管理等领域发挥专业才能及提供增值服务。

（六）现有退出渠道不够畅通

中国私募股权投资市场在 2014～2017 年快速发展，募集资金及投资规模均大幅增长。但是，2015 年股灾以后，中国证监会出台了一系列针对资本市场股份减持的规定，对在企业上市以前持有的股份在 IPO 以后通过二级市场减持施加了很多限制，私募股权投资基金减持难度加大。此外，2015～2017 年作为重要退出渠道的新三板市场，由于市场运作机制缺陷、供需关系失衡等原因，市场流动性迅速丧失。上述原因导致整个私募股权投资行业在退出环节资金流动不畅，形成"肠梗阻"，无法形成募资—投资—增值—退出—再募资这一典型的良性循环。加之在前一阶段的行业大发展，一些私募股权投资机构为了扩大规模，存在多层嵌套、刚性兑付、募短投长等不规范做法。2018～2019 年，这些产品陆续到期，但基金所投资的项目无法退出，导致基金无法向投资者如期兑付，引发许多局部风险事件，对整个行业发展造成不良影响。

从私募股权基金"募投管退"业务流程来看，退出是私募股权投资过程中的最后一环，也是基金管理机构最为重要的工作内容。项目的退出回报直接影响着投资者的最终收益，综合体现了基金管理人在项目投资过程中的筛选和专业判断能力，以及项目管理过程中的监督管理和增值能力，同时也反映了"募投管退"各个流程上所有参与者的尽责程度，是私募股权管理机构能力和水平最为直接的度量。

当前，受资本市场低迷等多种因素影响，我国创业投资行业普遍存在融资难和退出难的问题，创业资本不能形成资金募集→投资→增值→退出→向投资者分配→资金再募集的良性循环，严重制约我国创业投资市场长期、持续、健康发展。

2017年5月，中国证监会发布《上市公司股东、董监高减持股份的若干规定》，加强对风险投资基金等机构 IPO 之前持有的股份转让限制，风险投资基金退出日渐困难。根据清科私募通数据，2012~2018 年，整个私募股权投资行业累计投资金额约 6.3 万亿元，其间退出规模不到 2.7 万亿元。其中，业内著名的头部机构红杉资本自 2005 年以来，累计投资项目约 450 个，投资金额 513.8 亿元，2007 年以来，该机构共退出 82 个项目，实现退出金额 122.4 亿元，仍有 391.4 亿元资金在投。由此可见整个风险投资行业退出难的程度。

种种迹象表明，当前我国创业投资市场生态系统仍然比较脆弱，如果不能切实解决融资难、退出难等问题，我国创新系统在内外部因素作用下可能进入"负反馈演化轨道"，我国风险投资市场可能会重蹈日本、德国等的覆辙。在当前的经济金融形势下，大力发展 PE 二级市场，即 S 基金，① 是促进中国私募股权投资市场持续健康发展的重要保障和有力支撑。

（七）私募股权投资机构直接上市存在政策困境

支持头部私募股权投资机构通过上市等方式实现做大做强，形成多

---

① 主要从事私募基金二手份额转让交易的基金被统称为 Secondary Funds，即私募二级市场基金，一般为母基金，俗称私募二手份额基金。按照交易标的划分，私募二级市场基金可分为私募股权二级市场基金、房地产投资二级市场基金和自然资源投资二级市场基金。

元化和市场化的资金来源，对于私募股权投资机构的长期健康发展至关重要。但目前我国私募股权投资机构直接上市的数量非常少，主要原因是私募股权投资机构大部分是依据《合伙企业法》制定的，而《合伙企业法》又规定上市公司不能以普通合伙企业的形式存在，并且我国的《证券法》和交易所上市规则都明确要求有限合伙企业的财产份额不能视为上市证券，因此国内私募股权投资机构的组织设立形式，决定了其在上市过程中存在制度问题。此外，根据上市公司信息披露的透明度有关规定，如《首次公开发行股票并上市管理办法》《上市公司信息披露管理办法》，都要求发行人对募集资金、投资项目、拟投项目的储备、项目预计实施时间和计划、拟投项目的可能风险等信息予以充分的披露，而这又与私募股权投资机构的运作模式存在冲突。因此，借鉴国外市场关于投资公司上市的前置条件，对上市规则进行相应调整，以适应私募股权投资机构的业务模式就显得尤为重要。但是这一问题又涉及监管规则、上市公司治理等多个领域，私募股权投资机构上市的诉求短期内难以满足。

第二节　全球私募股权投资比较分析

一　全球私募股权投资概况

Preqin 统计数据显示，2008 年国际金融危机之后的一段时间，全球私募股权投资基金在投资额和募资额方面均出现了下降，但随着时间的推移，自 2011 年开始经历了一个逐渐复苏的过程，投资和募资均出现不同程度的上升，并进入新的繁荣阶段。

（一）资金募集规模稳步回升并维持高位，资金向大型机构集中

如图 4-5 所示，在经历 2007～2008 年募集资金高峰之后，受国际金融危机影响，2009～2010 年募集资金规模明显缩小，2011 年开始出

现恢复性增长。Preqin 统计数据表明，2011 年全球私募股权基金募资
2380 亿美元。之后，随着私募股权基金不断展示良好的投资回报，投
资者热情高涨，2014 年募资规模突破 4000 亿美元，到 2017 年募集资金
达到创纪录的 5660 亿美元。2018 年募资规模为 4320 亿美元，相对于
2017 年下降了约 24%，但仍处在较高区间。对于 2018 年募资规模缩小
的主要原因，Preqin 报告认为，这与当年美国股票市场进入调整期
有关。

图 4-5　2004~2018 年全球私募股权基金募资额和完成募集基金数

资料来源：2019 Preqin Global Private Equity & Venture Capital Report。

　　在募资规模扩大的同时，资金向大型机构集中，2018 年前 10 名最
大的基金募资金额斩获全行业的 24%；前 20 名最大的基金募资金额达
到全行业的 35%，前 50 名最大的基金募资金额则达到全行业的 52%。

　　在募资结构上，如图 4-6 所示，2018 年风险投资基金继续保持强
劲增长势头，募资额达到创纪录的 790 亿美元，比 2017 年增长 13%，
并购基金募资额为 2350 亿美元，比 2017 年的 3000 亿美元下降 22%。
根据 Preqin 统计数据，2018 年全球私募股权投资行业管理的资本规模
达到 3.41 万亿美元。

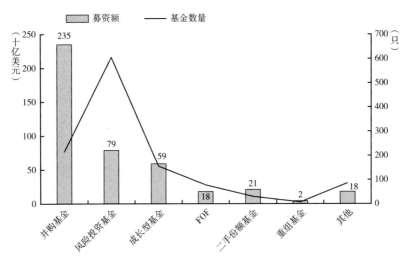

图 4-6　2018 年全球私募股权基金募资类别分布情况

资料来源：2019 Preqin Global Private Equity & Venture Capital Report。

　　从募资地域分布来看，如图 4-7 所示，北美居于主导地位，2018 年募资规模为 2400 亿美元，其次是欧洲的 950 亿美元，然后是亚洲的 800 亿美元。

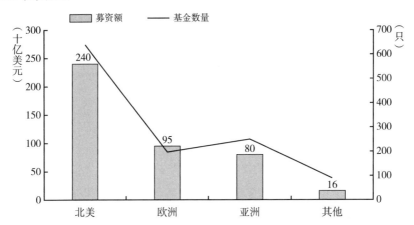

图 4-7　2018 年全球私募股权基金募资地域分布情况

资料来源：2019 Preqin Global Private Equity & Venture Capital Report。

（二）北美仍是主要投资者来源地，但比重逐渐下降，新兴市场国家投资者增长迅速

如图4-8所示，2014年北美仍是全球私募股权基金的主要投资者，占据59%的比例，但到了2018年，来自北美投资者的资本在全球私募股权基金中的比重下降了4个百分点，而来自其他地区的投资者贡献资本的比例不断提高，特别是来自亚洲的投资者资本贡献比例增长幅度最大，其在2014年的比例为8%，而到2018年已经上升为10%，增长的投资规模达到1600亿美元。

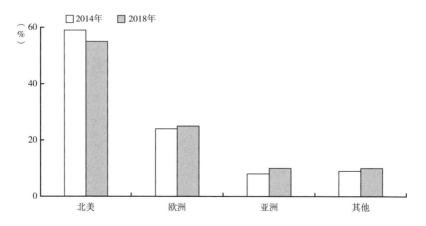

图4-8　2014年和2018年全球私募股权基金投资者资本地域分布情况

资料来源：2019 Preqin Global Private Equity & Venture Capital Report。

（三）过往投资业绩亮眼，机构投资者资产配置兴趣增强

Preqin报告显示，2011年是2008年国际金融危机以后一个重要的转折年，2011年全球私募股权基金向投资者支付的现金超过了投资者投入的资金，2011~2015年全球私募股权基金获得了远优于同期二级市场基金的投资业绩（见表4-6）。

表 4-6　2011~2015 年全球私募股权基金内部收益率中位数

单位：%

投资策略	内部收益率中位数
并购基金	16~21
风险投资基金	13~21
成长型基金	10~18
FOF	12~19

资料来源：2019 Preqin Global Private Equity & Venture Capital Report。

更长时期的数据显示，在两个重要时期，私募股权基金的投资业绩均优于同期二级市场基金的表现。一是自 2008 年国际金融危机爆发以来，私募股权基金的业绩明显优于同期二级市场基金，而且波动性与下行风险均明显更低。二是自 2000 年美国网络科技股泡沫破灭以来的更长时间段，私募股权基金的表现仍然优于同期二级市场基金。

由于私募股权基金过去良好的投资业绩表现，越来越多的机构投资者表现出对私募股权资产的配置兴趣，包括基金中的基金（FOF）、养老金、保险公司、家族办公室等。

（四）亚洲地区风险投资增长迅速，中国风投规模赶超势头明显，成为全球主要风投国家

在 2018 年全球风险投资总计 2740 亿美元的金额中，美国和中国两个国家的投资金额都超过 1000 亿美元（见图 4-9）。其中，中国完成 4196 笔投资，投资金额 1050 亿美元，美国完成 5159 笔投资，投资金额 1100 亿美元，中国基本接近美国，成为全球风险投资交易最活跃的国家之一。其他国家（或地区）总计有 5304 笔交易，投资金额 556 亿美元，也就是说，中国与美国是全球风险投资最主要的国家，除美国外的其他国家或地区风险投资金额总和仅为中国的 52.95%。中国内地是驱动亚洲地区风投增长最主要的国家，占据亚洲地区交易总量的 75.58% 和投资总额的 83.67%。

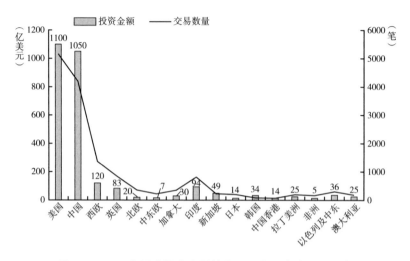

图 4-9　2018 年风险投资交易的主要国家（或地区）分布

资料来源：2019 Preqin Global Private Equity & Venture Capital Report。

（五）退出案例数继续减少，但退出金额创历史新高，GP 之间转让成为风险投资重要退出方式

2018 年全球风险投资实现 1094 笔退出，退出金额达到创纪录的 1650 亿美元。自 2014 年以来，全球风险投资基金的退出案例一直呈减少趋势，但新的资金仍在不断投资，曾引起部分投资者与 GP 机构的警觉。2018 年退出案例数仍在减少，但退出金额创历史新高，这在一定程度上缓解了部分忧虑。

近几年全球风险投资市场退出机制的一个重要变化是 GP 之间转让的比例逐渐增加。2018 年，GP 之间转让的退出案例数占全部风险投资基金退出案例数的比例已经超过 11%，创历史新高。

从全球范围来看，在退出领域，全球 PE 二级市场正在不断发展，并呈现多样化趋势，一种新的私募股权基金产品，即专门从 PE 二级市场购买的私募股权基金（简称"S 基金"）也应运而生。如图 4-10 所示，全球 S 基金发展整体呈上升趋势。不论从募集完成规模还是从募集完成数量来看，2008～2017 年全球 S 基金在大部分年份呈上涨趋势，且交易活跃地区集中在北美，亚洲（主要为中国）表现较为平淡。

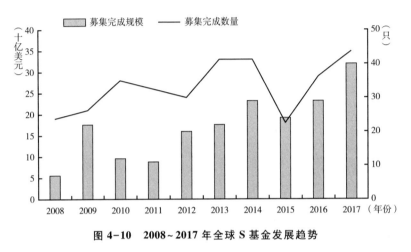

图 4-10　2008～2017 年全球 S 基金发展趋势

资料来源：Preqin。

（六）行业流入资金不断增长，行业可投资金不断累积膨胀，投资项目估值高企

自 2013 年以来，投资者向私募股权基金注入的资金超过历史上任何时候，全球 PE 行业经历了历史上最强劲的募集资金期。由于 PE 的表现优于其他资产类别，投资者对 PE 行业热情高涨，有限合伙人（LP）持续向行业注入新资本，造就了美国、欧洲和亚洲有史以来规模最大的私募股权基金。其中，中国高瓴资本 2018 年完成 106 亿美元的募资，创造了私募股权基金单只规模的历史纪录。

自 2008 年以来，全球私募股权发展进入一个新的时代。在经过相对短期的调整之后，在量化宽松、低利率、低增长的环境下，私募股权资产相对较高的回报率，吸引了有限合伙人提供更多股权投资资本，同时债权人愿意提供更多的债务融资。宽松的资金环境为全球私募股权交易扩展提供了助推器，也推动了杠杆收购和风险投资估值持续上升至历史高点。估价飙升和估值高位无疑对该行业可持续发展构成巨大威胁，是该行业目前面临的巨大挑战。

2018 年全球私募股权投资行业积累的可投资金仍在继续增长。Preqin 于 2018 年 11 月进行的调查表明，62% 的私募股权投资管理机构与 61% 的管理人认为当前市场处于此轮市场周期的顶部区域，担心即将来临的市场调整。当然持上述观点的主要是北美与欧洲市场，亚洲市场的反馈相对乐观一些，因为亚洲市场在 2018 年已经经历了较大幅度的调整。

（七）产业资本支持企业风险投资（CVC），市场影响力逐渐扩大，风险投资行业生态发生深刻变化

在过去的几年里，许多大公司成立了企业风险投资部门，其任务是投资那些战略上具有协同价值的公司。企业风险投资公司包括美国的谷歌风投、Salesforce Ventures、英特尔资本，以及中国的百度风投、君联资本、腾讯、阿里巴巴等。美国 CNBC 援引世邦魏理仕（CB Insights）《2018 年全球 CVC 报告》称，这些风投公司在 2018 年一共参与了 2740 笔交易，总投资价值为 529.5 亿美元，[①] 在全球风险投资交易中占据重要份额。

由于这些巨型企业风险投资机构的介入，全球科技创新环境及风险投资生态正在发生深刻变化。传统上，一家创业企业估值要达到 1 亿美元以上可能需要 5~7 年的时间，而且这些处于初创期的创业企业在早期阶段的融资一般在数百万美元或数千万美元级别。但是，现在一家创业企业如果能够得到这些全球巨型企业的风险资本支持，则很可能在短短 3~4 年就成长为估值 10 亿美元的独角兽企

---

① 陈兴华：《2018 年企业风投榜：百度联想旗下公司名列全球前五》，网易新闻，http：//dy. 163. com/v2/article/detail/E8D75Q3F051481US. html，最后访问日期：2022 年 12 月 3 日。

业，而且在早期阶段（天使轮、种子轮、A 轮等）融资额动辄达到数千万美元甚至数亿美元，这让传统风险投资机构咂舌与望洋兴叹。这一点在中国互联网领域表现得更为突出。波士顿咨询公司（BCG）2017 年的报告显示，在中国 BAT 主导的企业风险投资推动下，中国互联网公司发展成为独角兽公司平均只需要 4 年左右的时间，在 2 年内估值达到 10 亿美元的比例约为 46%。成立于 2015 年 9 月的拼多多就是一个典型的案例。2016 年 3 月，该公司获得由 IDG、光速中国投资的未透露金额的 A 轮融资；2016 年 7 月，拼多多用户量突破 1 亿，获得 B 轮 1.1 亿美元融资，由 IDG、腾讯、高榕资本领投；2018 年 4 月，获得由腾讯产业共赢基金、红杉资本中国基金投资的约 30 亿美元 C 轮融资；2018 年 7 月 26 日，登陆纳斯达克上市。该公司从成立到上市不足 3 年时间，创造了中国互联网科技企业创业成长的神话。

二 美国私募股权投资概况

（一）美国私募股权基金募集情况

如图 4-11 所示，2018 年，美国私募股权基金募集数量为 186 只，全年完成募集额 1664 亿美元，与 2017 年相比，募集数量下降 20.85%，募集金额下降 25.91%。募集数量变动与自 2014 年以来基金数量持续下降的发展态势基本吻合。除募集金额和募集数量外，单只基金的平均募集金额下降。2017 年，美国单只私募股权基金的募资额为 9.56 亿美元，2018 年则下降至 8.95 亿美元。整体来看，美国私募股权投资市场发展态势有所降温。

（二）美国私募股权基金投资交易情况

如图 4-12 所示，2018 年，美国私募股权基金投资金额为 7130 亿美元，投资数量为 4828 只。从发展态势来看，自 2008 年以来，除国际金融危机爆发后的 2009 年投资金额有所下降之外，其他年份的投资金

图 4-11　2008~2018 年美国私募股权基金募集金额及数量

资料来源：PitchBook。

额大体呈增长态势，投资数量的发展态势与之基本相同，在 2009 年短暂下降后，基本呈稳步增长态势。

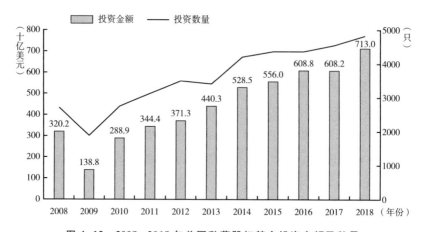

图 4-12　2008~2018 年美国私募股权基金投资金额及数量

资料来源：PitchBook。

（三）美国私募股权基金退出情况

如图 4-13 所示，2018 年美国私募股权基金退出金额为 3654 亿美元，退出数量为 1049 只。与 2017 年相比，2018 年的退出金额变化不大，仅增加了 4 亿美元，但退出数量有所减少，减少了 204 只。美国私募股权基金的退出金额和退出数量与自 2008 年以来的基金退出情况大致吻合，基本呈现倒"U"形的发展态势。在此期间，阶段性的高峰出现在 2015 年，说明近年来美国私募股权基金的退出市场有所降温。但值得注意的是，2016～2018 年，虽然退出数量有所下降，但退出金额有所上升，平均单只基金的退出金额分别为 2.68 亿美元、2.91 亿美元和 3.48 亿美元。数量下降和金额上升，说明近年来美国私募股权基金的退出选择变少，但退出的意愿强烈，而退出渠道和退出方式相对缺乏。整体而言，美国私募股权基金退出市场的降温趋势非常明显。

图 4-13　2008～2018 年美国私募股权基金退出金额及数量

资料来源：PitchBook。

（四）美国风险投资基金的基本情况

如图 4-14 所示，2018 年，美国风险投资基金募集数量为 256

只，完成募资额 555 亿美元。与 2017 年相比，风险投资基金的募集
数量基本保持不变，仅增加了 2 只，但募资额增幅较大，增加了 214
亿美元，增幅为 62.76%。再从发展趋势来看，在摆脱 2008 年国际
金融危机的消极影响后，自 2010 年起，美国风险投资基金的募集金
额和数量基本上呈现稳中有增的发展态势。但值得注意的是，2016~
2018 年，风险投资基金的募集数量在下降，但金额在上升，这三年
的单只基金募资额分别为 1.32 亿美元、1.34 亿美元和 2.17 亿美元。
虽然近年来美国私募股权基金的募资形势不容乐观，但风险投资基金
却一枝独秀，发展态势良好。这说明，风险投资基金在美国金融市场
依然受到热捧。

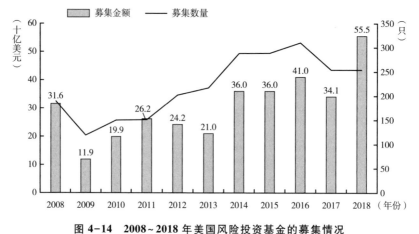

图 4-14　2008~2018 年美国风险投资基金的募集情况

资料来源：PitchBook。

如图 4-15 所示，2018 年，美国风险投资基金完成投资 8948 只，
投资额为 1309 亿美元，与 2017 年相比，投资额增长 479 亿美元，投
资数量下降 541 只。投资数量下降，但投资额上升，说明 2018 年投
资质量在上升，单只基金的投资金额在增大。整体来看，虽然投资数
量在 2015 年达到阶段性的高峰后开始回落，但投资金额在 2018 年的

增长态势明显。美国的风险投资基金投资市场正在走向日益精细化的发展道路，机构投资者在进行投资时追求的是质量，而非单纯的数量，而且单只基金投资额在 2018 年高达 1463 万美元。这与蜂拥而上、只追求发展速度的部分发展中国家创投市场相比，形成了巨大的反差。

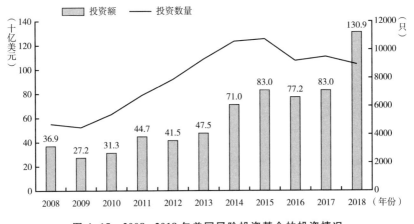

图 4-15　2008~2018 年美国风险投资基金的投资情况

资料来源：PitchBook。

再看美国风险投资基金的区域分布情况。如表 4-7 所示，2018 年，美国风险投资基金投资数量最多的是西海岸地区，全年共有投资基金 3726 只；排名第二的是中大西洋地区，全年共有投资基金 1858 只；排名第三的是新英格兰地区，共有投资基金 871 只。而从投资金额来看，排名也依旧如此，西海岸地区最高，为 812.9 亿美元，比美国其他全部地区的总和还要高。这说明，以美国硅谷为代表的西海岸地区，以及以费城、纽约、华盛顿特区等为代表的政治中心和高校科研院所相对集中的地区，是美国风险投资机构的主要活动区域。此外，新英格兰地区因为拥有耶鲁大学、麻省理工学院、哈佛大学等世界知名高校，其风险投资也较为活跃。

表 4-7　2018 年美国风险投资基金的区域分布情况

单位：只，亿美元

地区	投资数量	投资金额
五大湖地区	818	49.2
中大西洋地区	1858	187.5
中西部地区	160	6.8
落基山地区	591	36.9
新英格兰地区	871	125.7
南方地区	609	34.6
东南地区	617	57.5
西海岸地区	3726	812.9

资料来源：PitchBook。

最后看美国风险投资基金的退出情况。如图 4-16 所示，2018 年，美国风险投资基金退出金额为 1220 亿美元，退出数量为 864 只，单只基金退出金额均值为 1.41 亿美元。从退出金额来看，自 2009 年以来，美国风险投资基金的退出金额呈波动增长态势，从 2009 年的 223 亿美元上升至 2018 年的 1220 亿美元，增长率为 447.09%。可以看出，十年来，美国风险投资基金退出市场在退出金额上实现了爆发式增长。再从退出数量来看，2008 年，美国风险投资基金退出数量仅有 487 只，在 2014 年达到阶段性的高峰，为 1078 只，之后缓慢下降，但从整个趋势来看，退出数量呈现稳步发展的态势。

三　欧洲私募股权投资概况

（一）欧洲私募股权基金募资概况

欧洲私募股权市场原是仅次于美国的全球第二大市场，但在 2014 年被以中国为主的亚太地区超越。由于资本市场发展程度不同、传统行业和经济结构有差别、语言文化等也各有区域性特点，欧洲私募股权行

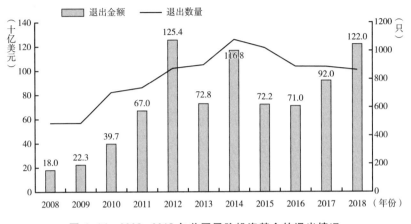

图 4-16　2008~2018 年美国风险投资基金的退出情况

资料来源：PitchBook。

业的发展呈现区域性差异，以英国私募股权投资最为发达，法国和德国等国家紧随其后。

如图 4-17 所示，欧洲私募股权基金在 2017 年总计完成募资 919 亿欧元，比上年增长 11.5%，募资金额仅次于 2006 年历史最高的 1120 亿欧元。

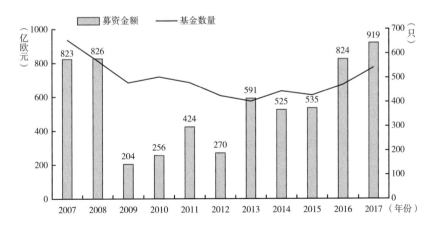

图 4-17　2007~2017 年欧洲私募股权基金发行数量及募资金额

资料来源：Invest Europe/EDC。

如图 4-18 所示，欧洲私募股权基金仍以并购基金为主，2017 年募资 651 亿欧元，占比达到 70.8%。偏重于投资早期项目的风险投资基金仅募资 77 亿欧元，占比仅为 8.4%；成长型基金募资 68 亿欧元，占比 7.4%；其余 124 亿欧元来自夹层基金等其他类型。

图 4-18 2013~2017 年欧洲私募股权基金的募资金额（按类型分）

资料来源：Invest Europe/EDC。

欧洲私募股权基金以并购基金为主，风险投资的发展与美国/亚太相比增长较慢，其重要原因是欧洲传统的投融资体系一直以银行业为主导，多数国家没有形成完善的多层次资本市场，且大多数行业已处于成熟阶段，金融体系以商业银行为主，并购基金的业务模式成熟。除英国以外，其他国家股票市场的总体规模不大、发展迟缓、交易活跃度不高。

欧洲内部不同区域的私募股权行业发展分布非常不均衡。如图 4-19 所示，2017 年新募集到的私募股权基金主要集中在英国爱尔兰和法比卢这两个区域，占整个欧洲的 76.3%。其中英国爱尔兰占比 50.9%，法比卢占比 25.4%，北欧占比 9.1%，而经济发展相对较慢的南欧占比只有 5.0%，中东欧占比只有 1.4%。

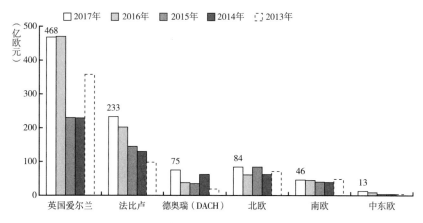

图 4-19　2013~2017 年欧洲主要区域私募股权基金募资金额

资料来源：Invest Europe/EDC。

（二）欧洲私募股权基金投资概况

如表 4-8 所示，欧洲私募股权基金 2017 年总计投资 717 亿欧元，且以并购基金为主。2017 年，欧洲并购基金投资额达到 512 亿欧元，占总投资金额的 71.4%，是风险投资基金投资额 64 亿欧元的 8 倍。

表 4-8　2013~2017 年欧洲私募股权基金投资金额（按类型分）

单位：亿欧元

类型	2013 年	2014 年	2015 年	2016 年	2017 年
并购	287	318	376	375	512
成长型	68	97	114	109	115
风险投资	35	37	43	48	64
其他	19	14	18	23	26
总计	409	466	551	555	717

资料来源：Invest Europe/EDC。

如图 4-20 所示，2017 年欧洲私募股权基金针对起步期企业的投资金额占比为 4.8%，针对种子期企业的占比不到 1%。

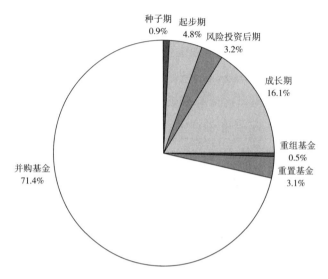

图 4-20 2017 年欧洲私募股权基金投资金额分布情况（按类型分）

资料来源：Invest Europe/EDC。

如图 4-21 所示，2017 年，欧洲私募股权基金投资的行业主要集中于消费品及服务、企业产品及服务，分别占总投资金额的 24.4% 和 23.5%。投资于 ICT（通信、计算机、电子）领域的公司数量占比为 31.9%，但金额占比只有 17.0%。生物科技和医疗健康的投资金额占比为 12.0%，其他行业的投资金额占比都低于 10%。

（三）欧洲私募股权基金退出情况

2017 年，751 家欧洲私募管理机构的 2018 只股权基金实现了 3752 个项目退出，以投资成本计算，退出金额为 427 亿欧元，比上年增加 7%。其中，并购基金从 879 个项目退出 326 亿欧元，占总退出金额的 76.3%，成长型基金从 1435 个项目退出 57 亿欧元，风险投资基金从 1159 个项目退出 21 亿欧元（见图 4-22）。

欧洲私募股权基金的退出方式如图 4-23 所示，2017 年，出售给行业投资者占 35%，出售给 PE 基金占 28%，出售给其他金融机构占 5%。

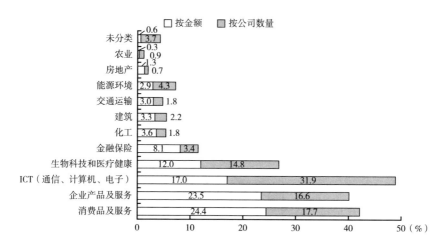

图 4-21　2017 年欧洲私募股权基金投资行业占比

资料来源：Invest Europe/EDC。

图 4-22　2013~2017 年欧洲三类私募股权基金退出金额

资料来源：Invest Europe/EDC。

这三类退出方式合计占 68%，即超过 2/3 的退出是通过转让实现的。

上市不是欧洲私募股权基金退出的主要渠道，按金额计算占比仅为 14%，并购基金有 16% 通过上市退出，而 VC 基金只有 13% 通过上市退出，成长型基金只有 6% 通过上市退出。

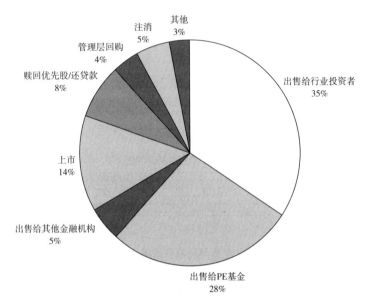

图 4-23　2017 年欧洲私募股权基金退出方式

资料来源：Invest Europe/EDC。

欧洲私募股权基金退出的主要行业按基金类型分也有所不同。并购基金和成长型基金退出的主要行业为企业产品及服务、消费品及服务和 ICT（通信、计算机、电子），而风险投资基金退出的主要行业为 ICT（通信、计算机、电子）、企业产品及服务、生物科技和医疗健康。

（四）欧洲私募股权行业各国发展情况

欧洲各地区私募投资机构的投资金额与投入该地区项目的资金总额具有一定差异，这一细分差异体现了各国机构的投资能力和投资偏好，以及当地产业结构和项目来源的差别。由于私募股权基金的募集和投资可在不同的国家和地区间进行，一国的投资机构除投资本国项目之外，还会投资其他国家的项目。英国爱尔兰投资机构具有更强的投资能力，其投资金额占比为 41%，但同期投入这一地区的项目资金占比只有 26%。而德奥瑞（DACH）的被投项目的资金占比可达20%，而该地区投资机构的投资金额占比只有 14%，体现出外部私募资金的流入。

私募股权行业对一国整体经济的影响和渗透水平还体现在该国私募投资金额与该国 GDP 的比值上。2017 年，欧洲地区平均水平为0.436%，英国以 0.771% 明显高于其他国家（见图 4-24）。与法国、丹麦、瑞典等西欧国家相比，德国占比偏低，且低于欧洲平均水平。而南欧和中东欧大多国家尚处于有待发展的阶段。

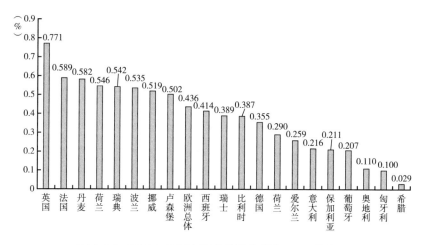

图 4-24　2017 年欧洲各国私募投资额占 GDP 的比重

资料来源：Invest Europe/EDC，BVK。

值得强调的是，随着对私募股权投资本质属性的再认识，德国近年来也开始重视私募股权投资的发展。在 2020 年初抗击新冠疫情的行动中，德国政府为初创企业、年轻的技术公司和中小型公司提供了 20 亿欧元的资金支持，助推初创企业成长。而该项目具体措施主要包括：组合型基金和基金级别的公共风险资本投资者（如复兴信贷银行资本、欧洲投资基金、高科技创立基金等）将在短期内获得额外的公共资金，作为共同投资的一部分，与私人投资者一起，为没有风险资本的年轻初创企业和中小型创业公司提供风险资本和股权融资。[①]

四 英国私募股权投资概况

（一）英国私募股权市场募资情况分析

如图4-25所示，2017年，英国PE/VC共完成募资529.43亿欧元，募集基金79只，募资额同比上涨118.72亿欧元，募集基金数同比增加38只，增长率分别为28.9%和92.7%。从较长时间跨度的发展趋势来看，2017年募资额为自2007年以来的最高值。整体来看，英国PE/VC的增长势头良好。

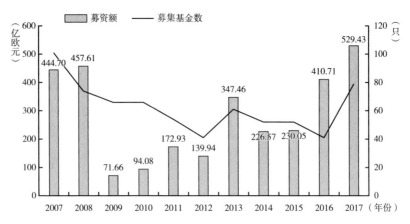

图4-25 2007~2017年英国PE/VC募资额及募集基金数

资料来源：EVCA和BVCA。

需要特别说明的是，2007~2016年数据来自EVCA，2017年数据来自BVCA，但募资额单位为亿英镑。为了便于比较分析，我们根据中国国家外汇管理局公布的各种货币兑美元汇率（2017年12月29日）进

① 《德国将为初创企业提供20亿欧元支持》，新浪财经，http://finance.sina.com.cn/roll/2020-04-02/doc-iimxyqwa4612842.shtml，最后访问日期：2022年12月3日。

行了调整，将募资额单位统一调整为亿欧元。

从不同类型基金募集的结构构成来看，如图4-26所示，2017年英国PE/VC募资额中，占据绝对地位的是并购基金，全年共完成募资313.3亿英镑，占94.9%；其次是风险投资基金，全年共完成募资7.7亿英镑，占2.3%；成长型基金募资额为3.3亿英镑，占1.0%；其他类型基金募资额为5.7亿英镑，占1.7%。

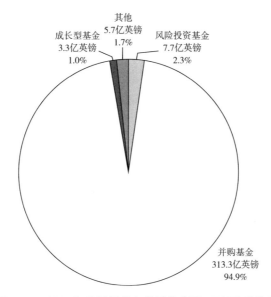

图4-26　2017年按不同基金类型分英国PE/VC募资额

资料来源：BVCA。

再看不同类型基金的募集数量。如图4-27所示，2017年英国PE/VC市场并购基金共完成募集32只，风险投资基金15只，成长型基金8只，其他24只。并购基金和风险投资基金募集数量合计在所有私募股权投资基金募集数量中的占比为59.50%，占据绝对优势。

如果从投资者地域分布来看，如图4-28所示，2017年，英国私募股权投资中，来自北美的资金共计129亿英镑，占比最高；其次是来自亚太的资金，共计70亿英镑；来自英国的资金共计60亿英镑，

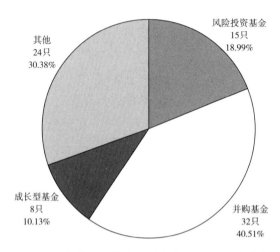

图 4-27　2017 年按不同基金类型分英国 PE/VC 募集基金数

资料来源：BVCA。

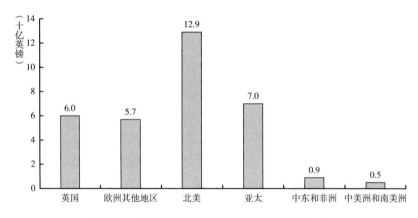

图 4-28　2017 年英国私募股权投资地域分布情况

注：英国数据包括了百慕大、开曼群岛、海峡群岛和英属维尔京群岛。
资料来源：BVCA。

排名第三；紧随其后的是来自欧洲其他地区的资金，共计 57 亿英镑；来自中东和非洲、中美洲和南美洲的资金体量都相对较小。综合来看，北美、亚太、英国和欧洲其他地区是英国私募股权基金的主要来源地。其中，来自英国以外的投资者贡献了全年募资金额的

81.82%。

最后看私募股权投资资金来源分布情况。如图 4-29 所示，在 2017
年英国私募股权投资的募资来源中，占比最大的是养老基金（40%），
其次是主权财富基金（17%），再次是母基金（11%）。此外，占比相对
较高的还有个人投资者（8%）、家族办公室（6%）。

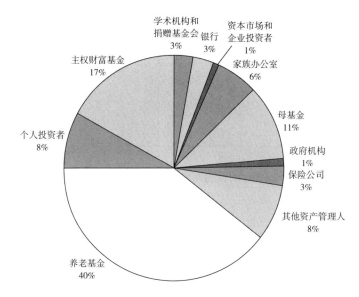

图 4-29 2017 年英国私募股权投资资金来源分布情况

资料来源：BVCA。

（二）英国私募股权市场投资情况分析

如图 4-30 所示，2014 年，英国私募股权投资中体量最大的是并购
基金，全年共实现投资 106 亿英镑，成长型基金 12 亿英镑，风险投资
基金 4 亿英镑，其他私募股权基金 11 亿英镑。2017 年，在英国私募股
权各类型基金的投资额中，占比最高的依然是并购基金，全年共实现投
资 182 亿英镑，在总投资额中的占比为 81.98%，成长型基金只有 20 亿
英镑，风险投资基金 8 亿英镑，在总投资额中的占比分别为 9.01% 和

3.60%。从时间序列的变化趋势来看，自 2014 年以来，在英国私募股权投资中，并购基金体量最大，成长型基金和风险投资基金次之。并购基金是英国私募股权市场的绝对主角。

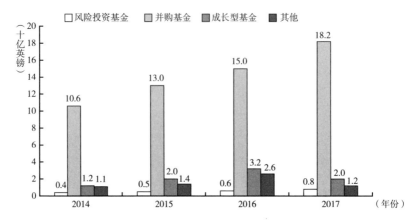

图 4-30　2014~2017 年英国私募股权投资情况（按基金类型分）

资料来源：BVCA。

再看 2014~2017 年各类型基金投资企业的数量。如图 4-31 所示，2014 年，风险投资基金共投资企业 375 家，并购基金共投资企业 185 家，成长型基金共投资企业 255 家，其他基金投资企业共计 99 家。到了 2017 年，风险投资基金投资企业 485 家，并购基金投资企业 230 家，成长型基金投资企业 297 家，其他基金投资企业 38 家。从时间序列来看，整体来说，自 2014 年以来，投资企业数量最多的是风险投资基金，其次是成长型基金，再次是并购基金，其他基金最少。

若按照投资企业所在阶段划分，如图 4-32 所示，2017 年英国私募股权基金投资的所有企业中，处于成长阶段的企业数量占比最高，为 27.9%，其次是其他早期阶段，为 24.1%，处于并购阶段的企业数量占比次之，为 21.6%。总体来看，英国私募股权基金主要还是偏重于对早期和成长阶段的企业进行投资。

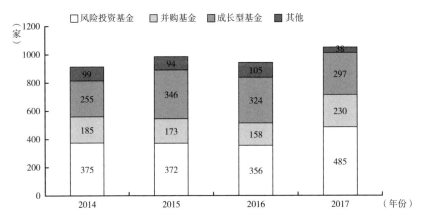

图 4-31　2014~2017 年英国各类型基金投资企业的数量分布情况

资料来源：BVCA。

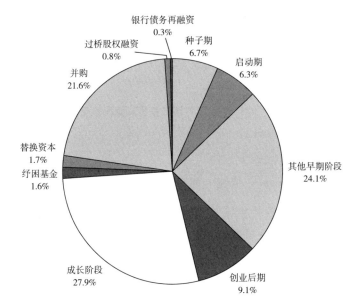

图 4-32　2017 年英国按投资企业所在阶段划分的各类型基金占比

资料来源：BVCA。

再看被投资企业的区域分布情况。如图 4-33 所示，2017 年，英国私募股权投资被投资企业分布最为集中的是伦敦地区，全年被投资企业中有 47.1% 分布在此；东南地区也相对集中，有 13.9% 的被投企业；此外，西北地区的被投企业占比为 9.0%，苏格兰地区为 8.8%。伦敦和东南地区是英国私募股权投资的活跃地带。

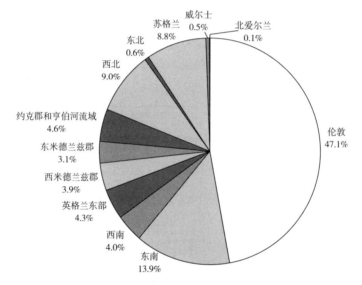

图 4-33　2017 年英国各地域被投资企业数量占比

资料来源：BVCA。

最后看投资行业分布情况。如图 4-34 所示，2017 年英国私募股权投资市场中，ICT（通信、计算机、电子）行业被投资企业的数量占比最高，为 33.4%，其次是消费品及服务行业，为 21.1%，生物科技和医疗健康行业被投资企业数量占比为 14.2%。而从投资金额占比来看，消费品及服务行业占比为 22.9%，商业产品及服务行业占比为 18.6%，ICT（通信、计算机、电子）行业占比为 16.5%，金融保险行业占比为 14.1%。整体来看，消费品及服务、ICT（通信、计算机、电子）、商业产品及服务、生物科技和医疗健康、金融保险是英国私募股权投资机构关注度较高的行业。

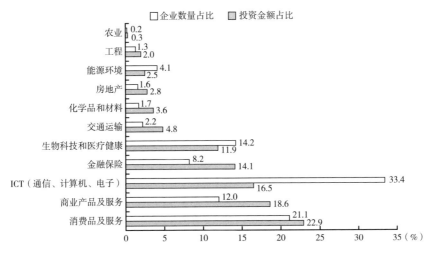

图 4-34 2017 年英国各行业投资金额和投资企业数量占比

资料来源：BVCA。

（三）英国私募股权市场退出情况分析

BVCA 私募股权投资报告显示，2017 年，英国私募股权投资市场有 510 家公司退出，与 2016 年相比减少了 10%。全年退出总价值为 141.4 亿英镑，与 2016 年的 290 亿英镑相比，减少了 51.2%。具体退出情况如表 4-9 所示。

从退出金额来看，2017 年共退出 141.4 亿英镑。其中，以出售方式退出的金额最高，全年共有 44.6 亿英镑，占比 32%；以出售给其他私募股权公司实现退出的体量也比较大，全年共有 39.4 亿英镑，占比 28%；以上市方式退出的共有 23.2 亿英镑，占比 16%。

从退出案例数量来看，全年共退出 804 个。以偿还优先股/贷款或夹层方式退出的案例数共计 237 个，占比 29%；以出售方式退出案例共有 149 个，占比 19%；以上市方式退出案例共有 96 个，占比 12%。总体来看，偿还优先股/贷款或夹层、出售和上市三种方式退出的案例数，占据了总退出案例数的 60%。

表 4-9　2017 年英国私募股权投资市场退出情况

退出方式	退出金额		退出案例数量		退出企业数量	
	金额（百万英镑）	比例（%）	数量（个）	比例（%）	数量（家）	比例（%）
出售	4455	32	149	19	97	19
上市	2320	16	96	12	61	12
注销	464	3	58	7	38	7
偿还优先股/贷款或夹层	942	7	237	29	128	25
出售给其他私募股权公司	3943	28	100	12	66	13
出售给金融机构	780	6	24	3	21	4
管理层回购	15	0	33	4	27	5
其他方式	1219	9	107	13	72	14
合计	14138	100	804	100	510	100

资料来源：BVCA。

从退出企业数量来看，以偿还优先股/贷款或夹层方式退出的企业数量占 25%，以出售方式退出的占 19%，以出售给其他私募股权公司退出的占 13%，以上市方式退出的占 12%，其他方式占 14%。整体而言，偿还优先股/贷款或夹层、出售、上市等方式，是 2017 年英国私募股权投资市场退出方式的首选。

五　以色列风险投资概况

以色列是世界级的高科技创新与风险投资中心，被誉为"第二硅谷"。受益于世界领先的科研投入比例以及良好的创新创业生态系统，以色列高科技企业吸引了来自全球的风险投资机构。以色列人口虽然只有 817 万，但人均高科技风险投资资金的占有量居世界首位。在纳斯达克上市公司数量仅落后于美国和中国，在全球排名第三。2018 年，以色列的高科技公司在 623 笔投融资交易中获得 64.7 亿美元的投资，被投资额连续 6 年增长。

以色列在高科技领域实现了从"创业之国"到"提升之国"（start-up nation to scale-up nation）的转变。2018 年，以色列的研发支出占GDP 的比重高达 4.5%，[①] 为全球最高，高投入支撑着以色列的创新高技术企业活跃于全球。以色列高科技产业发展的成就很大程度上得益于该国风险投资行业的蓬勃发展，逐步形成了有利于高科技企业活跃成长的创新生态。从孵化器、个人投资者到 CVC，本土及国外投资者从种子期到后期阶段都给予被投企业各种支持与帮助，并已实现高科技基金和项目从募集到退出的全球化。

（一）以色列风险投资发展概况

以色列风险投资行业发展有着明显的周期性，其波动基本与全球科技和风险投资市场同步，近 30 年来经历了两次大的周期。

第一次周期源于互联网兴起及外部资金推动，针对高科技的投资额迅速由 1997 年的 4.4 亿美元上升到 2000 年的 30.9 亿美元，第一次达到高峰（见图 4-35）。此后受全球互联网泡沫破裂的影响进入低谷，2002 年和 2003 年的投资额下降到 10 亿美元左右，仅为高峰期的 1/3。

在第二次周期，随着全球资本市场逐步回暖，风险投资行业不断复苏，2008 年以色列高科技投资额恢复到 20.8 亿美元，第二次达到高峰。但随后受到国际金融危机影响，2009 年以色列高科技投资额下跌近一半，达 11.2 亿美元，直到 2013 年才超过 2008 年的水平，并在2014 年达到 37.7 亿美元，超越 2000 年达到过的高峰。

2015 年之后，以色列高科技投资额保持在 40 亿美元以上。2018 年在人工智能、软件、移动互联网和生命科学等行业蓬勃发展的推动下，

---

① 《解析投资：一代科技王国"以色列"，对"中国"科技创新的启示》，凤凰新闻，https://ishare.ifeng.com/c/s/7qMRWn0cxdj，最后访问日期：2023 年 1 月 31 日。

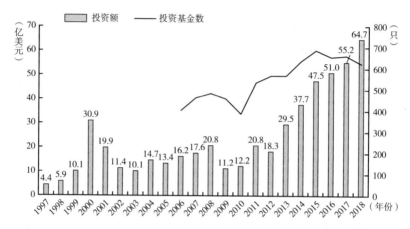

图 4-35 1997~2018 年以色列高科技投资额及投资基金数

资料来源：以色列风险投资研究中心（IVC）。

针对以色列的高科技投资额达到历史最高的 64.7 亿美元，相当于 2008 年投资额的 3 倍以上。

以色列风险投资市场与全球资本市场高度融合，从 2015 年开始，来自国外的总投资额超过本国投资者的总投资额。2018 年投资于以色列高科技企业的资金有 70% 来自国外，最大的资金来源国是美国（35%），其次是中国、德国和英国，均为 3%（见图 4-36）。中国已成为在以色列进行高科技投资的重要来源国，2015 年以来每季度都有 15~20 家以色列企业获得来自中国的投资。

（二）以色列风险投资基金投资行业

如图 4-37 所示，2018 年，针对以色列高科技企业的风险投资主要集中于 IT 与企业软件、生命科学、互联网、通信等行业，包括 AI 在内的 IT 与企业软件、互联网已占全部投资的 55.9%。2013~2018 年，针对 IT 与企业软件的投资额从 5.12 亿美元上升到 30.44 亿美元，是增长最快的行业领域。生命科学是另外一个重点领域，2018 年其 11.93 亿美元的投资额占总投资额的 18.5%。

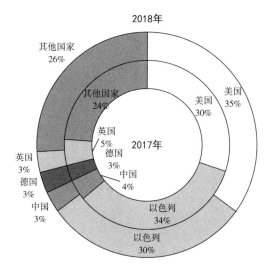

图 4-36 2017~2018 年以色列高科技投资来源国占比

资料来源：IVC。

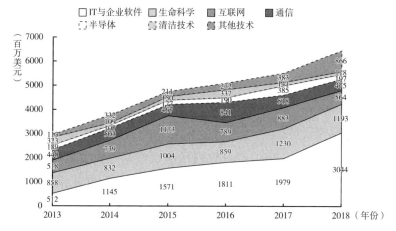

图 4-37 2013~2018 年以色列高科技投资行业分布

资料来源：IVC。

（三）以色列风险投资机构的类型

投资以色列的基金对创业企业前期阶段的投资比例较高，充分支持创新科技的早期发展。如图 4-38 所示，以色列风险投资机构对处于种子期的创业企业投资比例维持在 3%~6%，相对于其他国家的 PE/VC 机构而言，这一比例在全球处于相对较高的水平。约一半的以色列风险投资机构投资于 C 轮之前的早期与中期项目。

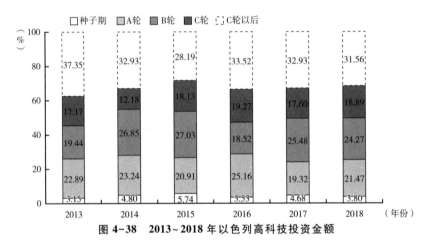

图 4-38　2013~2018 年以色列高科技投资金额

资料来源：IVC。

　　投资以色列高科技项目的投资者呈现多样化状态。在 2018 年 IVC 统计的 1286 个投资者中，不仅有 444 家风险投资基金，还有 419 个个人投资者、216 家企业风险投资机构（CVC），还有 46 个加速器/孵化器和 161 家投资公司。

　　如表 4-10 所示，2018 年以色列风险投资基金提供了 21.8 亿美元的高科技投资，占比 43.06%，其他的投资方如个人投资者、CVC 和加速器/孵化器也是重要参与者。

表 4-10　2013~2018 年以色列高科技投资者类型占比（按投资额分）

单位：%

年份	风险投资基金	个人投资者	加速器/孵化器	企业风险投资机构	投资公司
2013	51.53	12.21	1.69	20.15	14.43
2014	48.92	10.70	0.81	21.40	18.18

年份	风险投资基金	个人投资者	加速器/孵化器	企业风险投资机构	投资公司
2015	52.67	11.66	1.05	21.99	12.62
2016	49.50	11.94	0.46	26.30	11.79
2017	51.44	10.60	1.70	25.26	10.99
2018	43.06	13.56	1.48	22.10	19.79

资料来源：IVC。

（四）以色列风险投资的退出情况

以色列获得风险投资的企业的退出也是以纳斯达克等境外市场和上市公司为主。其本国资本市场相对来说规模较小，融资能力较为有限。根据 IVC 统计，从 2005~2014 年总体上市公司数量看，本土上市的创业公司占 46%，美国上市的占 30%，剩下的一部分则选择在欧洲上市，在美国上市的创业公司获得的融资额远超过在本土及欧洲市场上市的。2018 年在纳斯达克上市的以色列公司数量已超过 80 家。

满足风险投资基金要求的投资标的来自以色列创业浪潮中涌现的众多初创企业和出色的企业家。根据 IVC 对以色列创业企业退出的研究，在 1999~2013 年成立的近 1 万家创业公司中，有 83% 获得了外部投资。如表 4-11 所示，总计有 478 家公司上市成功，成功率为 5.01%。

表 4-11 以色列创业企业发展状况汇总（成立于 1999~2013 年的企业）

单位：家

年份	失败	成功运营中	上市成功	总计
1999	424	102	69	595
2000	474	129	67	670
2001	260	90	29	379
2002	246	77	37	360

续表

年份	失败	成功运营中	上市成功	总计
2003	246	148	17	411
2004	342	186	32	560
2005	306	194	37	537
2006	319	235	44	598
2007	379	282	34	695
2008	292	296	30	618
2009	328	348	24	700
2010	242	446	20	708
2011	202	596	22	820
2012	210	787	8	1005
2013	83	788	8	879

资料来源：IVC。

2018 年，以色列共有 103 个项目实现退出，总计退出金额为 126 亿美元。4 个退出金额超过 10 亿美元的项目占全部退出金额的 65%。其他项目总计退出金额仅为 45 亿美元，为 2014 年以前的最低值。2018 年有 8 家以色列公司在纳斯达克和澳洲证券交易所上市。

来自不同国家的各种类型投资者共同推动了以色列高科技企业的成长和发展，并通过全球化并购和 IPO 上市在纳斯达克等资本市场实现退出。以色列风险投资行业基本实现了募资、投资和退出的全球化，在获取投资收益和促进企业发展的过程中对接全球资金和技术资源，构建了活跃的创新创业生态。

第三节 本章小结

从中国私募股权投资的发展历程来看，私募股权投资在中国起步较晚。20 世纪末期，随着中国"对内改革、对外开放"及外向型经济战略的逐步实施，私募股权投资开始进入中国。1985 年，《中共中央关于科学技术体制改革的决定》的发布标志着中国私募股权投资顶层设计的萌芽。1991 年，国务院发布《国家高新技术产业开发区若干政策的暂行规定》，各地在产业园区纷纷建立风险投资基金，同时，沪深证券交易所成立后，私募股权投资"募投管退"的最后一个环节被成功打通。经过 90 年代的探索，中国私募股权投资事业开始进入迅速发展期。2006 年修订的《合伙企业法》、税收政策的优惠和 2009 年开板的创业板市场，使私募股权投资行业迎来了跳跃式发展的"黄金时代"。截至 2018 年底，中国已成为世界上仅次于美国的全球第二大私募股权投资市场。

从"募投管退"整个业务闭环的数据来看，自 2009 年以来，中国私募股权基金募集金额和募集数量呈现明显递增的发展态势，但是最新数据显示，行业监管政策对私募股权基金的募集会产生重要的影响，这也说明私募股权投资行业是一个典型的政策密集型行业。投资数据显示，私募股权投资偏好于信息技术、IT、金融等战略性新兴产业和生产性服务业，而这些行业恰好是促进整个社会全要素生产率提升的关键所在。地区数据显示，北京、长三角和珠三角仍然是中国私募股权投资最为发达的地区。管退数据显示，IPO 依然是私募股权投资机构最为青睐的退出方式，其次是股权转让。

从行业发展现状来看，虽然近年来中国私募股权投资行业发展迅速，也取得了积极的成效，但是监管标准的不统一、长期稳定资本的匮乏、尚待规范的业务模式、估值过高的投资项目、建设水平相对落后的中介服务体系，以及尚不够畅通的退出渠道，是当前中国私募股权投资发展中迫切需求解决的问题。

在国际数据的对比环节，2008 年国际金融危机后，全球私募股权投资市场再次开始强劲增长。尤其是自 2011 年以来，全球私募股权基金募集规模保持高位运行，并且基金资产开始向大型 PE 机构集中。2018 年，全球私募股权投资行业管理的资本规模达到 3.41 万亿美元，并且占比较高的是并购基金、风险投资基金和成长型基金。从募资来源看，北美仍是私募股权基金的主要投资者，但比重逐渐下降，新兴市场国家投资者增长迅速。投资数据显示，亚洲地区风险投资增长迅速，2018 年之后，中国的风险投资规模逐渐超过美国，成为全球风险投资金额最多的国家。并且，企业风险投资正在强势崛起。退出数据显示，在全球范围内，GP 之间转让成为风险投资的重要退出方式，这昭示了全球私募股权投资生态正在发生深刻变化。

在国际对比环节，本章重点比较了美国、欧洲、英国和以色列市场"募投管退"的发展情况，发现虽然数据上存在差别，但是存在一个行业的共同规律，即私募股权投资主要集中于新兴产业和行业，助力中小初创企业发展壮大，促进创新创业发展。

综合来看，虽然中国私募股权投资行业起步较晚，但经过短短十余年的发展之后，中国迅速成为全球第二大私募股权投资市场。行业属性和国际经验显示，私募股权投资是创新资本形成的重要渠道，其通过支持技术研发和提升创新资源的配置效率，推动了全要素生产率的改善。

第五章
私募股权投资与
创新增长关系的实证研究

第一节　三次产业创新增长的测算

一　测算方法选择

根据本书的分析逻辑，接下来本章采用全要素生产率作为创新增长的替代指标。

生产率一般是指单位劳动时间或单位投入的产出比，在现代经济学分析框架下，生产率是衡量单位劳动产出的一个基本指标，其既可以用来反映工人劳动积极性，也可以用来反映生产组织是否有效，同时也是生产技术先进性和资源配置效率高低的重要量化指标。一般来讲，产出效率高则说明生产率高，反之则说明生产率较低。

在人类经济生活中，对生产率问题的关注由来已久，这主要是由于资本对剩余价值和高额利润的追求，以及企业、行业乃至整个社会对可持续发展问题的关注。

与前文分析一致，本章所指三次产业生产率，特指全要素生产率。从概念界定角度来讲，其是指各要素（如资本和劳动等）投入之外的技术进步和能力实现等导致的产出增加，是剔除要素投入贡献后所得到的残差。全要素生产率概念最早由索洛提出，故也称为索洛残差。

国外学术界对产业全要素生产率问题的研究由来已久。针对全要素生产率测算的企业真实生产率的科学性，Cocks（1974：7）在研究了美国制造业大公司的案例后发现，传统方法对生产率的测算主要侧重于资本和劳动生产率，而对于管理体系和管理流程对生产率的影响却长期缺少关注。据此，他认为应该用全要素生产率来衡量一个企业真实的生产率。但是，Stephen（1982：83）得出了截然不同的结论，他通过对两次世界大战和 1950 年之后的英国经济进行分析后发现，基于完全竞争和市场规模报酬不变的假设没有根据，因此通过全要素生产率来衡量英国技术变革成效的观点并不可靠。Byerlee 和 Murgai（2001：227）也提出了类似的观点，他们认为全要素生产率在概念上存在缺陷，因为在大多数情况下，将非市场投入和产出以及基于市场价格的估值包括在内，会导致整个估值精确度的损失，因此全要素生产率的概念不适用于非市场化的行业。

这些针对全要素生产率测算方法和适用范围的研究，有助于我们全面理解全要素生产率的本质属性。随着学术界讨论的深入，越来越多的学者从理论和实证角度进一步丰富了该项研究。

Nguyen 和 Kokkelenberg（1992：269）利用美国的人口普查数据和制造业年度数据进行研究后发现，企业的研发支出、行业技术累积和新设备的购买，是促进全要素生产率增长的重要决定因素。在后续研究中，Nakajima 等（1998：310）的发现支持了这一观点，在对日本制造业的生产函数进行估计后，他们发现尽管日本制造业普遍存在规模经济，但过去 25 年 TFP 的增长主要归因于技术进步。

在进一步的研究中，Kim 和 Han（2001：269）使用随机前沿生产函数，基于韩国制造业 1980～1994 年的数据进行测算后发现，韩国制造业生产率的增长主要由技术进步驱动，技术效率的变化具有显著的正效应，而分配效率具有负效应。Destefanis 和 Sena（2005：603）研究了意大利 1970~1998 年公共投资对全要素生产率的影响后发现，公共投资通过改善基础设施，促进了全要素生产率的提高。Turner 等（2013：319）利用 1840~2000 年美国各州农业部门的资本和投入数据，研究了全要素生产率与农业经济增长的关系后发现，在样本期内全要素生产率对增长率的贡献达到了 3/4。在之后的研究中，Kasman 和 Turgutlu（2009：239）将研究拓展到了服务业部门，他们利用 Malmquist 全要素生产率指数测算了 2000~2005 年土耳其保险服务业全要素生产率变化，发现 TFP 增长的主要原因是生产技术的变化。

随着研究的深入，Lopez-Rodriguez 和 Martinez-Lopez（2017：37）将关注点放在了研发类创新和非研发类创新对全要素生产率影响的差异上，在利用 2004~2008 年欧盟 26 个国家样本进行估算后发现，在欧盟内部研发创新对全要素生产率增长的影响是非研发创新的 2 倍。而针对全要素生产率的时间序列变化，Rath 和 Akram（2019：87）使用 1970~2014 年 44 个发展中国家和 29 个发达国家的年度数据进行研究后发现，亚洲地区全要素生产率趋同的速度最高，而非洲地区最低。至于究竟是什么在决定全要素生产率，Olomola 和 Osinubi（2018：192）将关注点投向了新兴经济体，在对 1980~2014 年墨西哥、印度尼西亚、尼日利亚和土耳其全要素生产率进行测算后发现，从长远看，人力资本和政府稳定对全要素生产率具有积极和显著的影响，而外商直接投资和政府腐败对全要素生产率具有消极但重要的影响。

这些研究使用目前国际学术界通用的参数和非参数方法，对全要素生产率的影响因素、行业及国际比较进行了较为全面系统的研究，对后续学者深入理解全要素生产率本质做出了有益的探索。综合来看，尽管测算方法各有差异，影响路径和出发点也有所不同，但国外学术界在对全要素生产率进行研究的过程中，基本达成了创新有利于全要素生产率提升、全要素生产率提升是一个经济体可持续发展的重要保障的基本共识。

再看国内，中国学术界对全要素生产率问题的研究起步较晚。从现有文献来看，最早将全要素生产率概念引入中国的学者是郑绍濂和胡祖光（1986：35），但是他们在将国外三种常用的全要素生产率测算方法——算术指数法、几何指数法、Jorgenson 及 Griliches 指数法引入中国，并对其测算原理进行分析后发现，由于迄今为止我国职工工资都是采取全国性的数年一次的调整形式发放，若采用算术指数法，则全要素生产率的大小容易受到工资发放形式的冲击，准确性值得怀疑。

改革开放后，国内学术界关注了解资本主义生产率研究的最新进展变得更为容易。进入 20 世纪 90 年代，快速融入世界市场的中国经济，推动了国内经济学研究与世界接轨。但究竟应该采用何种方式测算生产率？王小波（1992：58）指出，长期以来，我国在统计实践和经济管理中所采用的生产率指标都是单要素生产率指标，如劳动生产率、资金产值率等。但在资本投入发生变化的情况下，采用全要素生产率（或叫综合要素生产率）来反映要素投入的综合效率则更为科学。在此基础上，张国初（1996：27）解释了使用前沿生产函数测算全要素生产率的方法。随着中国加入世贸组织，针对中国经济全要素生产率的问题成为世界学术界的关注热点，突出表现是克鲁格曼提出的"东亚无奇迹"观点，[①] 而其判断的主要依据是东亚国家 TFP 增长相对较慢。对于克鲁格曼的这一观点，郑玉歆（1999：57）认为，我国在大力推进经济增长方式由粗放经营为主向集约经营为主转变的过程中，经济增长方式转变的阶段性规律受到了忽视。

尽管国内学术界对"东亚无奇迹"的观点展开了批判，易纲等（2003：13）从索洛模型和内生增长模型出发，认为这种估算方法没有

---

① 1993 年，世界银行发布报告《东亚的奇迹：经济增长与公共政策》，将日本、韩国等国家的发展成就誉为"东亚奇迹"。美国著名经济学家克鲁格曼（1991 年获克拉克经济学奖，2008 年获诺贝尔经济学奖）对此却不以为然。1994 年，他在美国深具影响力的智库外交关系委员会（Council on Foreign Affairs）出版的双月刊《外交事务》上发表《东亚奇迹的神话》一文提出，该种粗放而非集约化的增长方式是不可持续的"纸老虎"。

完全剔除资本存量中的技术进步因素，会导致新兴经济体全要素生产率被低估。但是，克鲁格曼提出的从全要素生产率角度衡量经济发展方式可持续的观点也在中国引起了巨大的反思，全要素生产率研究的重要性开始得到重视。在进一步的研究中，涂正革和肖耿（2005：4）利用随机前沿模型（SFA），使用中国大中型工业企业 1995~2002 年数据，系统测算了中国工业行业全要素生产率增长趋势后发现，前沿技术进步已经成为 TFP 增长的最重要动力。章祥荪和贵斌威（2008：111）利用 Malmquist 指数法，对我国 1979~2005 年全要素生产率变动及其分解指标进行了分析，发现自改革开放以来，由于技术效率和生产技术的进步，我国全要素生产率得到了较大进步。李斌等（2013：56）在 Malmquist 生产率指数基础上，引入了一个考虑非期望产出的非径向非角度 SBM 效率测度模型，对分行业的绿色技术效率和绿色全要素生产率进行了测算，结果发现，2001~2010 年中国工业分行业的绿色全要素生产率非但没有出现增长，反而出现了一定的倒退，而绿色全要素生产率的下降导致其对工业经济增长的贡献率降低甚至为负，中国工业增长方式越发呈现粗放型和外延性特征。而针对市场分割造成不同区域之间全要素生产率的差异，师博和沈坤荣（2008：49）利用 DEA 模型测算了中国省级层面能源利用的全要素生产率，发现能源禀赋相对充裕的地区全要素能源效率较低，其深层次的原因在于市场分割扭曲了资源配置。

综合来看，国内学者在利用各种测算方法进行研究的过程中，基本形成了两种截然不同的观点。一种观点认为，中国经济增长中的 TFP 增长速度经历了一个高速增长期（1978~1995 年）和一个低速增长期（1996~2001 年）（郑京海、胡鞍钢，2005：263）。加入世贸组织后，中国通过参与全球价值链分工，有效提高了中国企业的生产效率，缩小了与发达国家的技术差距（吕越等，2017：28）。

另外一种观点则认为中国的全要素生产率在恶化。例如，郭庆旺和贾俊雪（2005：51）研究发现，自 1993 年以来，中国全要素生产率呈现逐年下降趋势，直到 2000 年才得以缓解，1979～2004 年全要素生产率增长率及其对经济增长的贡献率较低，中国经济增长主要依赖要素投入，是一种较为典型的投入型增长方式。蔡昉（2013：56）的研究进一步支持了这一观点，认为中国经济逐步进入从二元经济发展阶段向新古典增长阶段转变的时期。在这个转变过程中，资本报酬递减现象开始出现，靠大规模的政府主导型投资以保持经济增长速度的方式不再具有可持续性。对此，中国亟须通过政策调整，形成国内版的"雁阵"模型和"创造性毁灭"的政策环境，获得资源重新配置效率，并且从技术进步和体制改善中获得更高效率，以实现中国经济增长向全要素生产率支撑型模式的转变。

综上所述，虽然测算方法和测算角度不同，但从现有研究来看，国内外学者在经济增长方式与全要素生产率关系的研究中，基本达成了全要素生产率是一种资源配置效率，且主要影响因素来自技术进步和组织效率的改善的基本共识。一般而言，全要素生产率越高，说明该企业、行业或经济体的发展越有后劲，发展方式的可持续性也越强。

从现实情况来看，当前中国正在深入推进供给侧结构性改革，高质量发展的目标日益迫切。而何谓高质量发展，简单来说，就是成功践行创新、协调、绿色、开放、共享的新发展理念。① 在新发展理念中，创新发展理念是方向，是钥匙。2016 年 3 月 5 日，习近平总书记在参加十二届全国人大四次会议上海代表团的审议时强调，要抓住时机，瞄准世界科技前沿，全面提升自主创新能力，力争在基础科技领域做出大的创

---

① 新发展理念是在党的十八届五中全会上提出来的。会议指出，实现"十三五"时期
发展目标，破解发展难题，厚植发展优势，必须牢固树立并切实贯彻创新、协调、绿
色、开放、共享的发展理念。党的十九大报告又进一步强调，这一发展理念是当前和
今后一段时期指引我国改革创新和发展进步的重要理念。

新、在核心技术领域取得大的突破。① 创新发展居于首要位置，是引领发展的第一动力。

由此可见，在践行新发展理念的过程中，把创新作为先导具有极大的现实意义。这主要是因为，从宏观经济来看，随着中国经济走进新时代，传统的依靠廉价生产要素和大规模投资的粗放式增长模式已经越来越难以为继。党的十九大报告指出，要大力实施创新驱动发展战略，建设创新型国家。

从这个角度来讲，从全要素生产率角度展开的研究变得尤为重要。这主要是因为，全要素生产率实际上反映的是生产过程中无法被定量衡量的生产因素的贡献，如制度、技术、企业家才能、产业结构、开放程度等多个方面，其值越高，则说明同样的投入可以获得更多的产出，而且这样的产出也更具有可持续性。

因此，随着我国经济进入高质量发展的新时代，对中国三次产业全要素生产率进行测算，具有极其重要的理论和现实意义。

就方法论而言，长期以来，国内外学者围绕全要素生产率开发出了一系列测算方法，如指数方法（IN）（Abramvitz，1956：5；贺菊煌，1992：24）、OLS（索洛残差法）（Solow，1957：312；刘建华，2012：68）、随机前沿分析（SFA）（Hildreth and Houck，1968：584；王志刚等，2006：55）、数据包络分析（DEA）（梁泳梅、董敏杰，2015：29；田友春等，2017：22）、非参数的 Malmquist 指数法（孙巍、叶正波，2002：2；生延超、钟志平，2010：25；陈超凡，2016：53）、固定效应法（FE）（李盛竹、叶子荣，2009：91；史常亮等，2016：134）、广义矩估计（GMM）（彭国华，2005：19）。近年来，随着测算方法的改进，又出现了半参数的 LP 法和 OP 法（李平、刘建，2006：99；肖宇等，

---

① 《习近平连续四年参加上海团审议都说了啥》，中国网，http://www.china.com.cn/lianghui/news/2016-03/06/content_37947973.htm，最后访问日期：2023 年 1 月 31 日。

2019b：40；贾伊萌、张旭亮，2020：34）。

在这些不同的测算方法中，因为 OLS 方法最为基础、DEA 结果可以凭借 DEAP 软件轻松获得，所以其使用最为普遍。但是，OLS 方法在生产函数变量方面较强的假设和约束，使其不可避免地面临着样本选择误差和模型内生性等问题。尤其是随着样本观测量的递增和较多异质性行业测算的需要，这种较强的约束和假设并不能有效克服有效信息损失和回归模型可能存在的内生性等问题。在这种背景下，半参数的 OP 法逐渐进入研究者的视野。

（一）OLS 方法

OLS 方法的基本原理是索洛残差法。其估计方法如下。

首先，建立柯布–道格拉斯生产函数（Cobb-Douglas Production Function）：

$$Y_{c,t} = A_{c,t} K_{c,t}^{\alpha} L_{c,t}^{\beta} \tag{5-1}$$

其中，$Y_{c,t}$ 表示 c 行业 t 年总产出，$K_{c,t}$ 和 $L_{c,t}$ 分别表示 c 行业在 t 年的投入资本和劳动量。

其次，对公式（5-1）取对数，则：

$$\ln Y_{c,t} = \alpha \ln K_{c,t} + \beta \ln L_{c,t} + \mu_{c,t} \tag{5-2}$$

最后，对式（5-2）进行 OLS 回归，即可得到 TFP 值。

（二）数据包络分析法

数据包络分析法即 DEA 方法，是目前应用范围最广的测算方法。其基本原理如下。

第一步，定义 A 期 Malmquist 指数 Mal_A 为：

$$Mal_A(I_{A+1}, O_{A+1}, I_A, O_A) = \frac{J^A(I_{A+1}, O_{A+1})}{J^A(I_A, O_A)} \tag{5-3}$$

第二步，$A+1$ 期的指数可以表示为：

$$Mal_{A+1}(I_{A+1}, O_{A+1}, I_A, O_A) = \frac{J^{A+1}(I_{A+1}, O_{A+1})}{J^{A+1}(I_A, O_A)} \tag{5-4}$$

其中，$(I_A，O_A)$ 表示当期的投入和产出向量，而 $(I_{A+1}，O_{A+1})$ 表示下一期的投入和产出向量，$\dfrac{J^A(I_{A+1}，O_{A+1})}{J^A(I_A，O_A)}$ 则表示距离函数。

如此一来，在距离函数中，分子表示以 A 期为参考值，$A+1$ 期的投入产出效率；而分母表示在 A 期技术水平条件下的当期效率。

第三步，从 A 期到 $A+1$ 期的生产率的几何平均值可表示为：

$$
\begin{aligned}
AVE &= Mal_A \times Mal_{A+1}/2 \\
&= \frac{[\,Mal_A(I_{A+1},O_{A+1},I_A,O_A)\ \times Mal_{A+1}(I_{A+1},O_{A+1},I_A,O_A)\,]}{2} \\
&= \frac{1}{2}\left[\frac{J^A(I_{A+1},O_{A+1})}{J^A(I_A,O_A)} \times \frac{J^{A+1}(I_{A+1},O_{A+1})}{J^{A+1}(I_A,O_A)}\right]
\end{aligned}
\tag{5-5}
$$

最后，这个几何平均值就是 TFP 值，Malmquist 指数可以通过 DEAP 软件轻松得到。

（三）OP 法

半参数 OP 法（Olley and Pakes，1996：1263）主要是为了解决 OLS 样本选择误差和模型内生性问题，其基本原理如下。

首先，设立半参数估计模型如下：

$$
y = \Psi x + \varepsilon(t) + \theta
\tag{5-6}
$$

其中，Ψ 为包含了生产率在内的所有影响因素变量，而 x 为回归系数向量，非参数部分 $\varepsilon(t)$ 是未知函数，θ 为随机误差项。

随后，在这种情况下，只要根据已知的观测数据测算出回归系数向量 x、$\varepsilon(t)$ 和 $E(\theta^2)$，则可测算出全要素生产率。

OP 法即是以此为基础，进行了如下修正。

首先，将生产函数设定为：

$$
y_{i,t} = \alpha_0 + \alpha_1 k_{i,t} + \alpha_2 l_{i,t} + \mu_{i,t} + \theta_{i,t}
\tag{5-7}
$$

其中，$y_{i,t}$ 表示 i 企业（行业、省份）在 t 年的总产出；$k_{i,t}$ 和 $l_{i,t}$ 分别

为其资本和劳动的投入量；而$\mu_{i,t}$为已知的生产率。

此外，考虑到一个现实情况是，当前生产率水平与新增投资量之间可能存在正相关关系，因此，若当前生产率水平高，则企业新增投资量就多。如此一来，生产率$\mu_{i,t}=d_t(i_{i,t},\ k_{i,t})$。

其次，沿着这个逻辑出发，则公式（5-7）可以修正为：

$$
\begin{aligned}
y_{i,t} &= \alpha_0 + \alpha_1 k_{i,t} + \alpha_2 l_{i,t} + d_t(i_{i,t},k_{i,t}) + \theta_{i,t}\\
&= \beta l_{i,t} + \Psi(l_{i,t-1},i_{i,t},k_{i,t}) + \theta_{i,t}
\end{aligned} \tag{5-8}
$$

这样一来，利用公式（5-8），对$y_{i,t}$和$l_{i,t}$多项式函数$\Psi(l_{i,t-1},i_{i,t},k_{i,t})$进行回归，即可得到$\beta$和反映资本与效率水平共同作用下的$\Psi$函数的一致性估计值。

再次，进一步修正公式（5-8），对资本系数进行估价，可得：

$$
y_{i,t} - \hat{\beta} l_{i,t} = \alpha k_{i,t} + \Psi(\hat{\Psi}_{i,t-1} - \alpha k_{i,t-1}, \hat{T}_{i,t-1}) + \theta_{i,t} \tag{5-9}
$$

其中，$\hat{T}_{i,t-1}$表示滞后一期的生存概率，$\Psi(\hat{\Psi}_{i,t-1}-\alpha k_{i,t-1},\ \hat{T}_{i,t-1})$为滞后一期的多项式函数。

最后，对公式（5-9）中$y_{i,t}-\hat{\beta} l_{i,t}$和资本及多项式$\Psi$进行回归，即可估算出生产函数的未知参数，随后采用索洛残差法即可得到全要素生产率。

（四）LP 法

OP 法实际上是为解决固定效应存在的问题而发展起来的一个新方法。其认为，虽然企业的生产率不可观测，但可根据每个企业的当期投资情况进行分析，因此企业投资可以作为生产率的代理变量。此外，OP 法还考虑了企业的进入和退出，在一定程度上控制了样本选择的偏误，从而在一定程度上解决了生产要素的内生性问题。

但是，考虑到在实际经济生产中，投资无法完全反映全要素生产率的变化，因此可能导致 OP 法估计的全要素生产率存在偏误（罗朝阳、李雪松，2020：5）。

为了解决上述问题，Levinsohn 和 Petrin（2003：317）在 OP 法的

基础上，将中间投入引入模型，提出了 LP 法。该方法将中间投入作为代理变量，能够有效地解决 OP 法中投资无法准确反映全要素生产率的可能变化等问题。

根据 LP 法的基本假定，其回归模型如下：

$$\ln y_{c,t} = \alpha_0 + \alpha_1 \ln l_{c,t} + \alpha_2 \ln k_{c,t} + \alpha_3 \ln Minput_{c,t} + \lambda_t + \Psi_t \quad (5-10)$$

LP 法和 OP 法最大的区别在于引入了中间投入变量，即在产出、劳动力和资本之外，增加了一个中间投入变量，如在微观企业样本中，将销售额减去折旧和劳动者报酬等来表示生产的中间投入要素。所以，这种方法更适用于微观企业样本的测算。

在对各种方法进行综合比较并结合数据的可得性之后，本章参考江艇等（2018：38）和夏杰长等（2019：34）的研究，将中国三次产业全要素生产率的测算方法最终定义为半参数的 OP 法。目前学术界较为主流的观点认为，半参数方法能够较好地解决传统计量方法中的内生性和样本选择问题（鲁晓东、连玉君，2012：541）。赵子健和傅佳屏（2020：21）通过 OP、LP 两种方法对各省区市 TFP 进行了测度，对比发现 OP 法的适用性更好。

值得强调的是，以半参数法计算的 TFP 和以 DEA 方法测算的 TFP 不同之处在于：以 DEA 方法测算的 TFP 值大多在自然数 1 左右。其经济含义是，以 1 为参考值，当 TFP 大于 1 时，说明全要素生产率呈增长态势。反之，当其小于 1 时，表示全要素生产率下降。与 1 之间的差值，分别表示增长率和下降率。而用半参数法测算的值有可能是负数，在这种情况下，全要素生产率增长率可以为正值，也可以为负值。前者说明技术进步率提高，而后者说明配置效率下降（陆旸，2016：40）。

二　数据来源和说明

本章计算省级三次产业全要素生产率的数据主要来自国家统计局和

全国各省区市历年统计年鉴。在综合权衡了数据的可得性之后，本章将产出数据界定为分省分行业的三次产业增加值，资本数据为分省分行业的全社会固定资产投资数据，劳动力投入数据为分省分行业的城镇单位就业人数。

具体来说，在第一产业全要素生产率测算中，第一产业增加值来自国家统计局网站，单位为亿元；投资数据为国家统计局公布的农、林、牧、渔业全社会固定资产投资，单位同样为亿元；劳动力投入数据为农、林、牧、渔业城镇单位就业人数，单位为万人。

在第二产业全要素生产率测算中，产出变量为国家统计局公布的第二产业增加值。投入变量分别为细分行业就业人数和全社会固定资产投资额。其中，城镇单位就业人数为采矿业、电力燃气及水的生产和供应业、建筑业和制造业四个细分行业的城镇单位就业人员总数，单位为万人；而固定资产投资额采用的是采矿业、制造业、电力燃气及水的生产和供应业以及建筑业四个行业的全社会固定资产投资总额，单位为亿元。

值得强调的是，虽然国家统计局网站公布了全社会固定资产投资的年度数据，但是2018年之后的分省数据截至2020年3月底仍未更新。对此，本章将以2018年全国的全社会固定资产投资数据环比增长率为基础，测算出2018年分省三次产业固定资产投资数据。

在第三产业全要素生产率测算中，产出变量为分省的第三产业增加值，单位为亿元；投资数据和劳动力投入数据延续了第一和第二产业的做法，分别用细分行业的省级全社会固定资产投资额和城镇单位就业人数来表示，单位分别为亿元和万人。

需要说明的是，城镇单位就业人员中，除了第一产业外，第二和第三产业均是更为细致的行业细分数据。本章在处理数据过程中，根据第二产业和第三产业的范围界定，将其进行了加总处理，从而得到了产业层面的省级面板数据。

三　三次产业创新增长的对比分析

（一）从横截面及三次产业对比来看

首先看第一产业。如表 5-1 所示，在 2009 年，浙江、广东、江苏、湖南和山东的第一产业全要素生产率在全国名列前茅，与之形成鲜明对比的是，北京、青海、黑龙江、天津和内蒙古的第一产业全要素生产率在全国垫底，尤其是北京位列全国倒数第一。到了 2018 年，排名靠前的五个省市分别是上海、浙江、海南、江苏和广东；而排名靠后的是北京、天津、吉林、宁夏和西藏。

从前文全要素生产率的计算原理可知，数值越高，则说明该地区农业发展潜力越大，创新能力越强，发展方式也越具有可持续性。从全国横截面数据的对比来看，北京农业全要素生产率低很容易理解，北京作为首都，是全国的政治、经济、文化中心，全市可供农业生产的土地十分有限，因此农业并不发达。而天津农业全要素生产率低的主要原因是，其地理位置决定了农业发展的空间有限，工业和港口经济使得其三次产业中农业的占比并不高。青海、内蒙古和西藏的农业全要素生产率低就更容易理解，主要原因是当地农业生产方式还较为落后，农业科技和资源配置效率不高。但是，作为传统的农产品生产地，肥沃的黑土地并没有带来农业全要素生产率的提升，吉林和黑龙江的农业全要素生产率与全国其他省份相比，没有优势。这再次说明了东北地区迫切需要进行一场农业领域的革新，振兴东北刻不容缓。

表 5-1　2009~2018 年部分年份全国 31 个省区市第一产业 TFP

省区市	2009 年	2012 年	2015 年	2018 年
浙江	1.046663	1.083538	0.868320	0.996996
广东	0.887489	0.752496	0.704157	0.891872
江苏	0.861380	1.091502	1.094465	0.961145

续表

省区市	2009 年	2012 年	2015 年	2018 年
湖南	0.706834	0.816102	0.456359	0.109649
山东	0.689542	0.753981	0.709642	0.836289
福建	0.548072	0.601428	0.158687	−0.039100
四川	0.424786	0.866075	0.612653	0.511797
安徽	0.418115	0.484519	0.088791	0.238238
贵州	0.415489	0.904399	0.657289	0.347393
海南	0.336553	0.636366	0.654454	0.975589
广西	0.275399	0.351418	0.012585	−0.035700
河北	0.239151	0.366704	0.059621	0.039795
河南	0.206653	0.504431	0.325929	0.207369
湖北	0.200546	0.391787	0.264851	0.119134
上海	0.158941	0.317928	0.669439	1.152578
云南	−0.046280	0.487152	−0.102090	−0.142670
江西	−0.077000	0.000483	0.100371	0.051826
陕西	−0.124730	−0.061900	−0.391270	−0.460490
吉林	−0.151330	−0.204680	−0.367890	−0.894300
重庆	−0.177690	−0.009470	0.109436	0.260733
辽宁	−0.229840	−0.194480	0.040656	0.429426
甘肃	−0.282930	−0.027930	−0.574270	−0.354700
山西	−0.420460	−0.503130	−1.235730	−0.579950
新疆	−0.617110	−0.364890	−0.447300	−0.266070
西藏	−0.651990	−0.479640	−1.161740	−0.786510
宁夏	−0.783160	−0.622990	−0.874580	−0.879180
内蒙古	−0.799950	−0.579760	−0.725070	−0.754710
天津	−0.828400	−1.090910	−1.068500	−1.334510
黑龙江	−0.903830	−0.676550	−0.603080	−0.663000
青海	−1.009080	−0.668160	−0.893970	−0.550840
北京	−1.071380	−1.296400	−1.377330	−1.383220

其次看第二产业。如表 5-2 所示，就第二产业而言，在 2009 年，全要素生产率较高的省区市分别是广东、上海、内蒙古、江苏、山东、河北和天津，而在全国排名靠后的是贵州、甘肃、宁夏、云南、山西。在 2012~2018 年第二产业全要素生产率全国排名前列的省区市中，上海、广东、内蒙古都曾上榜，而全国排名靠后的省份主要是黑龙江、贵州、云南、甘肃等。

与普遍的直觉不太一致的是，内蒙古的第二产业全要素生产率在全国也名列前茅，这可能是由于本章采用的第二产业统计口径主要包括采矿业、制造业、电力燃气及水的生产和供应业等行业，而内蒙古作为中国重要矿物资源集聚区，是中国几个重要矿产的开采地，在漫长的经济建设过程中，积累了较为雄厚的技术基础和管理经验，所以拥有较高的全要素生产率。

广东和上海的第二产业全要素生产率在全国名列前茅，这符合我们的经济直觉。作为改革开放的"排头兵"，广东和上海在中国改革开放的进程中率先与世界接轨，积极发展外向型经济，依托加工贸易、转口贸易走上了一条发展先进制造业的"阳光大道"，并据此实现了技术的积累和赶超，以及国外先进管理经验的吸收借鉴，由此促进了其第二产业的可持续发展。而另外一些省份如贵州、云南和甘肃，由于地理位置和资源禀赋差异，第二产业并不发达，因此第二产业全要素生产率相对较低。而位于东北地区的黑龙江主要是农作物的主产区，加之近年来东北经济发展的势头减弱，东北老工业的荣光不再，导致其第二产业整体发展水平滞后。

综合来看，在第二产业的全国横向对比中，以广东和上海为代表的沿海地区，以及以内蒙古为代表的资源型地区的第二产业全要素生产率明显高于全国水平。而东北地区以及西部地区乃至部分中部地区，其第二产业的全要素生产率相对较低。

表 5-2　2009~2018 年部分年份全国 31 个省区市第二产业 TFP

省区市	2009 年	2012 年	2015 年	2018 年
广东	0.2913021	0.3994026	0.0572313	0.2649921
上海	0.2489284	0.2018310	0.4035362	0.6818830
内蒙古	0.2078622	0.4922806	0.4514384	0.4183567
江苏	0.1921742	0.3252317	−0.1470450	0.1145541
山东	0.0812192	0.0926455	0.0317165	0.2322403
河北	0.0504929	0.1406210	0.0466514	0.3674323
天津	0.0128299	0.1064863	0.1794609	0.4462995
北京	−0.0650990	0.0615129	0.2258515	0.4259142
西藏	−0.0769750	0.3373451	0.2079741	0.5701139
河南	−0.0909700	−0.0128600	−0.2969880	0.0446756
广西	−0.1494970	0.0760122	0.0094881	0.1387898
辽宁	−0.1572970	0.0794277	0.1380327	0.4965546
湖北	−0.1759600	−0.0151840	−0.1067210	0.2124348
陕西	−0.1763500	0.1449288	0.0191218	0.3607873
浙江	−0.1770340	−0.0820730	−0.0525500	0.1886995
湖南	−0.2011280	0.0437096	0.0700773	0.2477788
重庆	−0.2066930	−0.0856450	−0.1397070	0.0402527
海南	−0.2272010	−0.0176950	0.1214882	0.5033845
青海	−0.2470700	−0.1180470	−0.1778980	−0.0061640
安徽	−0.2526390	0.0248289	−0.0846390	−0.0437160
江西	−0.2746550	−0.1823780	−0.2971920	−0.0579180
吉林	−0.2746740	0.1353684	−0.0331390	0.1544918
新疆	−0.2904710	−0.1257920	−0.2903870	0.2211770
黑龙江	−0.2942560	−0.0958070	−0.2163750	−0.2100340
四川	−0.3061450	0.0915985	−0.0032680	0.1388604
福建	−0.3113660	−0.2309310	−0.1072190	0.0952164
山西	−0.3716540	−0.1632800	−0.4847010	0.1556761
云南	−0.4538110	−0.2926800	−0.1204070	0.1544146
宁夏	−0.4591130	−0.1643330	−0.1765390	0.1879537
甘肃	−0.5351390	−0.3219190	−0.6482780	−0.0833170
贵州	−0.5767480	−0.3653260	−0.0272590	0.3153484

最后看第三产业。如表 5-3 所示，在 2009～2018 年，上海、天津、江苏、海南、宁夏、西藏、青海、北京等地的第三产业全要素生产率领跑全国，而相比之下，四川、贵州、河南、陕西、广西、云南等地的第三产业全要素生产率相对较低。

数据的差别与本书的统计口径息息相关，这主要是由于按照国家统计局的分类，第三产业除了包括金融房地产、租赁和商务服务、科技服务等所谓附加值较高的行业之外，还包括旅游、住宿、水利环境和公共设施管理等经济部门。如此一来，就很容易解释为什么除了上海、江苏、北京、浙江等地外，海南、宁夏、西藏、青海等地的第三产业全要素生产率也相对较高。

当然，值得关注的还有云贵川地区和河南，以及西部地区的广西和陕西，这些地区的第三产业全要素生产率与全国均值相比，尚处于一个较低的水平。这一方面说明该地的第三产业发展水平相对滞后，另一方面也提醒我们，加强区域经济发展的协调性对于整个第三产业全要素生产率的提升至关重要。

表 5-3　2009～2018 年部分年份全国 31 个省区市第三产业 TFP

省区市	2009 年	2012 年	2015 年	2018 年
宁夏	0.258323	0.257559	0.211440	0.283323
上海	0.252764	0.293467	0.226416	0.340940
西藏	0.239443	0.241281	0.148464	0.172723
天津	0.212851	0.243928	0.255443	0.345014
青海	0.158251	0.103109	0.172318	0.180382
江苏	0.104484	0.175482	0.116540	0.200099
海南	0.103712	0.108746	0.069763	0.089774
福建	0.100689	0.066522	0.013263	0.049082
内蒙古	0.086741	0.126851	0.139870	0.170614
浙江	0.067442	0.038507	0.039853	0.073666

省区市	2009 年	2012 年	2015 年	2018 年
广东	0.058856	0.065367	0.016775	0.047922
贵州	-0.025700	-0.070410	-0.155220	-0.190210
吉林	-0.032890	0.030110	0.072706	0.113452
新疆	-0.041100	-0.047840	-0.072760	-0.110990
北京	-0.043350	0.014820	0.042432	0.086719
甘肃	-0.046480	-0.026240	-0.084250	-0.110960
重庆	-0.059760	-0.019560	0.001565	0.041129
黑龙江	-0.063880	0.001235	0.100474	0.153041
山东	-0.075680	-0.009290	-0.000790	0.035355
湖南	-0.083860	-0.056400	-0.020120	-0.006430
辽宁	-0.088850	-0.085980	0.070681	0.275647
江西	-0.089320	-0.010140	-0.048610	0.008309
湖北	-0.089820	-0.069010	-0.067190	-0.071190
河北	-0.124990	-0.091170	-0.094650	-0.089230
山西	-0.124990	-0.059340	-0.026610	-0.000940
广西	-0.125830	-0.107010	-0.100760	-0.122840
云南	-0.153400	-0.124150	-0.158730	-0.214030
安徽	-0.154920	-0.124730	-0.094010	-0.079680
陕西	-0.176140	-0.170980	-0.189650	-0.233180
四川	-0.224140	-0.166520	-0.175570	-0.173460
河南	-0.280040	-0.210920	-0.181550	-0.220480

（二）从时间序列角度来看

本章还绘制了 2009~2018 年全国三次产业全要素生产率的变化趋势图。如图 5-1 所示，先从三次产业全要素生产率的时间走势来看，在此期间，第一产业全要素生产率先升后降并在 2017 年之后再次步入上升通道；第二产业全要素生产率在 2012 年开始出现回调，并在 2013 年之后再次步入上升通道；第三产业全要素生产率虽然在 2011 年之后缓慢下降，但 2014 年之后也再次进入上升区间。整体来看，就三次产业全要素生产率的走势而言，除了第一产业外，第二和第三产业虽然在样本选择期出现了部分回调，但整体向好的趋势非常明显。

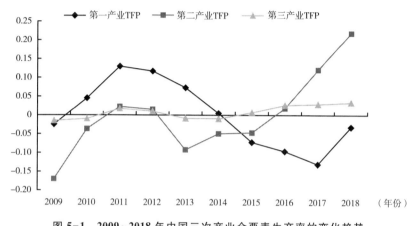

图 5-1　2009～2018 年中国三次产业全要素生产率的变化趋势

资料来源：笔者自制。

　　延续前文的分析思路，在图 5-1 中，以横轴为界，横轴上方代表技术提高或效率改善，横轴下方则相反。如此一来，可以看出在 2009～2018 年，中国三次产业中服务业的全要素生产率技术改善和资源配置效率提升的发展态势最为稳定；相比之下，制造业改善最为明显；但是，农业全要素生产率近年来有恶化趋势。

　　这一发现基本验证了 2008 年国际金融危机后中国大力实施产业转型升级战略举措的部分成效。当时，随着服务经济时代的全面来临（李勇坚、夏杰长，2009：96），中国大力发展生产性服务业，依托创新驱动发展战略和制造业强国战略，走上了一条服务业与制造业互相融合并良性互动的发展道路。具体来说，依托服务业在全球生产分工"微笑曲线"中附加值较高的行业属性，大力发展与制造业转型升级密切相关的生产性服务业，从而促进了服务业自身和制造业地位的攀升，提高了中国在全球价值链中的位置，实现了发展方式的可持续变革，提升了服务业和制造业的全要素生产率。

不过，我国农业全要素生产率与第二、第三产业相比，还存在较大提升空间。这主要是由于我国国土空间广阔，地形地貌决定了采用机械化耕种的普及程度，改革开放后大量农民工进城务工，在二元经济模式下，这种生产要素向城市的流动加剧了农村地区的发展困局。但令人欣喜的是，近年来中央一号文件皆聚焦农业、农村和农民问题，乡村振兴战略①成功推进。这一变化在上文数据中已有所体现，在图5-1中，虽然2018年第一产业全要素生产率还停留在横轴下方，但走势已扭头向上，呈现出明显的改善趋势。

（三）从四大区域对比来看

为科学反映我国不同区域的经济社会发展状况，为党中央、国务院制定区域发展政策提供依据，国家统计局根据《中共中央　国务院关于促进中部地区崛起的若干意见》、《关于西部大开发若干政策措施的实施意见》以及党的十六大报告精神，将我国的经济区域划分为东部、中部、西部和东北四大地区。②

其中，东部地区（10个省市）包括北京、天津、河北、上海、江苏、浙江、福建、山东、广东和海南；中部地区（6个省）包括山西、安徽、江西、河南、湖北和湖南；西部地区（12个省区市）包括内蒙古、广西、重庆、四川、贵州、云南、西藏、陕西、甘肃、青海、宁夏和新疆；东北地区（3个省）包括辽宁、吉林和黑龙江。

---

① 为了实现"两个一百年"奋斗目标、顺应亿万农民对美好生活向往做出的重大决策，2018年正式版本的《国家乡村振兴战略规划（2018—2022年）》明确提出，要依托城乡、产业融合和特色产业，走产业振兴、质量兴农、人才振兴之路。

② 《东西中部和东北地区划分方法》，国家统计局官网，http：//www.stats.gov.cn/ztjc/zthd/sjtjr/dejtjkfr/tjkp/201106/t20110613_71947.htm，最后访问日期：2022年12月2日。

如图 5-2 所示,以 2018 年为例,在东部地区,三次产业全要素生产率皆位于横轴上方,说明在东部地区,三次产业全要素生产率的技术提升和资源配置效率改善效应非常明显;在中部地区,第二产业和第一产业的全要素生产率发展情况要优于第三产业;在西部地区,第二产业和第三产业的全要素生产率发展情况要优于第一产业;在东北地区,三次产业全要素生产率的均值显示,第三产业略微高于第二产业,但第二和第三产业要明显高于第一产业。

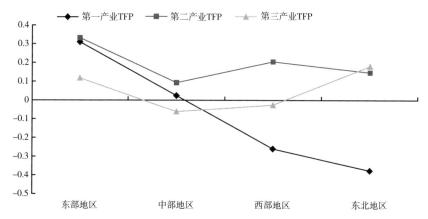

图 5-2 2018 年中国四大区域三次产业全要素生产率的对比分析

资料来源:笔者自制。

综合对比来看,三次产业全要素生产率在我国东部、中部、西部和东北地区呈现明显的区域异质性。从全国区域对比来看,第二产业全要素生产率要普遍高于第三产业。除了在东部和中部地区第一产业全要素生产率高于第三产业外,第一产业全要素生产率在中国三次产业中处于最低位置。

综合来看,横截面数据显示,在第一产业中,北京、天津、东北三省、内蒙古、西藏等地的农业全要素生产率在全国垫底,而浙江、上海、山东、江苏、广东等地的农业全要素生产率位居全国前列;在第二产业中，广东和浙江的全要素生产率要明显高于西部地区、东北地区；此外，从第三产业全要素生产率来看，除了部分沿海地区外，部分旅游资源丰富的西部省区市第三产业全要素生产率也相对较高。这一发现再次提醒我们，充分发挥好本地的资源优势，是提升本地区可持续发展能力的重要手段。

在时间序列的纵向对比过程中，本章发现，2009～2018年全要素生产率虽然有所回调，但从整体来看，第二产业和第三产业全要素生产率整体向好的发展趋势非常明显。值得强调的是，虽然农业全要素生产率自2011年以来呈现明显的下降趋势，但2017年以后，其再次步入上升通道。根据这一发现基本可以得出我国的三次产业全要素生产率整体向好的发展态势明显的结论。但是，一个值得注意的信号是，2009～2018年，中国三次产业中服务业的全要素生产率技术改善和资源配置效率提升最为稳定，制造业的改善最为明显，而农业全要素生产率近年来有恶化趋势。

最后，从中国四大区域的对比来看，中国三大产业全要素生产率呈现明显的地域异质性特征。第二产业（制造业）全要素生产率最高，第三产业（服务业）其次，第一产业（农业）最低。但是，中国东部和中部地区农业全要素生产率要明显高于西部和东北地区。

第二节　模型设定

一　基础回归模型

为了探究私募股权投资与三次产业全要素生产率之间的关系，在参考高帆（2015：7）、宣烨和余泳泽（2017：91）、肖宇等（2019a：31）研究的基础上，本章构建以下基础回归模型：

$$\{TFPA_{p,t}; TFPM_{p,t}; TFPS_{p,t}\} = \alpha_0 + \alpha_1 \{PEA_{p,t}; PEM_{p,t}; PES_{p,t}\} + \alpha_2\, digital_{p,t} +$$
$$\alpha_3\, education_{p,t} + \alpha_4\, foreign_{p,t} + \alpha_5\, service_{p,t} + \qquad (5-11)$$
$$\alpha_6\, IV_{p,t} + \alpha_7\, control_{p,t} + \varepsilon_{p,t}$$

其中，$TFPA_{p,t}$、$TFPM_{p,t}$、$TFPS_{p,t}$分别表示 p 省区市第一产业农业、第二产业制造业和第三产业服务业在 t 年的全要素生产率；$PEA_{p,t}$、$PEM_{p,t}$、$PES_{p,t}$分别表示 p 省区市三次产业私募股权投资的金额；$digital_{p,t}$表示数字技术发展水平；$education_{p,t}$表示劳动力素质；$foreign_{p,t}$表示对外开放水平；$service_{p,t}$表示服务经济发展水平；$IV_{p,t}$和$control_{p,t}$分别表示工具变量和其他可能用到的控制变量；$\varepsilon_{p,t}$为误差和遗漏项。

二 数据说明和变量选择依据

（一）数据说明

本章数据主要来源于国家统计局和全国各省区市统计局公布的历年统计年鉴，其中私募股权投资数据来自清科私募通数据库。

为了平缓数据的波动，本章对解释变量皆进行了对数化处理。各变量的描述性统计结果如表 5-4 所示。

表 5-4　各变量的描述性统计

变量	含义	样本量	均值	标准误	最小值	最大值
$TFPA_{p,t}$	农业全要素生产率	310	-2.91e-07	0.6607052	-1.495409	1.24432
$TFPM_{p,t}$	制造业全要素生产率	310	1.45e-07	0.2310145	-0.6482776	0.681883
$TFPS_{p,t}$	服务业全要素生产率	310	0.0079248	0.1374658	-0.2800443	0.3450145
$PEA_{p,t}$	农业私募股权投资额	310	2.539951	1.664962	-2.56395	7.184706
$PEM_{p,t}$	制造业私募股权投资额	310	3.157596	1.657809	-1.94142	7.807236
$PES_{p,t}$	服务业私募股权投资额	310	3.059826	1.664962	-2.044074	7.704582
$digital_{p,t}$	数字技术发展水平	310	6.795307	1.144952	2.753661	9.005663
$education_{p,t}$	劳动力素质	310	4.084625	0.9537692	1.108563	5.36635

变量	含义	样本量	均值	标准误	最小值	最大值
$foreign_{p,t}$	对外开放水平	310	8.769723	1.393122	5.337538	12.04923
$service_{p,t}$	服务经济发展水平	310	-0.8194337	0.1914799	-1.251237	-0.2109468
$IV_{p,t}$	人口死亡率	310	1.78267	0.1332885	1.437463	2.020222

资料来源：笔者自制。

（二）变量选择依据

被解释变量$TFPA_{p,t}$、$TFPM_{p,t}$、$TFPS_{p,t}$分别为第一产业全要素生产率、第二产业全要素生产率和第三产业全要素生产率，这是本章关注的核心变量。之所以将其纳入模型，主要考虑是私募股权投资具有支持创新创业和优化资源配置的内在属性，而这一属性恰好是全要素生产率改善的主要实现渠道。因此，探讨私募股权投资对中国三次产业全要素生产率可能存在的数量关系，有助于从数量角度加深对私募股权投资本质属性的科学认知，厘清私募股权投资对全要素生产率作用的传输渠道。在具体处理过程中，本章采用的是 OP 法计算的中国三次产业全要素生产率。

解释变量$PEA_{p,t}$、$PEM_{p,t}$、$PES_{p,t}$分别为第一产业、第二产业和第三产业的私募股权投资额，这是本章最为重点关注的解释变量，本章拟用其来衡量各行业私募股权投资对本行业全要素生产率的影响。将其纳入模型的主要考虑在于，私募股权投资的内在属性和运作规律，决定了其可以影响被投企业，乃至在具有一定规模之后影响整个被投行业的技术创新和资源配置效率改善，从而作用于全要素生产率的提升。私募股权投资的这一属性，已有部分学者进行了有益的探索。例如，李心丹等（2003：15）以沪深两市发生并购的 103 家上市公司为样本，首次利用数据包络分析方法（DEA）计算了公司并购[①]前后绩

---

① 根据行业分类习惯，并购基金是广义私募股权投资的重要组成部分。

效稳定性指标，研究证实并购活动总体上提升了上市公司的经营管理效率。但企业并购是否真能创造价值，社会上还存在一些不同的声音。对此，刘莉亚等（2018：1329）利用 2004~2014 年中国沪深两市 A 股上市公司的面板数据进行研究后发现，那些中等规模且盈利能力较强的高生产率企业倾向于收购规模较小但经营良好的低生产率企业，收购之后，收购方提高了标的方的生产效率和产出。在这种并购活动中，生产率差异是主要驱动因素，并购确实可以创造价值，并改善资源的配置效率。从这个角度来说，私募股权投资确实有利于提升全要素生产率。因此，将行业私募股权投资数据纳入模型，考察对行业全要素生产率的影响，有助于帮助我们更好地认识私募股权投资的行业本质，以及高质量发展阶段中国金融支持实体经济的路径选择。

解释变量 $digital_{p,t}$ 为各省区市的数字技术发展水平，之所以将其纳入模型，主要原因在于：新增长理论（Romer，1986：1002）和新古典增长理论虽然在技术进步是内生还是外生的假设上有所区别，但无一例外都强调技术进步对经济增长的重要作用。而在现代经济中，数字技术以及与此相关的 IT 技术，对经济社会生产生活方式的改变作用最大。因此，考察数字技术发展水平对全要素生产率的可能影响，具有巨大的现实意义。在具体指标的选择上，在参考 Shen 等（2019：2566）以及张海洋（2005：107）研究的基础上，本章结合省级面板数据的可得性，使用互联网宽带接入端口作为互联网发展水平的替代指标。本章认为，互联网宽带接入端口作为衡量互联网发展水平的一个基础指标，能在很大程度上代表中国数字技术的发展水平和所处阶段。因此，将其纳入模型，衡量数字技术发展水平对全要素生产率的影响，具有较大的理论和现实意义。

解释变量 $education_{p,t}$ 为本模型中表征劳动力素质的指标。在具体处理过程中，本章在参考颜鹏飞和王兵（2004：55）研究的基础上，结合细分行业省级面板数据的可得性，使用普通高等学校在校学生人数，包括专科和本科两个层次的在校生人数来表示，单位为万人。延续前文的分析思路，提高全要素生产率需要技术进步、管理效率的改善和资源配置效率的提升。而实现这些目标，高素质的劳动力是必备条件。本专科在校学生在很大程度上是高素质劳动力的基础，这些学生要么升学从事更高水平的科学研究，要么直接就业，成为三次产业中相对拥有一定技术水平的劳动工人。因此，将该变量作为衡量劳动力素质的替代指标，具有一定的合理性。

解释变量 $foreign_{p,t}$ 为本章衡量对外开放水平的指标。1978 年以来，中国依托对内改革、对外开放，逐渐融入世界市场。尤其是 2001 年中国加入世贸组织，使得中国融入全球价值链的广度和深度进一步拓展和延伸。中国企业"走出去"和外国企业"引进来"，成为这段时间中国经济亮丽的名片。外资企业凭借其在资金、技术、管理、品牌运行及全球资源配置方面的能力，在中国获得丰厚利润的同时，也为中国带来了发展初期所需的宝贵资金、先进的企业管理经验、一定程度的就业，以及居民生活方式的深刻变化。中国企业也在承接国际技术换代转移的过程中，促进了自身技术的积累和发展。因此，外资企业在中国改革开放的过程中发挥了重要的作用。本章在参考 Andersson（2001：690）、何枫和陈荣（2004：18）研究的基础上，结合数据的可得性，使用 2009~2018 年外商投资企业数作为中国对外开放水平的替代指标。根据入世协议，中国制定了循序渐进的开放路径表。党的十九大报告提出，要坚持改革开放，主动参与和推动经济全球化进程，发展更高层次的开放型经济，不断壮大我国的经济实力和综合国力。而对外开放的一个核心观察窗口，就是外资企业进入中国的数量。因此，本章用外资企业在中国的数量作为衡量中国对外开放水平的替代指标，具有较为强大的实践支撑。

解释变量 $service_{p,t}$ 为服务经济发展水平。在具体处理过程中，本章在参照 Abizadeh 和 Pandey（2009：545）、Xie 等（2019：550）研究的基础上，采用各省区市第三产业增加值在整个地区生产总值中的比重来表示。将其纳入模型的一个主要考量在于，中国改革开放的实践和世界发达国家的经验告诉我们，从农业社会到工业社会再到服务经济社会的演进，是现代经济社会发展的基本规律。服务经济的全面来临，不仅是现代产业结构演化的最终归宿，也是制造业寻求更高附加值的必然路径。这主要是由于，从附加值高低的"微笑曲线"① 来看，生产制造所产生的附加值往往处于"微笑曲线"的低端，而研发、设计、金融、物流和品牌管理等服务业部门往往处于"微笑曲线"的两端。也就是说，从整个生产分工来看，服务业占据了最终市场这块"蛋糕"的绝大部分。这也就是为什么发达国家愿意将生产制造环节向发展中国家转移。全球价值链理论也支撑了这一观点，即发达的服务业是实现全球价值链攀升的重要基础和保证。当前，中国在全球价值链分工中还存在较为明显的"低端锁定"困境（刘维林，2012：152），而破解这一困境的关键钥匙就是依托服务业，尤其是生产性服务业的大发展。《国务院关于加快发展生产性服务业促进产业结构调整升级的指导意见》（国发〔2014〕26 号）明确指出，生产性服务业涉及农业、工业等产业的多个环节，具有专业性强、创新活跃、产业融合度高、带动作用显著等特点，是全球产业竞争的战略制高点。加快发展生产性服务业，是向结构调整要动力、促进经济稳定增长的重大措施，既可以有效激发内需潜力、带动扩大社会就业、持续改善人民生活，也有利于引领产业向价值链高端提升。可以说，服务业的发展水平，与产业转型升级、技术水平提升和资源配置效率改善息息相关。因此，将各省区市服务经济发展水平纳入模型，

① "微笑曲线"是宏碁集团创办人施振荣先生于 1992 年提出的，在这条微笑曲线中，两端朝上是附加值较高的产业，如设计和销售等，而处于中间环节的制造业，附加值最低。据此，施振荣认为，企业要生存，必须向"微笑曲线"的两端移动。

考量其对三次产业全要素生产率的可能影响，具有较大的理论和实践意义。

最后，对于本模型的工具变量 $IV_{p,t}$，本章借鉴的是 Acemoglu 等（2001：1369）在工具变量确定中的经典做法。在该文中，他们采用的工具变量是殖民地时代一个国家的人口死亡率。他们认为，如果死亡率过高，则欧洲人就不会定居下来，于是就会在当时实施掠夺性制度；反之，若死亡率低，则会在当地建立可持续发展的好的制度，而过去的制度依然会对当前产生影响。在具体处理过程中，本章采用的是国家统计局官方网站公布的各省区市人口死亡率（‰）指标。本章认为，人口死亡率指标可以作为该地区劳动力变迁、社会整体环境和居民生产生活方式的某种观察窗口。一般来说，死亡率低的地区，有可能医疗技术水平相对较高，社会治安环境良好，居民的生活水平也相对较高，这些有可能会通过对其他变量的影响直接或间接作用于全要素生产率水平。因此，在综合考虑数据的可得性之后，将其作为工具变量具有一定的合理性。

三　内生性问题的分析和解决

首先看私募股权投资与全要素生产率之间的关系。私募股权投资通过支持创新创业，有力地促进了科技创新和中小初创企业的发展壮大；同时，也通过资金支持和增值服务，提高了被投企业乃至整个行业的科技创新水平、创新创业发展水平和资源配置效率。因此，私募股权投资与全要素生产率之间的关系非常密切，根据本章的逻辑和前文的分析，基本可以认为私募股权投资有利于提升三次产业的全要素生产率。但是，如果反过来，全要素生产率的提升是否会对私募股权投资产生影响，这一路径可能并不明确。即使全要素生产率的变化催生了对技术创新和资源配置效率改善的需求，将这种需求引入私募股权投资行业，中间的作用路径也不清晰。这主要是因为，私募股权投资行业更多的是一种政策密集型行业，其发展更多的是受资本市场和金融体系，尤其是监管政策以及配套的"募投管退"体制机制制约。因此，二者并不存在互相影响的内生性问题。

其次看数字技术发展水平与全要素生产率之间的关系。本章用互联网端口接入数作为替代指标，以反映该地区互联网的基础设施水平。一般而言，在同样的技术代差前提下，互联网端口接入越多，则说明当地数字技术发展的基础更为坚实。尤其是第三次科技革命以来，以互联网技术为代表的高新科技发展迅速，深刻地改变了现代居民的生产生活方式。比如，数字技术的出现，使居民可以在足不出户的条件下通过网页和手机终端获取自己想要的信息。而大量基于数字技术的商业平台通过大数据"撮合"降低了市场交易成本。典型的案例就是互联网打车平台滴滴，其通过供需匹配，有效地提升了居民的出行效率。在数字时代，远程办公、远程医疗、数字政务、虚拟现实、电子银行都变得唾手可得。毫无疑问，数字技术的出现，提升了社会的资源配置效率，而数字技术本身也是技术发展的产物。因此，可以肯定地说，数字技术有利于全要素生产率的提升。反过来，全要素生产率的提升，也会催生对技术的需求。比如，某个行业或某个企业要想获得高于行业或企业本身的超额利润，必须走技术创新或改善自身经营管理效率之路。这种可持续发展需求的实现，催生了对新技术和创新的旺盛需求。因此，全要素生产率与数字技术发展水平之间可能存在相互决定的内生性问题。

再次看劳动力素质与全要素生产率之间的关系。本章采用的是当地本专科在校学生人数作为替代指标。从全要素生产率的测算方法来看，全要素生产率改善的关键动力来自技术水平提升、管理效应改善和资源配置效率优化。而如何实现这些，从生产要素的角度来说，高质量的劳动力是根本保障。因此，劳动力素质有利于全要素生产率的改善，这一作用路径非常清晰。反过来，全要素生产率越高，说明该地或该行业的可持续发展能力越强，在这种情况下，居民的收入水平和消费能力都会明显高于全要素生产率低的地区或行业。根据绝对收入理论，居民的收入与消费密切相关，当收入增加时，一般而言居民的消费意愿和消费能力也会随之增强，换言之，增加的收入带来了居民享受型消费的支出。尤其是对于那些全要素生产率高的国家或行业来说，这些国家或行业的居民有更强的消费能力和消费意愿，愿意更多地为自己的偏好买单，择业和人生选择也更加多元化。突出的例子是发达国家居民的消费意愿更加强烈，休闲需求也比发展中国家居民要多得多。在这种情况下，居民是否愿意投入更多的时间和精力在提升自己的学历水平上，这一作用路径尚不明确。典型的是，随着近年来中国经济发展水平的提升，在中国早先富裕起来的地区，居民更愿意从事与自己兴趣相关的职业，接受学历教育的形式与所从事的工作越来越多元化，如果单纯依靠学历来衡量居民素质可能会犯以偏概全的错误。另外，一个不容否认的观点是，劳动力素质的衡量其实也有很多个维度，劳动者个人所接受的学历教育只是其中之一。因此，本章认为二者之间相互决定的内生性问题并不清晰。当然，做出这一判断的主要依据也跟本章采用的劳动力素质替代指标有关。实际上，即使一个地区的全要素生产率高，也并不必然会导致当地居民的高等教育入学率高。这种情况在中国部分沿海和内陆地区的对比中非常明显。比如被誉为"中国犹太人"的广东潮汕地区，高等教育率可能并不会比内陆地区，如湖北、山东等教育大省高出多少，但显然广东的全要素生产率要明显高于湖北和山东。所以，综合来看，全要素生产率与劳动力素质之间互相决定的内生性比较弱或者说传输路径并不明确。

从次看对外开放水平与全要素生产率之间的关系。本章采用当地外资企业的数量来衡量。一般而言，外资之所以进入中国，除了看中中国相对较低的劳动力价格、丰富的资源储备和广阔的国内消费市场外，一个重要的考虑是自身的技术发展水平与中国国内企业之间存在代差。在这种代差下，外资企业将本国可能已经不是那么先进的技术引入中国，从而延长技术的生命周期，获得更多的额外利润。虽然在这一过程中外资通过对技术研发、品牌管控、金融物流、商务咨询等高端服务业环节的掌控，牢牢掌握了全球分工利益格局的主动权，但大量的研究已经表明，外资存在一定的技术溢出性（唐未兵等，2014：31；陈颂、卢晨，2019：106）。在这种情况下，发展中国家通过吸引外资，在学习借鉴发达国家先进的生产技术和管理理念的同时，实现了自身的技术积累，从而促进了本国全要素生产率的改善。因此，从作为对外开放水平替代指标的外资企业数量来看，其对全要素生产率具有正向的促进作用。外资企业数量越多，证明对外开放的水平越高，当地或该行业的全要素生产率改善效应就越明显。一个突出的例子是，改革开放以来，中国服务业和制造业全要素生产率的差异。从前文的分析可知，在中国三次产业全要素生产率的对比中，第二产业（制造业）全要素生产率要明显高于第三产业（服务业），并且在 2009~2018 年，中国制造业全要素生产率改善效应最为明显。与此同时，根据入世协议，我国制造业的对外开放水平要明显高于服务业。中国改革开放的实践雄辩地证明，凡是对外开放水平高的部门，其发展水平要明显高于那些封闭和对外开放水平不高的部门，在中国的突出表现就是制造业和服务业。经过改革开放 40 余年的飞速发展，中国制造业参与国际分工，融入世界市场，目前中国已是全球第一大货物贸易出口国。反观出于国际安全考虑的服务业部门，不仅全要素生产率要显著低于制造业，而且服务贸易的逆差近年来持续扩大，服务贸易国际竞争力严重匮乏（戴翔，2015：31；夏杰长、肖宇，2018：56）。因此，我们可以得出对外开放水平有利于全要素生产率提升的基本判断。但与此同时，全要素生产率高的地区或行业，因为拥有较高的技术水平和资源配置能力，所以其需要更为广阔的市场和生产要素供给空间，由此也对对外开放提出了更高的要求。较高的全要素生产率，使其在全球进行资源配置的欲望更为强烈。在正常情况下，全要素生产率高的国家，对开拓海外市场的需求更为迫切。在世界历史发展的舞台上，这样的案例从古至今俯拾皆是。综上，二者之间也可能存在互相决定的内生性问题。

最后看服务经济发展水平与全要素生产率之间的关系。本章采用各地服务业增加值在 GDP 中的占比来表示。一般来说，考虑到服务经济时代柔性制造、服务型制造和制造业的服务化发展趋势，以及技术本身即是服务业发展的一部分，服务经济发展水平与全要素生产率之间存在明显的正相关关系。这种作用主要是通过技术水平的提升，以及研发、管理、咨询等服务业的发展来实现的。反过来，全要素生产率高也有可能说明当地或该行业的技术水平高，具有相对较高的资源配置效率，如管理、咨询、金融、物流等，而这些恰好就是服务业本身的组成部分。因此，服务经济发展水平与全要素生产率之间存在非常明显的互相决定的内生性问题。

为了解决上述可能存在的内生性问题，本章采用各省区市的人口死亡率作为工具变量并引入模型。主要原因在于，人口死亡率作为经济社会发展水平的一个重要观察指标，如良好的医疗条件、较高的教育水平、完善的社会管理制度、较多的休闲时间和健康的生活方式，都是影响人口死亡率的重要因素。而这些影响因素又恰好可能通过居民对生产生活环境的判断，影响居民的择业和居住选择，从而对当地的生产要素禀赋产生影响。尤其是高素质劳动力可能更为关注这些所谓的"软环境"，他们是技术进步和整个社会资源配置效率提升的关键推动力，继而对全要素生产率产生影响。但是，我们不能说全要素生产率的变化就一定会影响当地的人口死亡率。因为，人口死亡率指标更多的是受当地居民自身的身体素质、思想观念和生产生活方式制约。典型的是，虽然部分发达资本主义国家的科技水平发达，并且全要素生产率也较高，但当地居民如果生活腐朽，如热衷于赌博或黄色交易盛行，那么该地的人口死亡率可能也并不会很低。也有一种极端情况，如暴发的瘟疫，在医疗资源相对充足的发达国家，同样会有较高的死亡率。[①] 反之，若一个地区经济发展水平并不是很高，甚至极端情况下其生产方式还较为原始，但是若该地生态环境良好，居民生产生活方式自然、健康、原生态，那么该地居民的死亡率可能会远远低于工业化初期的部分国家或地区。因此，我们并不能得出全要素生产率就一定会对当地居民的死亡率产生影响的结论。不容否认的是，技术的发展，尤其是医疗技术的发展，毫无疑问会对人口死亡率产生影响。但对于某些传染性比较强的顽固疾病（如艾滋病等），若全要素生产率高的发达国家居民感染，死亡率同样很高。因此，我们并不能说，全要素生产率就一定会对当地居民的死亡率产生影响，或者说，这种影响的作用路径存在复杂性和多样性，影响路径并不清晰。综上，将当地的人口死亡率作为工具变量，具有一定的合理性和科学性。

此外，为了进一步解决模型可能存在的内生性问题，本章还采用了系统 GMM 回归的方法。同时，根据学术界近年来计量检验的行业经验，本章借鉴李政和刘丰硕（2020：131）的研究，将被解释变量全要素生产率用中国三次产业的人均行业增加值来替代，对本章实证部分进行了稳健性检验。

第三节　回归分析

一　私募股权投资与农业全要素生产率

为了分析私募股权投资对农业全要素生产率的影响，公式（5-11）可以改写为：

---

① 例如，2009 年美国暴发的 H1N1 流感，蔓延到全球 214 个国家和地区。据中国外交部发言人 2020 年 3 月 5 日例行记者会口径，该病毒当年就至少导致 18449 人死亡。

$$TFPA_{p,t} = \alpha_0 + \alpha_1 PEA_{p,t} + \alpha_2 digital_{p,t} + \alpha_3 education_{p,t} + \alpha_4 foreign_{p,t} +$$
$$\alpha_5 service_{p,t} + \alpha_6 IV_{p,t} + \alpha_7 control_{p,t} + \varepsilon_{p,t}$$

$$(5 - 12)$$

（一）面板回归分析

如表 5-5 所示，先看固定效应面板回归结果，在单个解释变量与被解释变量的回归分析中，无论是表示行业私募股权投资金额的变量$PEA_{p,t}$，还是表示数字技术发展水平的变量$digital_{p,t}$，甚至是表示劳动力素质的变量$education_{p,t}$、对外开放水平的变量$foreign_{p,t}$、服务业发展水平的变量$service_{p,t}$，在与全要素生产率关系的研究中，其都为负值并且几乎都在1%的水平下显著。如果从回归结果直观地来看，那么很容易可以得出在中国农业生产中，私募股权投资、数字技术发展水平、劳动力素质、对外开放水平、服务经济发展水平，都没有促进中国农业全要素生产率的提高。在将所有变量纳入模型之后，如表 5-5 第（6）列所示，除了私募股权投资变量回归系数由负转正外，其他解释变量回归系数的正负性没有变化，也就是说，这些变量都不是促进中国农业全要素生产率改变的积极因素。

结合前文中国农业生产率不高的发展现状和走势，似乎很容易支撑这一发现。造成这一现象的主要原因，可能确实是中国农业全要素生产率太低。值得强调的是，虽然显著性水平不高，但是私募股权投资对农业全要素生产率的促进作用开始为正，这昭示了一个明显的方向性判断，即哪怕中国农业的全要素生产率极低，私募股权投资对其还是存在一定的正向效应。

表 5-5　私募股权投资对农业全要素生产率的影响（面板固定效应回归）

变量	（1）	（2）	（3）	（4）	（5）	（6）
$PEA_{p,t}$	-0.0299**					0.0045*
	(0.011)					(0.092)

续表

变量	（1）	（2）	（3）	（4）	（5）	（6）
$digital_{p,t}$		-0.0797*** (0.000)				-0.0026 (0.953)
$education_{p,t}$			-0.4641*** (0.000)			-0.3139 (0.118)
$foreign_{p,t}$				-0.3053*** (0.004)		-0.2401** (0.028)
$service_{p,t}$					-0.4760*** (0.000)	-0.2147 (0.239)
常数项	0.0759** (0.019)	0.5417*** (0.000)	1.8957*** (0.000)	2.6778*** (0.004)	-0.3900*** (0.000)	3.2184*** (0.007)
R^2	0.1085	0.3534	0.2926	0.2625	0.0333	0.2979
F 值	6.57 (0.011)	18.00 (0.000)	19.44 (0.000)	8.28 (0.004)	17.36 (0.000)	5.55 (0.000)
观测值	310	310	310	310	310	310

注：***、**、*分别表示在1%、5%、10%的置信区间内拒绝原假设，括号内为 P 值。

考虑到固定效应面板回归模型可能存在的内生性问题，这一回归分析并不完全具有参考价值，一个突出表现就是其回归方程的拟合优度比较低。为此，我们采用系统 GMM 的方法进行分析，进一步探究农业私募股权投资发展与农业全要素生产率之间的可能关系。

（二）系统 GMM 回归分析

为了解决模型中可能存在的内生性问题，在进一步分析中，本章采用系统 GMM 方法[①]进行估计，在公式（5-12）的基础上，推算出以下公式：

---

① 需要说明的是，GMM 方法（广义矩估计法）其实包括差分 GMM 和系统 GMM 两种。从估计原理来看，差分 GMM 存在可能忽略非观测截面样本个体效应及工具变量弱有效等缺陷。相比之下，系统 GMM 可以有效克服动态面板可能存在的内生性问题，从而确保参数的有效性。因此，在进行广义矩估计时，系统 GMM 方法逐渐成为学术界的首选。

$$TFPA_{p,t} = \alpha_0 + \alpha_1\ TFPA_{p,t-1} + \alpha_2\ PEA_{p,t} + \alpha_3\ digital_{p,t} + \alpha_4\ education_{p,t} + \atop \alpha_5\ foreign_{p,t} + \alpha_6\ service_{p,t} + \alpha_7\ IV_{p,t} + \alpha_8\ control_{p,t} + \varepsilon_{p,t}} \tag{5-13}$$

其中，$TFPA_{p,t-1}$ 表示滞后一期的农业全要素生产率；其他变量含义同公式（5-12）。

如表 5-6 所示，首先看滞后一期的农业全要素生产率 $TFPA_{p,t-1}$，在逐渐添加解释变量的过程中，其与被解释变量的回归系数均为正并且显著，这说明农业全要素生产率变化具有连续性，上期的全要素生产率情况会对当期产生重要影响。

其次看本章最为关注的解释变量农业私募股权投资的影响，在表 5-6 中，在采用系统 GMM 模型逐步添加变量进行回归的过程中，其与农业全要素生产率之间的回归系数虽然显著性略有差异，但是回归系数都显著为正。这一发现验证了面板固定效应回归中最后一列回归结果发现的可能趋势，即农业私募股权投资确实促进了本行业全要素生产率的提升。以表 5-6 中第（6）列的回归结果为例，$PEA_{p,t}$ 回归系数为 0.0189 并且显著。也就是说，农业私募股权投资每提高 1 个百分点，将会促进农业全要素生产率提高 1.89 个百分点。

表 5-6　私募股权投资对农业全要素生产率的影响（系统 GMM 回归）

变量	（1）	（2）	（3）	（4）	（5）	（6）
$TFPA_{p,t-1}$	0.7796 *** （0.000）	0.8238 *** （0.000）	0.8329 *** （0.000）	0.8169 *** （0.000）	0.7693 *** （0.000）	0.7355 *** （0.000）
$PEA_{p,t}$		0.0448 *** （0.000）	0.0455 *** （0.000）	0.0429 *** （0.000）	0.0178 ** （0.022）	0.0189 ** （0.011）
$digital_{p,t}$			−0.0890 *** （0.000）	−0.1054 *** （0.000）	−0.0596 *** （0.000）	0.0404 （0.123）
$education_{p,t}$				0.0820 *** （0.001）	−0.0477 （0.143）	−0.2093 *** （0.000）
$foreign_{p,t}$					0.0917 *** （0.000）	0.1715 *** （0.000）

续表

变量	（1）	（2）	（3）	（4）	（5）	（6）
$service_{p,t}$						−0. 5716 *** （0. 000）
常数项	0. 3723 *** （0. 000）	0. 5144 *** （0. 000）	0. 5002 *** （0. 000）	0. 2773 *** （0. 006）	−2. 2519 ** （0. 024）	−1. 4299 *** （0. 000）
AR（1）	−2. 8816 （0. 004）	−3. 2029 （0. 001）	−3. 2083 （0. 001）	−3. 1687 （0. 001）	−3. 03 （0. 003）	−3. 0465 （0. 0023）
AR（2）	0. 6094 （0. 5422）	0. 8280 （0. 408）	0. 8158 （0. 415）	0. 8722 （0. 383）	0. 6867 （0. 492）	0. 7044 （0. 4812）
Sargan 检验	0. 999	0. 999	0. 999	0. 999	0. 999	0. 9995
观测值	279	279	279	279	279	279

注：① *** 、 ** 分别表示在 1% 、5% 的置信区间内拒绝原假设，括号内为 P 值；②系统 GMM 估计采用了"两步法"（two-step）。

最后看其他几个解释变量的回归情况。与面板固定效应回归结果不同的是，对外开放水平 $foreign_{p,t}$ 在系统 GMM 方法下，回归系数为正并且显著。这说明，对外开放水平的提高，有利于农业全要素生产率的改善。此外，表示服务经济发展水平的指标 $service_{p,t}$ 对农业全要素生产率的影响为负，说明服务经济的发展并没有提高农业的全要素生产率。造成这一现象的主要原因，一方面可能与服务业发展造成了对农业生产要素的"虹吸效应"有关，大量的农业生产要素进入服务业领域，造成了农业生产要素的相对减少；另一方面可能与服务业的发展尚未对农业形成"反哺效应"有关，如何真正推动中国三次产业协调发展，服务业的发展水平和发展方向需要再次予以定位。

此外，回归结果同样为负并且显著的变量还有表示劳动力素质的指标 $education_{p,t}$ ，这说明劳动力素质的提升，并没有促进农业全要素生产率的改善。联系中国经济社会发展的实际情况，其实很容易理解，主要原因是我们将劳动力素质指标定义为本专科在校生人数，在目前中国的就业市场，这些学生大都在毕业后流向了服务业和工业部门。在二元经济模式下，农业部门一直扮演着向工业和服务业输送生产要素的角色，高素质劳动力流向农业的比例极低。这也提示我们，提升农业全要素生产率的关键在于农业领域人才的培养。

对于表示数字技术发展水平的变量$digital_{p,t}$，在表 5-6 的回归结果中，没有将所有解释变量纳入模型时，其回归系数为负并且显著，这说明数字技术的发展，并没有促进农业全要生产率的提升。这一原因可能是，中国广大的农村地区发展水平相对不高，数字技术的应用范围有限，对产业升级和资源配置效率改善的作用没有得到充分发挥。但值得注意的是，在将所有解释变量纳入模型之后，这一回归系数开始为正，虽然并不显著，但与表 5-5 中私募股权投资的回归情况相同，这是一个方向性的信号，即提升我国数字技术的发展水平，有可能会促进农业私募股权投资的发展。这需要进行进一步的验证。

综合来看，利用系统 GMM 进行回归之后，基本可以得到如下发现。在农业领域，全要素生产率的影响具有持续性，当期的农业全要素生产率会受到上期的影响，并且这种影响显著为正。就农业私募股权投资来说，其对农业全要素生产率的影响系数为正并且显著。就其他解释变量来说，服务经济发展水平、劳动力素质的提升都没有显著促进农业全要素生产率的改善；但是对外开放水平的提升能够显著促进农业全要素生产率的提高，二者呈显著的正相关关系。数字技术发展水平对农业全要素生产率的改善作用尚待明确，需要进一步检验。

（三）稳健性检验

为了对上述的回归结果进行稳健性检验，同时也为了进一步探究数字技术发展对农业全要素生产率的影响，本章采用三种方式进行进一步检验：一是加入工具变量；二是替换被解释变量；三是工具变量+替换被解释变量。回归结果如表 5-7 所示。

　　首先，分析工具变量的回归结果。如表 5-7 第（3）列所示，在引入工具变量人口死亡率之后，滞后一期的农业全要素生产率、农业私募股权投资和对外开放水平，与农业全要素生产率的回归系数都为正并且显著。其中，本章重点关注的解释变量的稳健性检验显示，农业私募股权投资每增加 1 个百分点，农业全要素生产率将增加 1.48 个百分点。但是，劳动力素质和服务经济发展水平对农业全要素生产率的影响还是为负，数字技术发展水平的影响虽然为正，但回归结果并不显著。这一发现与系统 GMM 回归结果完全一致，说明回归结果的可信度较高。

表 5-7　私募股权投资对农业全要素生产率的影响（稳健性检验）

变量	IV 工具变量			替换被解释变量			IV+替换被解释变量
	（1）	（2）	（3）	（4）	（5）	（6）	（7）
$TFPA_{p,t-1}$ / $RGDPA_{p,t}$	0.7983*** (0.000)	0.8242*** (0.000)	0.6626*** (0.000)	1.0014*** (0.000)	0.8792*** (0.000)	0.9479*** (0.000)	0.9586*** (0.000)
$PEA_{p,t}$		0.0448*** (0.000)	0.0148* (0.084)		0.0337*** (0.000)	0.0075** (0.018)	0.0087* (0.067)
$digital_{p,t}$			0.0134 (0.731)			0.1048*** (0.000)	0.1020*** (0.000)
$education_{p,t}$			-0.1873** (0.029)			-0.1684*** (0.000)	-0.1878** (0.004)
$foreign_{p,t}$			0.1959*** (0.000)			0.0182** (0.032)	0.0036* (0.093)
$service_{p,t}$			-0.5018*** (0.002)			-0.5300*** (0.000)	-0.5429*** (0.000)
常数项	0.4893*** (0.000)	0.3735** (0.017)	-2.4771*** (0.000)	0.4938*** (0.000)	1.7261*** (0.000)	0.1056 (0.533)	-0.0881 (0.811)

续表

变量	IV 工具变量			替换被解释变量			IV+替换被解释变量
	（1）	（2）	（3）	（4）	（5）	（6）	（7）
AR（1）	−2.891 （0.004）	−3.20 （0.001）	−2.95 （0.003）	−2.2682 （0.023）	−3.25 （0.001）	−2.2917 （0.022）	−2.3362 （0.020）
AR（2）	0.5583 （0.577）	0.8840 （0.377）	1.0967 （0.273）	0.8126 （0.416）	0.9752 （0.330）	0.8546 （0.3928）	0.8546 （0.3927）
Sargan 检验	0.999	0.999	1.000	1.000	0.999	1.000	1.000
观测值	279	279	279	279	279	279	279

注：***、**、*分别表示在 1%、5%、10%的置信区间内拒绝原假设，括号内为 P 值。

其次，为了进一步检验回归结果的稳健性，本章采用农业人均 GDP（$RGDPA_{p,t}$）作为被解释变量的替代指标进行回归分析。如表 5-7 第（6）列所示，在替换被解释变量之后，本章最为关注的解释变量农业私募股权投资变量 $PEA_{p,t}$ 的回归系数为正并且显著，对外开放水平 $foreign_{p,t}$ 以及数字技术发展水平 $digital_{p,t}$ 与农业全要素生产率的回归系数都为正并且显著。其他解释变量劳动力素质指标和服务经济发展水平指标的回归结果与工具变量基本一致，这再次说明了工具变量稳健性检验的可靠性。

最后，本章采用工具变量+替换被解释变量的方法，对上述回归结果进行综合稳健性检验，并将回归结果作为农业私募股权投资对农业全要素生产率影响的最终结果予以采纳。如表 5-7 第（7）列所示，本章最关心的解释变量农业私募股权投资 $PEA_{p,t}$ 的回归系数为 0.0087，并且在 10%的水平下显著，其他为正的三个解释变量分别为农业人均 GDP（回归系数为 0.9586）、数字技术发展水平（回归系数为 0.1020）、对外开放水平（回归系数为 0.0036）。而服务经济发展水平和劳动力素质指标对农业全要素生产率的影响系数依旧为负并且显著。值得强调的是，本章关于数字技术和劳动力两项指标的研究结果，与王亚华等

（2020：16）的研究结果基本一致。他们的研究发现，当前中国农业人才队伍建设水平亟须提升，尤其是农业基础科学和前沿技术领域人才队伍的培育和建设尚未形成对农业高质量发展的有效支撑。但一个不容否认的趋势是，随着互联网特别是物联网技术的应用，将大数据信息技术应用到农业生产领域成为必然趋势。因此，将现代科学技术与农业发展相结合，是提高农业全要素生产率的重要渠道。

综合来看，在对私募股权投资与农业全要素生产率关系的实证研究中，本章通过采用工具变量和替换被解释变量等一系列方法，对面板固定效应和系统 GMM 回归进行稳健性检验之后，得到了如下结论。

农业私募股权投资能够显著促进农业全要素生产率的提升。此外，对外开放水平、数字技术发展水平，以及现阶段农业全要素生产率的发展情况，都是农业全要素生产率的重要决定因素。与之相反，服务经济发展水平和劳动力素质指标并不是促进农业全要素生产率的积极指标。这一发现基本验证了我们的一个经济直觉，即农业私募股权投资有利于促进农业全要素生产率的发展。但是，受当前中国二元经济模式影响，中国农业全要素生产率提升的主要制约因素还是较低的劳动力素质和三次产业发展的不平衡现状，以及尚处于较低水平的农业科技。

二　私募股权投资与制造业全要素生产率

为了研究私募股权投资对制造业全要生产率的影响，将公式（5-11）调整为：

$$
\begin{aligned}
TFPM_{p,t} = {} & \alpha_0 + \alpha_1 PEM_{p,t} + \alpha_2 digital_{p,t} + \alpha_3 education_{p,t} + \alpha_4 foreign_{p,t} + \\
& \alpha_5 service_{p,t} + \alpha_6 IV_{p,t} + \alpha_7 control_{p,t} + \varepsilon_{p,t}
\end{aligned}
\tag{5-14}
$$

其中，下标 p 和 t 分别表示省区市和年份；$TFPM_{p,t}$ 表示制造业全要素生产率；$PEM_{p,t}$ 表示制造业私募股权投资额；其他变量含义同公式（5-11）。

延续实证部分农业全要素生产率与私募股权投资关系的研究思路，在制造业部分的分析中，本章同样采用面板固定效应加 GMM 的方法进行回归分析，并使用工具变量人口死亡率和替换被解释变量的方法进行稳健性检验。

（一）面板回归分析

私募股权投资对制造业全要素生产率影响的面板固定效应回归结果如表 5-8 所示。

表 5-8　私募股权投资对制造业全要素生产率的影响（面板固定效应回归）

变量	(1)	(2)	(3)	(4)	(5)	(6)
$PEM_{p,t}$	0.0622** (0.000)					0.0279*** (0.001)
$digital_{p,t}$		0.1175*** (0.000)				0.1541*** (0.000)
$education_{p,t}$			0.6255*** (0.000)			0.1879* (0.099)
$foreign_{p,t}$				0.2280*** (0.003)		0.1440** (0.021)
$service_{p,t}$					0.2804*** (0.001)	-0.7382*** (0.000)
常数项	-0.1964** (0.000)	-0.7983*** (0.000)	-2.5548*** (0.000)	-1.9994*** (0.003)	0.2298*** (0.001)	-0.203*** (0.000)
R^2	0.2183	0.2634	0.2366	0.1335	0.1495	0.4161
F 值	66.11 (0.000)	99.39 (0.000)	86.17 (0.000)	9.32 (0.000)	11.79 (0.000)	39.05 (0.000)
观测值	310	310	310	310	310	310

注：***、**、*分别表示在1%、5%、10%的置信区间内拒绝原假设，括号内为 P 值。

如表 5-8 所示，与农业全要素生产率面板固定效应回归结果存在明显不同，在单个变量的回归分析中，制造业全要素生产率与制造业私募股权投资，以及数字技术发展水平、劳动力素质、对外开放水平和服务经济发展水平，都呈显著正相关关系。就这一数据现象来看，这些变量都是促进制造业全要素生产率改善的积极因素。

进一步分析发现，在将所有解释变量纳入模型进行回归后，除了服务经济发展水平变量外，其他所有解释变量对制造业全要素生产率的影响依旧为正并且显著。唯一不同的是，服务经济发展水平变量的回归系数为−0.7382，在1%的水平下显著。这说明服务业的发展水平并没有显著促进制造业全要素生产率的提升。

我们知道，在服务经济全面来临的时代，服务业尤其是与制造业密切相关的生产性服务业的发展，是促进制造业转型升级的重要力量。而且考虑到同一个产品生产中，服务业增加值与制造业中纯制造环节增加值的差异，大量的制造业企业开始将生产环节向服务环节衍生。突出表现是制造业的服务化和服务型制造、柔性制造等。在正常情况下，服务业的发展应该有利于制造业全要素生产率的提升。在近年来的学术研究中，这一发现正在逐渐成为共识（顾乃华等，2006：35；张建华、程文，2019：39）。

表5-8中服务业发展水平对制造业全要素生产率的影响为负，造成这种现象的主要原因，一是在样本选择期间，我国服务业的发展水平并不高，生产性服务业没有对制造业转型升级形成有效支撑（夏杰长、肖宇，2019：21）；二是模型可能存在的内生性问题影响了解释变量回归结果的准确性。

据此，我们进一步使用系统 GMM 的方法，对上述回归结果进行检验。

（二）系统 GMM 回归分析

延续前文的分析思路，为了减小模型可能存在的内生性问题对回归结果的影响，进一步将公式（5-14）变为：

$$TFPM_{p,t} = \alpha_0 + \alpha_1\, TFPM_{p,t-1} + \alpha_2\, PEM_{p,t} + \alpha_3\, digital_{p,t} + \alpha_4\, education_{p,t} +$$
$$\alpha_5\, foreign_{p,t} + \alpha_6\, service_{p,t} + \alpha_7\, IV_{p,t} + \alpha_8\, control_{p,t} + \varepsilon_{p,t} \tag{5-15}$$

其中，$TFPM_{p,t-1}$ 表示滞后一期的制造业全要素生产率；其他变量含义同公式（5-14）。

系统 GMM 回归结果如表 5-9 所示。首先，从滞后一期的制造业全要素生产率来看，无论是单独进行回归还是不断加入解释变量，滞后一期的制造业全要素生产率都对当期制造业全要素生产率具有积极的正向效应。这再次说明，和农业相似，制造业全要素生产率的变化同样具有极强的连续性，在其他条件不变的情况下，其表现出"强者恒强"的典型特征。这提示我们，提升制造业全要素生产率，要从当下做起，并重视政策的连续性和稳定性。

表 5-9　私募股权投资对制造业全要素生产率的影响（系统 GMM 回归）

变量	（1）	（2）	（3）	（4）	（5）	（6）
$TFPM_{p,t-1}$	0.8425 *** （0.000）	0.7457 *** （0.000）	0.7445 *** （0.000）	0.6959 *** （0.000）	0.6882 *** （0.000）	0.0708 *** （0.000）
$PEM_{p,t}$		0.0610 *** （0.000）	0.0606 *** （0.000）	0.0606 *** （0.000）	0.0531 *** （0.000）	0.0527 *** （0.000）
$digital_{p,t}$			-0.0225 *** （0.000）	-0.0090 （0.259）	-0.0015 （0.895）	-0.0248 （0.167）
$education_{p,t}$				-0.0507 *** （0.000）	-0.0967 *** （0.000）	-0.0701 *** （0.002）
$foreign_{p,t}$					0.0527 *** （0.000）	0.0458 *** （0.001）
$service_{p,t}$						-0.1026 （0.149）
常数项	-0.1557 *** （0.000）	0.0001 （0.997）	-0.0070 （0.825）	0.1071 ** （0.025）	-0.1888 * （0.048）	0.0036 （0.981）
AR（1）	-3.7724 （0.000）	-4.050 （0.000）	-4.05 （0.000）	-4.0342 （0.000）	-4.0356 （0.000）	-4.0922 （0.000）

变量	（1）	（2）	（3）	（4）	（5）	（6）
AR（2）	−1.084 （0.278）	−0.051 （0.959）	−0.057 （0.954）	−0.0637 （0.949）	−0.1678 （0.867）	−0.0980 （0.922）
Sargan 检验	0.999	0.999	1.000	1.000	1.000	1.000
观测值	279	279	279	279	279	279

注：① ***、**、* 分别表示在 1%、5%、10% 的置信区间内拒绝原假设，括号内为 P 值；②系统 GMM 估计采用了"两步法"（two-step）。

其次，分析本节重点关注的解释变量制造业私募股权投资的回归系数。在表 5-9 中，在不断加入解释变量的过程中，其回归系数都显著为正。在所有解释变量都纳入回归模型的情况下，其回归系数为 0.0527，并且在 1% 的水平下显著。这说明，制造业私募股权投资能够显著促进制造业全要素生产率的提高，制造业私募股权投资每增加 1 个百分点，制造业全要素生产率就会提高 5.27 个百分点。

最后，分析其他解释变量的系数。表示数字技术发展水平的变量 $digital_{p,t}$ 在系统 GMM 回归下呈现出与面板固定效应回归不同的系数，其回归系数为负值。在所有解释变量都纳入模型后，虽然显著性有所降低，但回归系数为负值的趋势没有变。此外，回归系数同样为负的解释变量还有表示劳动力素质的指标 $education_{p,t}$ 和表示服务经济发展水平的指标 $service_{p,t}$。这说明，数字技术发展水平、劳动力素质和服务经济的发展，都没有促进制造业全要素生产率的改善。

造成这种现象的原因，除了表 5-8 中对服务经济的分析外，另外一个重要原因可能是，当前我国数字技术发展水平和劳动力素质并没有对制造业全要素生产率产生影响。当然，也有可能是在样本选择期间，我国数字技术本身发展水平并不高。考虑到自改革开放以来我国高等教育蓬勃发展，劳动力素质不断提升的事实，劳动力素质提高没有有效地改善制造业全要素生产率有可能是由劳动力的人口结构造成的。比如，高等教育培养的劳动力大多进入了服务部门，制造业发展所需的熟练工人依然相对匮乏。当然，这一原因是否成立，还需要通过后文的服务业分析进行交叉验证。

在所有解释变量中，对制造业全要素生产率影响为正的解释变量还有对外开放水平$foreign_{p,t}$，在表 5-9 的回归中，第（6）列的回归系数为 0.0458，并且在 1% 的水平下拒绝原假设。这说明对外开放水平每提高 1 个百分点，制造业全要素生产率将提高 4.58 个百分点。这一发现与制造业全要素生产率的面板固定效应回归结果基本一致。

（三）稳健性检验

为了进一步解决模型可能存在的内生性问题，延续前文分析思路，对上述回归结果进行稳健性检验。在具体处理上，与农业环节所用方法一致，本部分依然采用加入工具变量、替换被解释变量，以及同时使用工具变量和替换被解释变量的方法进行回归分析。回归结果如表 5-10 所示。

首先，分析工具变量回归结果。如表 5-10 第（3）列所示，在所有变量纳入回归模型后，和前文的分析结果基本一致，滞后一期的制造业全要素生产率回归系数为正并且显著。对外开放水平回归系数为 0.0409，并且在 5% 的水平下显著。本章最为关心的解释变量制造业私募股权投资，回归系数为 0.0529，并且在 1% 的水平下显著。这说明，对于制造业来说，对外开放以及制造业私募股权投资，是提升本行业全要素生产率的重要因素。这一发现和农业全要素生产率稳健性检验结果基本一致，即对外开放是提升本行业全要素生产率的重要途径。此外，与系统 GMM 回归结果基本一致，数字技术发展水平、劳动力素质和服务经济发展水平，都没有显著促进制造业全要素生产率的增长。

表 5-10　私募股权投资对制造业全要素生产率的影响（稳健性检验）

变量	IV 工具变量			替换被解释变量			IV+替换被解释变量
	（1）	（2）	（3）	（4）	（5）	（6）	（7）
$TFPM_{p,t-1}/$ $RGDPM_{p,t}$	0.8379 *** （0.000）	0.7478 *** （0.000）	0.0706 *** （0.000）	0.7743 *** （0.000）	0.7346 *** （0.000）	0.6336 *** （0.000）	0.6381 *** （0.000）
$PEM_{p,t}$		0.0609 *** （0.000）	0.0529 *** （0.000）		0.0541 *** （0.000）	0.0569 *** （0.000）	0.0580 *** （0.000）
$digital_{p,t}$			−0.0200 *** （0.000）			−0.0177 （0.389）	−0.0185 （0.398）
$education_{p,t}$			−0.0685 ** （0.028）			−0.1038 *** （0.010）	−0.1009 ** （0.012）
$foreign_{p,t}$			0.0409 ** （0.050）			0.0012 * （0.091）	0.0020 * （0.093）
$service_{p,t}$			−0.0988 ** （0.027）			−0.0842 ** （0.083）	−0.0821 ** （0.078）
常数项	−0.066 ** （0.041）	0.1249 （0.239）	0.1228 （0.622）	0.5854 *** （0.000）	0.8676 *** （0.000）	1.6132 *** （0.000）	1.6792 *** （0.000）
AR（1）	−3.8157 （0.000）	−4.0739 （0.000）	−4.0942 （0.000）	−3.2858 （0.001）	−3.4935 （0.000）	−3.6684 （0.000）	−3.6752 （0.000）
AR（2）	−0.9770 （0.329）	−0.0165 （0.987）	−0.0726 （0.942）	0.7909 （0.429）	1.5889 （0.1121）	1.5694 （0.1164）	1.6495 （0.099）
Sargan 检验	0.999	0.999	1.000	0.999	0.999	1.000	1.000
观测值	279	279	279	279	279	279	279

注：*** 、** 、* 分别表示在 1%、5%、10%的置信区间内拒绝原假设，括号内为 P 值。

其次，分析替换被解释变量的回归结果。如表 5-10 第（6）列所示，替换被解释变量后，制造业人均 GDP（$RGDPM_{p,t}$）、制造业私募股权投资以及对外开放水平三个解释变量，对制造业全要素生产率的提升具有积极的正向效应。其中，本章最为关注的解释变量制造业私募股权投资$PEM_{p,t}$的回归系数为 0.0569，并且在 1%的水平下显著。其他解释变量回归系数的取值基本与工具变量稳健性检验一致。这说明，工具变量稳健性检验具有一定的合理性。

最后，分析同时采用工具变量和替换被解释变量的回归结果。如表 5-10 第（7）列所示，在采用工具变量和替换被解释变量进行回归后，制造业人均 GDP 回归系数为 0.6381，本章最为关心的解释变量制造业私募股权投资$PEM_{p,t}$回归系数为 0.0580，并且这两个回归系数都有较强的显著性。回归系数为正的解释变量还有对外开放水平$foreign_{p,t}$，回归系数为 0.0020。其他解释变量数字技术发展水平$digital_{p,t}$、劳动力素质$education_{p,t}$以及服务经济发展水平$service_{p,t}$，回归系数的正负取向都和前文一致。这说明，本模型回归分析和工具变量选择具有一定的稳健性。

综上所述，在对制造业私募股权投资对制造业全要素生产率影响的实证研究中，本节通过面板固定效应回归模型、系统 GMM 回归模型和稳健性检验，基本得到如下结论。

第一，制造业私募股权投资发展，有利于提升制造业全要素生产率。第二，从影响制造业全要素生产率的其他变量来看，除了对外开放水平之外，数字技术发展水平、劳动力素质和服务经济发展水平都不是中国制造业全要素生产率提升的积极变量。第三，回归结果再次说明，坚持对外开放的基本国策，大力发展与制造业转型升级相关的支持性服务业，如生产性服务业，以及培育制造业发展所需要的具有一定技术操作能力的成熟产业工人，提升制造业数字化发展水平等，都是应对未来制造业发展需要和提高全要素生产率的关键所在。

三 私募股权投资与服务业全要素生产率

在对农业和制造业私募股权投资对全要素生产率的影响进行实证分析后，本节重点关注服务业私募股权投资对服务业全要素生产率的影响。

为了进行这一研究，公式（5-11）可以调整为：

$$TFPS_{p,t} = \alpha_0 + \alpha_1 PES_{p,t} + \alpha_2 digital_{p,t} + \alpha_3 education_{p,t} + \alpha_4 foreign_{p,t} + \\ \alpha_5 service_{p,t} + \alpha_6 IV_{p,t} + \alpha_7 control_{p,t} + \varepsilon_{p,t}$$

$$(5-16)$$

其中，$TFPS_{p,t}$ 和 $PES_{p,t}$ 分别表示服务业全要素生产率和服务业私募股权投资，其他变量含义同公式（5-11）。

（一）面板回归分析

首先，分析面板固定效应回归结果。如表 5-11 所示，第（1）～（5）列分别为解释变量与被解释变量的单项回归结果。可以看出，服务业私募股权投资、数字技术发展水平、劳动力素质以及对外开放水平几个解释变量虽然回归系数的显著性存在差异，但是回归系数都为正。这说明，包括服务业私募股权投资在内的这几个解释变量都是促进服务业全要素生产率提升的重要因素。唯一回归系数为负的解释变量为服务经济发展水平，与我们直觉相悖的是，服务业的发展水平并不是促进服务业全要素生产率提升的积极变量。造成这一现象的主要原因可能是，全要素生产率的提升更多的是依赖技术的进步和资源配置效率的改善。这也提示我们，传统的粗放式发展方式并不能改善全要素生产率。

表 5-11　私募股权投资对服务业全要素生产率的影响（面板固定效应回归）

变量	（1）	（2）	（3）	（4）	（5）	（6）
$PES_{p,t}$	0.0085 *** (0.001)					0.0034 (0.187)
$digital_{p,t}$		0.0175 *** (0.000)				0.0109 (0.179)
$education_{p,t}$			0.0233 (0.310)			0.2039 ** (0.000)
$foreign_{p,t}$				0.0184 (0.418)		-0.0224 (0.254)
$service_{p,t}$					-0.1928 *** (0.000)	-0.2727 *** (0.000)

变量	(1)	(2)	(3)	(4)	(5)	(6)
常数项	-0.0181 ** (0.022)	-0.1108 *** (0.000)	-0.0871 (0.352)	-0.1531 (0.441)	0.1659 *** (0.000)	1.1761 *** (0.000)
R²	0.0111	0.0786	0.2366	0.0001	0.2287	0.2875
F 值	12.25 (0.000)	19.62 (0.000)	1.04 (0.310)	0.66 (0.418)	77.41 (0.000)	27.06 (0.000)
观测值	310	310	310	310	310	310

注：*** 、** 分别表示在 1%、5%的置信区间内拒绝原假设，括号内为 P 值。

在将所有解释变量纳入回归模型后，如表 5-11 第（6）列所示，在所有解释变量中，除了服务经济发展水平外，对外开放水平 $foreign_{p,t}$ 的系数也开始为负，这说明对外开放并没有提高中国服务业的全要素生产率。值得强调的是，截至目前，在对中国三次产业的分析中，对外开放水平对农业和制造业的全要素生产率都存在积极的正向效应，对外开放水平并没有促进服务业全要素生产率的提升。造成这一现象的原因结合实际来看可能主要是我国服务业的对外开放水平不高。

就本章最为关注的解释变量 $PES_{p,t}$ 来说，不管是单独考察其与服务业全要素生产率的关系，还是将所有解释变量纳入模型，其回归系数都为正。这说明，服务业私募股权投资是促进服务业全要素生产率增长的重要积极变量。

但是，考虑到面板固定效应回归模型可能存在的内生性问题，与前文的分析思路一致，接下来本章拟采用系统 GMM 方法对服务业私募股权投资与服务业全要素生产率之间的关系进行进一步分析。

（二）系统 GMM 回归分析

在公式（5-16）的基础上，可得：

$$TFPS_{p,t} = \alpha_0 + \alpha_1 TFPS_{p,t-1} + \alpha_2 PES_{p,t} + \alpha_3 digital_{p,t} + \alpha_4 education_{p,t} + \alpha_5 foreign_{p,t} + \alpha_6 service_{p,t} + \alpha_7 IV_{p,t} + \alpha_8 control_{p,t} + \varepsilon_{p,t} \tag{5-17}$$

其中，$TFPS_{p,t-1}$ 表示滞后一期的服务业全要素生产率；其他变量含义同公式（5-16）。

系统 GMM 回归结果如表 5-12 所示。针对本章最为关注的解释变量服务业私募股权投资 $PES_{p,t}$，无论加入多少解释变量，其回归系数都为正并且显著。此外，在第（6）列中显著为正的解释变量还有数字技术发展水平 $digital_{p,t}$、劳动力素质 $education_{p,t}$。这说明，和前文面板固定效应回归模型的结果相似，服务业私募股权投资、数字技术的发展以及劳动力素质的提升，都是促进服务业全要素生产率改善的积极变量。

表 5-12　私募股权投资对服务业全要素生产率的影响（系统 GMM 回归）

变量	（1）	（2）	（3）	（4）	（5）	（6）
$TFPS_{p,t-1}$	1.0098 *** （0.000）	0.9978 *** （0.000）	0.9968 *** （0.000）	1.0010 *** （0.000）	0.8887 *** （0.000）	0.9230 *** （0.000）
$PES_{p,t}$		0.0036 *** （0.000）	0.0036 *** （0.000）	0.0031 *** （0.000）	0.0005 ** （0.022）	0.0004 ** （0.037）
$digital_{p,t}$			0.0014 ** （0.044）	0.0003 （0.604）	0.0108 *** （0.000）	0.0170 *** （0.000）
$education_{p,t}$				0.0042 *** （0.006）	0.0418 *** （0.000）	0.0471 *** （0.000）
$foreign_{p,t}$					-0.0269 *** （0.000）	-0.0284 *** （0.000）
$service_{p,t}$						-0.0380 *** （0.004）
常数项	-0.025 *** （0.000）	-0.014 *** （0.000）	-0.016 *** （0.000）	-0.023 *** （0.002）	-0.1354 *** （0.000）	-0.199 *** （0.000）
AR(1)	-4.1735 （0.000）	-4.2379 （0.000）	-4.2377 （0.000）	-4.2305 （0.000）	-4.1768 （0.000）	-4.161 （0.000）

续表

变量	（1）	（2）	（3）	（4）	（5）	（6）
AR（2）	−2.6797 （0.1074）	−2.6365 （0.1084）	−2.6364 （0.1184）	−2.6372 （0.1084）	−2.6533 （0.1080）	−2.6162 （0.1189）
Sargan 检验	0.999	0.999	0.999	1.000	0.999	0.999
观测值	279	279	279	279	279	279

注：① ***、** 分别表示在 1%、5%的置信区间内拒绝原假设，括号内为 P 值；②系统 GMM 估计采用了"两步法"（two-step）。

回归系数为负的解释变量主要有对外开放水平 $foreign_{p,t}$，以及表示服务经济发展水平的变量 $service_{p,t}$，这说明对外开放和服务业发展并没有促进服务业全要素生产率的提升。这一结论，和表 5-11 的发现基本一致。造成这一现象的主要原因，一方面可能是我国服务业对外开放水平相对较低，在加入世贸组织之后，虽然按照服务贸易承诺减让表①，中国逐步兑现了服务业的开放承诺，但是随着中国经济的发展，现阶段的对外开放水平已不能满足中国产业转型升级的需求。目前来看，与经济发展阶段和中国国力不相适应的较低水平对外开放，看似保护了国内服务业企业，但从长远来看，缺乏国际竞争的洗礼使得中国服务业的国际竞争力普遍较弱（吕刚、林佳欣，2019：144）。突出表现之一就是近年来日益扩大的中国服务贸易逆差。另一方面，提升服务业发展水平，必须依托科技创新和资源配置效率改善，走高质量发展之路，否则只是一味的体量增长，并不能促进服务业的可持续发展和全要素生产率的提升。

令人欣喜的是，服务业更高水平的开放已经提上日程。一方面，以上海为代表的自贸试验区正在加快探索服务领域开放的具体举措，上

---

① 参见《中华人民共和国服务贸易具体承诺减让表》，中国政府网，http://www.gov.cn/gongbao/content/2017/content_ 5168131.htm，最后访问日期：2022 年 12 月 2 日。

海、海南等地在金融、科研、旅游等领域已经开始了先行先试；另一方面，作为全国服务业扩大开放综合试点城市，北京继续开展和全面推进服务业扩大开放综合试点的工作方案已于 2019 年获批实施，根据《国务院关于全面推进北京市服务业扩大开放综合试点工作方案的批复》（国函〔2019〕16 号），北京市将在租赁和商务服务业，信息传输、软件和信息技术服务业，金融业，科学研究和技术服务业，卫生和社会工作，文化、体育和娱乐业等行业，依托《自由贸易试验区外商投资准入特别管理措施（负面清单）（2018 年版）》等规定，有序扩大对外开放，稳步推动中国服务业全面有序开放新格局的形成。

（三）稳健性检验

在此部分，本章延续农业和制造业稳健性检验的做法，通过加入工具变量、替换被解释变量和采用二者结合的方式，对服务业私募股权投资与服务业全要素生产率的关系进行稳健性分析。回归结果如表 5-13 所示。

首先，分析工具变量回归结果。如表 5-13 第（3）列所示，在将所有解释变量纳入模型后，滞后一期的被解释变量、服务业私募股权投资金额，以及数字技术发展水平和劳动力素质指标，回归系数都显著为正。尤其是本节重点关注的服务业私募股权投资变量 $PES_{p,t}$ 回归系数为 0.0005，说明服务业私募股权投资每增加 1 个百分点，将提升服务业全要素生产率 0.05 个百分点。此外，回归系数为负的两个解释变量分别是对外开放水平 $foreign_{p,t}$ 和服务经济发展水平 $service_{p,t}$，回归系数为负并且显著。这说明对外开放水平和服务业的发展水平，并不是促进服务业全要素生产率提升的主要积极变量。这一发现基本和前文服务业私募股权投资与全要素生产率的面板固定效应回归结果和系统 GMM 回归结果一致。

其次，分析替换被解释变量的回归结果。如表 5-13 第（6）列所示，在将所有解释变量纳入回归模型后，本节最关注的解释变量服务业私募股权投资 $PES_{p,t}$ 回归系数为 0.0183，并且在 1% 的水平下显著，这说明替换被解释变量后，服务业私募股权投资对其产生了积极的正向效应。此外，数字技术发展水平、劳动力素质指标的回归系数也为正。回归系数为负的两个变量依旧是对外开放水平和服务经济发展水平。这一发现也再次验证了前文的结论，说明本节的回归分析具有较强的稳健性。

表 5-13　私募股权投资对服务业全要素生产率的影响（稳健性检验）

变量	IV 工具变量			替换被解释变量			IV+替换被解释变量
	（1）	（2）	（3）	（4）	（5）	（6）	（7）
$TFPS_{p,t-1}/$ $RGDPS_{p,t}$	1.0107 *** (0.000)	0.9988 *** (0.000)	0.8843 *** (0.000)	0.9153 *** (0.000)	0.8895 *** (0.000)	0.8093 *** (0.000)	0.8059 *** (0.000)
$PES_{p,t}$		0.0035 *** (0.000)	0.0005 ** (0.042)		0.0189 *** (0.000)	0.0183 *** (0.000)	0.0167 *** (0.000)
$digital_{p,t}$			0.0145 *** (0.000)			0.0047 ** (0.011)	0.0042 ** (0.046)
$education_{p,t}$			0.0542 *** (0.000)			0.0733 *** (0.000)	0.0565 *** (0.010)
$foreign_{p,t}$			-0.0312 *** (0.000)			-0.0226 *** (0.002)	-0.0126 (0.185)
$service_{p,t}$			-0.0276 ** (0.044)			-0.2562 *** (0.000)	-0.2545 *** (0.000)
常数项	-0.0165 (0.308)	-0.0135 (0.422)	-0.2525 *** (0.000)	0.2275 *** (0.000)	0.3071 *** (0.000)	0.8087 *** (0.000)	0.6191 *** (0.000)
AR（1）	-4.1829 (0.000)	-4.2316 (0.000)	-4.1000 (0.000)	-3.5998 (0.000)	-3.6662 (0.000)	-3.6975 (0.000)	-3.6614 (0.000)
AR（2）	-2.6769 (0.1174)	-2.6352 (0.2084)	-2.5727 (0.1010)	0.4304 (0.667)	1.0231 (0.3063)	0.8933 (0.3717)	0.7094 (0.4780)
Sargan 检验	0.999	0.999	1.000	0.999	0.999	1.000	1.000
观测值	279	279	279	279	279	279	279

注：*** 、** 分别表示在 1%、5%的置信区间内拒绝原假设，括号内为 P 值。

最后，延续前文在农业和制造业稳健性检验中的分析思路，同时采用工具变量和替换被解释变量的方式进行回归分析。从表5-13第（7）列可以看出，服务业人均 GDP 和本节重点关注的解释变量服务业私募股权投资，以及劳动力素质指标和数字技术发展指标，其回归系数都显著为正。这说明，服务业私募股权投资、劳动力素质和数字技术的发展，都是促进服务业全要素生产率提升的积极变量。其中，服务业私募股权投资每增加 1 个百分点，将会使服务业全要素生产率提高 1.67 个百分点。相比之下，回归系数为负的解释变量为对外开放水平和服务经济发展水平。这一发现也和前文面板固定效应回归和系统 GMM 回归的结论基本一致。这说明，服务业私募股权投资与服务业全要素生产率的实证分析结果具有较强的稳健性。

综合来看，在对服务业私募股权投资与服务业全要素生产率进行分析之后，基本可以得到如下结论：第一，服务业私募股权投资有利于服务业全要素生产率的提升；第二，数字技术的发展、劳动力素质的提升和滞后一期的被解释变量，都是促进服务业全要素生产率提升的积极因素；第三，对外开放和服务经济发展并不能有效提升服务业全要素生产率。这些发现也提示我们，在寻求服务业可持续发展、提升服务业全要素生产率的过程中，大力扶持服务业私募股权投资的发展，依托技术创新和提高劳动力素质，是服务业全要素生产率改善的主要途径。此外，也需要稳步推进服务业更高水平的对外开放，走从"量"的增长到"质"的提升的服务业高质量发展之路。

第四节　本章小结

本章主要是从实证的角度对私募股权投资与三次产业全要素生产率的关系进行检验。在行文过程中，本章先简要回顾了当前国际国内学术界对三次产业全要素生产率测算的研究历程，并介绍了几种参数和半参数估计方法的基本原理。在对几种估计方法进行综合对比后，本章决定采用 OP 法计算三次产业全要素生产率。在对省级层面的三次产业全要素生产率进行测算后，本章从横截面、时间序列和四大区域的角度，对中国三次产业全要素生产率进行了对比分析。最后，本章构建计量模型，将三次产业的私募股权投资数据纳入其中，并分别进行了回归分析。

在对三次产业全要素生产率进行测算后，本章发现，三次产业的横截面数据显示，充分发挥好本地的资源优势，是提升全要素生产率的关键。时间序列的对比数据显示，2009～2018 年，中国三次产业中，服务业全要素生产率发展态势最为稳定，制造业的改善效应最为明显，农业全要素生产率近年来有恶化趋势。四大区域的对比显示，中国三次产业全要素生产率呈现明显的区域异质性特征。全国对比显示，第二产业（制造业）全要素生产率最高，第三产业（服务业）其次，第一产业（农业）最低。但在中国东部和中部地区，农业全要素生产率要明显高于西部和东北地区。

在实证分析环节，本章通过对三次产业私募股权投资与全要素生产率的关系进行实证检验后发现，在三次产业内部，各细分行业私募股权投资的发展，都显著促进了本行业全要素生产率的改善。但是，就其他解释变量而言，三次产业之间存在显著的差异。

在农业领域，对外开放、数字技术发展能够显著促进农业全要素生产率的增长，但是服务经济发展水平和劳动力素质的提高并不能促进农业全要素生产率的增长。在制造业领域，除了对外开放水平之外，数字技术发展水平、劳动力素质和服务经济发展水平，都不是中国制造业全要素生产率提升的积极变量。在服务业领域，数字技术的发展和劳动力素质的提升能够促进服务业全要素生产率的改善，但是对外开放水平和服务经济发展水平并不是促进服务业全要素生产率改善的积极变量。

第六章
中国三次产业私募股权投资
案例研究

第一节 农业私募股权投资案例

一 蒙牛与私募股权投资机构的双赢案例

(一)蒙牛的基本情况①

蒙牛 1999 年成立于内蒙古自治区,总部位于呼和浩特,是全球八强乳品企业。作为行业龙头企业,2020 年,蒙牛实现营业收入 760 亿元,净利润 35 亿元。

蒙牛专注于为中国和全球消费者提供营养、健康、美味的乳制品,形成了包括液态奶、冰激凌、奶粉、奶酪等品类在内的丰富产品矩阵;拥有特仑苏、纯甄、冠益乳、优益 C、每日鲜语、蒂兰圣雪、瑞哺恩、贝拉米、妙可蓝多、爱氏晨曦等品牌。在高端纯牛奶、低温酸奶、高端鲜奶、奶酪等领域,市场份额处于领先地位。除中国外,蒙牛产品还进入了东南亚、大洋洲、北美等区域的十余个国家和地区

---

① 笔者根据蒙牛官方网站(https://www.mengniu.com.cn/about/jtjs.html)介绍和公开资料整理。

市场。

蒙牛在国内建立了 41 个生产基地，在新西兰、印度尼西亚、澳大利亚建有海外生产基地，全球工厂总数达 68 个，年产能合计逾 1000 万吨。目前，在国内拥有合作牧场 1000 余家，日均收奶超 1.8 万吨，生鲜乳 100% 来自规模化、集约化牧场。同时，蒙牛积极布局海外高品质奶源，在澳大利亚收购乳品加工企业 Burra Foods、有机婴幼儿食品企业贝拉米。

蒙牛在北美、欧洲建有跨国研发中心，并与国内外多家知名科研机构进行战略合作，在饲草料种植、养殖与加工、乳业基础科学、产品创新等领域开展联合攻关，在智能制造、原奶保鲜、益生菌、质控技术等领域实现长足进展。

蒙牛一流的品质与品牌价值在国内外得到了广泛认可，是 2018 FIFA 世界杯全球官方赞助商、中国航天事业战略合作伙伴、金砖国家领导人厦门会晤指定产品、第十四届全国冬运会官方合作伙伴、中国足协中国之队官方合作伙伴、中国足球超级联赛官方合作伙伴、上海迪士尼度假区官方乳品合作伙伴、北京环球度假区官方乳品及冰激凌独家供应商。

（二）融资历程

蒙牛是伊利集团的牛根生和部分员工离开伊利后创办的。虽然内蒙古为扶持当地乳业发展，给了蒙牛很多有力的支持，但作为一家民营企业，蒙牛在成立伊始就面临着采购超高温灭菌奶生产、在全国搭建销售网络、加强科技研发以推出新产品、提升品牌形象等多种挑战。如何为公司长远发展筹集资金，成为摆在蒙牛决策者面前的难题。

在蒙牛融资的过程中，蒙牛团队关注到了私募股权投资的价值，经过与私募股权投资机构的多次接触和多轮谈判，如表 6-1 所示，最终私募股权投资机构摩根士丹利向蒙牛投资了 4300 万美元，鼎晖投资了 1400 万美元，英联投资了 800 万美元。

表 6-1　蒙牛 PE/VC 融资信息

类型	融资金额	投资方	披露时间
IPO	137375 万港元	公开发行	2004 年 6 月 10 日
A 轮	4300 万美元	摩根士丹利	2003 年 10 月 1 日
	1400 万美元	鼎晖	
	800 万美元	英联	

资料来源：Wind 全球企业数据库和公开信息整理。

在得到私募股权投资机构的注资后，蒙牛不仅获得了发展初期极为宝贵的资金，而且私募股权投资机构还帮助蒙牛引进了国际上先进的企业管理模式，帮助蒙牛寻找和拓宽投资渠道，以建立覆盖全国的销售网络，构建高效成熟的物流体系，最终显著降低企业成本，提升企业绩效。在引入私募股权投资机构后的三年时间里，蒙牛的营业收入从 2 亿美元增加到 13 亿美元，增加了 5.5 倍。

2004 年，蒙牛在香港上市（股票代码 2319. HK），是恒生指数、恒生中国企业指数和恒生可持续发展企业指数成分股。机构投资者随即部分退出，并在 IPO 之后的一年时间里，将所持有的可转债全部转换为普通股退出。最终，投资者获得了 160% 的 IRR（内部收益率）和高达 5 倍的总投资回报。

（三）发挥的作用

私募股权投资机构投资蒙牛并通过蒙牛上市后退出，获得了巨大的收益并实现了共赢。从私募股权投资机构注资到退出的过程中，私募股权投资机构对蒙牛的贡献体现在以下两点。

第一，引进外部投资并确保蒙牛管理层对企业的控制权。为有效吸纳外部资本且可随时调整股权和投票权，以帮助蒙牛应对复杂多变的资本运作风险，投资团队在符合当时中国法律法规的前提下，进行了以下筹划。

成立特殊目的载体（SPV）。蒙牛的管理层股东在英属维尔京群岛成立两家SPV（金牛公司和银牛公司），并以这两家公司的股权为管理层股东权益的代表。同时，以这两家SPV再设立开曼群岛公司和毛里求斯公司两个海外持股平台，投资者新增认购款和购买老股都通过毛里求斯公司，并且只能持有蒙牛81.1%的股权，剩余的18.9%股权由蒙牛管理层和原始股东所有。

投票权的差异性设计。投资团队为蒙牛设计了A-B股结构，其中，A类股1股有10票投票权，B类股则是1股对应1票投票权。如此一来，蒙牛的管理层虽然通过两家SPV只持有了开曼群岛公司9.4%的股权，却拥有了该公司51%的投票权，由此决定了其实际控制人的角色。

最终，通过合理的股权架构，蒙牛既获得了宝贵的发展资金，又确保了管理层对企业的所有权和经营决策权。

第二，赋能企业发展。私募股权投资机构注资蒙牛后，迅速制定了现代企业管理制度，加强了内部控制和财务制度规范。延长生产线，加强产品创新，通过推出高利润的新产品增加利润，并且还聘请了专业的营销公司来帮助蒙牛进行市场推广。为了提升品牌形象，在投资团队的撮合下，蒙牛成为中国航天事业的官方赞助商，这大大提升了蒙牛的品牌形象，增加了其无形资产的价值。在投资团队的支持下，蒙牛产品在全国的覆盖率迅速提升，实现了成本收益的增加和管理成本的下降。

整体来看，私募股权投资机构为了实现投资项目的上市退出，有天然地做大被投企业的内生动机。因此，除了注入资金，投资机构还为蒙牛引入了先进的管理理念、搭建了覆盖全国的销售网络，并通过研发支持不断推出新产品，最终在实现自身高额回报的同时，帮助蒙牛实现了从小到大的跨越，这成为私募股权投资机构投资农业领域企业的典型案例。

二 福建圣农的融资案例

(一) 圣农的基本情况①

圣农创始于 1983 年,总部位于福建省南平市光泽县,是集自主育种、孵化、饲料加工、种肉鸡养殖、肉鸡加工、食品深加工、余料转化、产品销售、冷链物流于一体,横跨农牧产业、食品、冷链物流、投资、能源/环保、配套产业、兽药疫苗七大产业的全封闭白羽肉鸡全产业链集团。圣农作为中国白羽肉鸡行业产业链最完整的企业,以独树一帜的"自育—自繁—自养—自宰—深加工"的闭环管理,构建企业可持续发展的绿色循环经济产业链。圣农依靠优良的品质和稳定的供应,成为知名餐饮连锁品牌的长期战略合作伙伴,以及 2015 年全国青运会和 2016 年 G20 杭州峰会、2017 年厦门金砖国家峰会的鸡肉供应商。2021 年 12 月,由福建圣农自主培育的白羽肉鸡配套系"圣泽 901"正式通过农业农村部审定认证,获正式对外销售种源鸡的资格。此举打破了我国白羽肉鸡种源完全依赖进口的局面,破解了西方在这个行业长达百年的技术垄断,圣农成功进入"行业核心禁区",填补了中国白羽肉鸡行业"无自主种鸡"的空白。

截至目前,圣农已经成为国内同行业现代化程度最高、品质最好、规模最大的集饲料加工、祖代与父母代种鸡养殖、种蛋孵化、肉鸡饲养、肉鸡屠宰加工于一体的联合型企业。圣农凭借完整的一体化全产业链实现了食品安全的可追溯性,并依靠优良的品质和稳定的供应成为肯德基的长期战略合作伙伴、麦当劳中国唯一本土鸡肉供应商,以及双汇、太太乐、安井、海霸王、沃尔玛、麦德龙、华润万家、世纪联华、永辉等食品加工企业及大型超市的重要鸡肉供应商。圣农始终坚持科学

① 笔者根据圣农官网资料整理,http://www.sunnergp.com/about.html,最后访问日期:2022 年 12 月 3 日。

的发展观，在发展过程中不断实现自我改进与自我转型，采用世界先进
的生产设备和生产工艺，实现了产业链各个环节的规模化生产，并通过
规模化、标准化和系统化运营，始终保持着国内肉鸡行业的领先地位。

（二）PE/VC 融资历程

作为一家从事农牧业生产的民营企业，圣农在企业发展初期，也面
临着资金匮乏和现代企业管理制度缺失等难题。

具体来说，由于缺乏足值的押品，企业发展所迫切需要的土地、原
材料等生产要素无法在短期内实现有效扩大。而家族式中小企业的通病
又决定了在融资市场的信息不对称，所以很难获得足够的信贷资金的支
持，这为私募股权投资机构提供了广阔的发展空间。

经过和私募股权投资机构的接触，2006 年 12 月，圣农与达晨创
投、上海泛亚、成都新兴、达晨财信共同签署了《关于福建圣农发展股
份有限公司增资扩股的协议》。根据该协议，以上机构分别向圣农投资
2100 万元、2000 万元、1000 万元、900 万元，分别取得圣农 4.2%、
4.0%、2.0% 和 1.8% 的股份（孙娟、杨德利，2012：139），具体如表
6-2 所示。在随后的时间里，虽然有部分私募股权投资机构因为资金的
流动性选择了股份转让，但圣农在上市前一直得到了私募股权投资机构
的有力支持。即使在已经上市后的多年时间里，如表 6-3 所示，在圣农
的前十大股东明细里面，依然可以看到私募股权投资机构的身影。

表 6-2　圣农 PE/VC 融资历程

类型	融资金额（万元）	估值	比例（%）	投资方	披露时间
B 轮	2080	—	2	北京亿润创业投资有限公司、深圳市达晨财信创业投资管理有限公司	2007 年 11 月 9 日
战略融资	—	—	—	达晨创投	2007 年 12 月 20 日

续表

类型	融资金额 （万元）	估值	比例 （%）	投资方	披露时间
未知轮	—	—	—	亚商资本、夏鼎资本	2008 年 3 月 1 日
IPO	80975		100	公开发行	2009 年 10 月 21 日
股权转让	—		—	百胜中国	2021 年 3 月 16 日
股权转让	65980	—	2	环胜信息技术（上海） 有限公司	2021 年 3 月 17 日

注："—"表示数据缺失。

资料来源：Wind 全球企业数据库。

表 6-3　圣农前十大股东明细（2022 年年报）

排名	股东名称	方向	期末参考市值 （亿元）	持股数量 （股）	占总股本比例 （%）
1	福建圣农控股集团有限公司	不变	104.1992	543269848	43.67
2	香港中央结算有限公司	减少	18.5211	96564492	7.76
3	环胜信息技术（上海）有限公司	不变	11.9339	62220500	5.00
4	傅长玉	不变	6.3780	33253520	2.67
5	KKR Poultry Investment S. àr. l.	不变	2.8707	14967078	1.20
6	中欧时代先锋股票型发起式证券投资基金	减少	2.7623	14401889	1.16
7	中欧新蓝筹灵活配置混合型证券投资基金	减少	2.1619	11271493	0.91
8	光泽县新圣合食品合伙企业（有限合伙）	不变	2.1357	11135073	0.90
9	傅芬芳	不变	2.0751	10819160	0.87
10	国泰中证畜牧养殖交易型开放式指数证券投资基金	新进	1.6826	8772917	0.71
	合计		154.7205	806675970	64.85

注：KKR 的中文译名为"科尔伯格-克拉维斯-罗伯茨"，总部设在美国纽约，是全球历史最悠久也是经验最为丰富的私募股权投资机构之一。

资料来源：企业年报。

2009 年 10 月 21 日，圣农成功在深圳中小板上市，成为当时首家获批的农业板块公司。在成功上市后，深圳市达晨创业投资有限公司账目退出金额 30608.55 万元，北京亿润创业投资有限公司账目退出金额 3643.88 万元。投资机构通过企业上市后退出，获得了与初始投资相比的巨大收益。

（三）发挥的作用

综合来看，私募股权投资机构注资圣农之后，在两个方面发挥了巨大的作用。

其一，提供了长期耐心资本。2006 年国内大范围暴发了禽流感，企业发展面临一定的困境。但在私募股权投资机构的支持下，2006 年 12 月至 2007 年 10 月，圣农一共获得了投资机构 8000 万元以上的资金支持，帮助企业渡过了难关。同时，作为长期耐心资本，私募股权投资机构更为看重圣农的长期成长，下大力气投入资源帮助企业挖掘内生动力，增强发展潜力。

其二，优化了公司的治理结构。圣农作为一个家族式的民营企业，存在着所有权与经营权混合、企业管理权和经营决策权高度统一、现代企业管理制度缺失和财务制度不够规范、人事权较为随意等家族式中小企业的通病。投资机构注资后，搭建了现代化的企业治理体系，加强了企业内部制度建设和人力资源管理，完善了税务、会计等公司治理的基本元素，最终为圣农向现代企业转型奠定了坚实的基础。

三 河南双汇与鼎晖的投资分析

（一）双汇基本情况[①]

河南双汇投资发展股份有限公司（简称"双汇"），是国内最大的

[①] 资料来源于双汇官方网站。

肉类加工企业，主要从事畜禽屠宰，加工销售肉类食品、肉类罐头、速冻肉制品、定型包装熟肉制品（含清真食品）、水产品（鱼糜制品）、蛋制品；销售方便食品（米乐高八宝肠）；生产销售食品包装；生产加工肉制品及相关产品配套原辅料；技术咨询服务，化工产品销售（不含易燃易爆危险品），食品行业的投资，销售代理，物流及其相关经营业务的配套服务等。双汇始终坚持围绕"农"字做文章，围绕肉类加工开展项目，实施产业化经营，以屠宰和肉类加工业为核心，向上游发展饲料业和养殖业，向下游发展包装业、商业、外贸等，形成了主业突出、行业配套的产业群。双汇先后通过 ISO 9001、ISO 14001、HACCP 等体系认证，同时用自动化和信息化改造工业化，实现标准化管理、自动化生产、信息化控制，确保产品质量安全。

（二）主要融资历程

双汇的前身是漯河肉联厂，它从一个资不抵债的小肉联厂，到 2013 年以 71 亿美元收购美国史密斯菲尔德食品公司的全部股份，一举成为全球规模最大的猪肉加工企业，私募股权投资机构在双汇的发展壮大中发挥了积极重要的作用。

为了求得公司的发展壮大和跨越式发展，双汇引入了鼎晖①等私募股权投资机构。为了给予企业长期的资金支持，鼎晖等私募股权投资机构对双汇（2014 年更名为万洲国际）进行了长达十年的投资。主要历程为，2002 年 6 月，双汇董事长万隆联合 11 名高管出资成立了漯河海

---

① 鼎晖成立于 2002 年，是中国最具影响力的另类资产管理机构之一，截至 2021 年 9 月 30 日，管理的资金规模达 1726 亿元。鼎晖的前身是中国国际金融有限公司的直接投资部，由吴尚志、焦震等六位创始人，联合新加坡政府直接投资有限公司、中国投资担保有限公司和苏黎世保险资本集团创立，拥有私募股权投资、创新与成长、证券投资、不动产投资、夹层投资、鼎晖百孚六大业务板块。自成立以来，鼎晖陆续投资了 300 多家企业，其中 90 余家在国内外上市，培育了一批行业领导品牌。资料来源于鼎晖官网公司简介，http：//www.cdhfund.com/about/，最后访问日期：2023 年 1 月 31 日。

汇投资有限公司，并利用该公司在 2 年内参股双汇 18 家企业，打造了一个围绕肉制品加工的完整的产业链。在投资机构资金支持下，香港罗特克斯有限公司承接了漯河市国资委持有的全部双汇股份，共计 20.1 亿元。

2006 年 12 月 9 日，经商务部批准，罗特克斯又以 5.62 亿元的价格从海宇投资手中受让了双汇发展（双汇旗下子公司）25% 的股权，自此双汇发展变成外资企业。由于双汇直接持有双汇发展 35.715% 的股权，因此自双汇发展重组后，由鼎晖和高盛组成的罗特克斯共持有双汇发展 60.715% 的股权（张雅楠，2016：40）。在一系列资本运作模式的加持下，双汇走向资本市场的基本条件更加完备。2013 年 5 月 29 日，由鼎晖牵头，以每股 34 美元的价格，对美国最大的猪肉生产商史密斯菲尔德进行了收购，双汇一举成为全球最大的猪肉食品生产企业。

（三）发挥的作用

一是为企业发展提供了长期的耐心资本。虽然在实现 IPO 退出的过程中，私募股权投资机构的操作引起了部分争议，但从整体来看，鼎晖自入资后，为了长期给予双汇资金支持，先后联合了高盛、淡马锡等多个私募股权投资机构进行投资。众多私募股权投资机构的加持，是双汇 2014 年 8 月成功在香港上市的重要基础。

二是帮助企业有效整合了行业资源。私募股权投资机构投资双汇后，迅速帮助双汇进行了全产业链整合，主导了国内民营企业第一大海外并购案（双汇并购史密斯菲尔德），是当时最大的垂直整合案例。作为跨境并购的操盘手，私募股权投资机构一手策划和推动了双汇的国际化跨越式发展。

三是大大增强了双汇的科技研发实力。为了实现企业发展壮大后的顺利退出，私募股权投资机构将大量精力放在了扶持企业内生增长上。聚焦主业，在销售端开发优质产品，丰富产品层次；在生产端坚持生态科学养殖，为整个行业的健康和可持续发展做了示范，大大提升了企业的抗周期能力。

第二节　制造业私募股权投资案例

一　中联重科

（一）公司的基本情况①

中联重科（000157.SZ）的前身是建设部长沙建设机械研究院（简称"长沙建机院"），拥有 60 余年的技术积淀，是中国工程机械技术发源地。公司创立于 1992 年，主要从事工程机械、农业机械等高新技术装备的研发制造，主导产品涵盖 18 个大类、106 个产品系列、660 个品种，是业内首家 A+H 股上市公司，注册资本 86.67 亿元，总资产 1315 亿元，居全球工程机械企业第 5 位。中联重科是从国家级研究院孵化而来的企业，是行业标准的制定者。公司拥有六大国家级科研创新平台，2 次荣获国家科技进步奖，3 次荣获国家专利金奖，累计申请专利 11880 件，其中发明专利 4591 件，有效发明专利数量位居机械设备行业第一，专利综合实力位居工程机械行业第一；先后主导、参与制修订 17 项国际标准、400 多项国家和行业标准，站上全球技术的制高点。

作为科研院所转制企业，中联重科不断推进改革，形成了科研支持产业、产业反哺科研的良性体制机制，成为国有科研院所改制的典范；作为建立了现代企业制度的上市公司，中联重科通过重组并购，参与到传统国企的改革、改组、改造之中，在老企业植入新机制、新

---

①　笔者根据中联重科官网（https://www.zoomlion.com/about/introduct.html）公司简介及公开资料整理而得，最后访问日期：2023 年 2 月 14 日。

技术，取得了社会和经济的双重效益。在党的十八届三中全会后的新一轮改革中，中联重科的体制创新被国务院国资委树立为混合所有制的样本。

中联重科开创了中国工程机械行业整合海外资源的先河；利用资本杠杆，在全球范围内整合优质资产，实现快速扩张，并构建全球化制造、销售、服务网络。截至目前，中联重科先后并购英国保路捷公司、意大利 CIFA 公司、德国 M-tec 公司、荷兰 Raxtar 公司、德国 Wilbert 公司，均取得卓越成效。其中，2008 年并购世界第三大混凝土机械制造商意大利 CIFA 公司，使公司成为中国工程机械国际化的先行者和领导者，该宗并购整合也作为经典案例进入哈佛大学课堂。

（二）融资历程

在中联重科的发展历程上，2006 年是公认的分水岭。在此之前，作为中国科研院所出身企业的样本，随着时间的推移，国有股份一家独大、诸侯经济、员工干事创业积极性不高等问题逐渐凸显，中联重科迫切需要通过改革创新找到新的增长点。

弘毅投资成立于 2003 年，为联想控股集团成员企业，是中国领先的投资管理机构，以"智汇资本，创造价值"为使命，管理超过 1000 亿元的资金，拥有私募股权投资、不动产投资、风险创投等多个业务板块。

如表 6-4 所示，在经过前期的沟通洽谈之后，2006 年，弘毅投资以参与公司混合所有制改革的方式入资中联重科。此轮股权融资的具体过程为：2006 年 4 月 30 日，湖南省国资委与智真国际（在维尔京群岛注册的公司，其实际控制人为设立于开曼群岛的有限合伙企业弘毅投资）签订相关协议，将长沙建机院 8% 的股份转让给智真国际，长沙建机院共持有中联重科 49.83% 的股份；同年 7 月 4 日，商务部当日批复同意佳和联创公司（中联重科第二大股东）将其持有的 15.83% 股份转

让给佳卓集团有限公司（同智真国际，其最终实际控制人为联想
控股）。①

表 6-4 中联重科 PE/VC 融资

类型	融资金额 （万港元）	比例（%）	投资方	披露时间
股权融资	—	—	弘毅投资	2006 年 5 月 1 日
IPO	1498030.2596		公开发行	2010 年 12 月 23 日
股权转让	—	8.61	长沙中联和一盛投资合伙企业（有限合伙）	2020 年 10 月 31 日

注："—"表示数据缺失。
资料来源：Wind 全球企业数据库。

　　截至 2009 年，改制后的中联重科股权结构为：湖南省国资委持股
24.99%，管理团队持股 12.56%，弘毅投资持股 12.36%，其他股东持
股 50.09%。自此，中联重科的股权结构得以彻底厘清，形成了较为成
熟的混合所有制结构。

（三）发挥的作用

　　在弘毅投资投资中联重科后，通过与管理团队密切配合，中联重科
实现了公司治理结构的优化，在一系列兼并重组的资本运作下，行业地
位得到了极大提升。2007~2012 年，中联重科的年销售收入复合增长率
超过 40%，逐渐成为全球工程机械领域的领军企业。

　　具体来看，弘毅投资对中联重科的积极作用主要体现在以下三个
方面。

　　其一，推动中联重科数字化转型。弘毅投资引进硅谷做 AR 和人工
智能的顶级团队吴恩达 Landing.ai 公司，与中联农机（中联重科下属企

---

① 《弘毅投资收购计划部分获批　介入中联重科董事会》，搜狐网，https://business.
　sohu.com/20060705/n244100435.shtml，最后访问日期：2022 年 12 月 2 日。

业）嫁接，通过弘毅投资的资本结合、设计精巧的投资架构，把吴恩达的算法和其中国团队今后要做的事做成最大的价值增长点，与最传统的基础比较薄弱的农机制造行业、中国市场相结合，成为一个智慧农业、智慧农机的数字经济典范。①

其二，实现企业治理的现代化。借助混合所有制改革，投资机构推动中联重科按照现代企业管理制度对董事会进行了改造，也成为中国 A 股市场中第一家独立董事数量超过非独立董事数量的上市公司。通过混合所有制改革，既确保了国有资本的控制权，又通过管理层持股健全了内部激励机制。

其三，为企业发展打开新的空间。注资后，弘毅投资作为中联重科的第二大股东，有做好企业的天然的内生动力。而私募股权投资作为带着"资源"的资本，弘毅投资不仅深谙资本市场并购之道，在投资后凭借丰富的国际并购经验，在 2008 年完成了对意大利工程机械企业 CIFA 的收购，而且为了实现投资的顺利退出，弘毅投资协助中联重科在 2010 年正式在香港联交所主板上市，为中联重科的可持续高质量发展奠定了坚实基础。

二　小米公司

（一）公司简介②

小米公司正式成立于 2010 年 4 月，是一家以智能手机、智能硬件和 IoT 平台为核心的消费电子及智能制造公司。创业仅 7 年时间，小米公司的年收入就突破了千亿元。截至 2018 年，小米公司的业务遍及全球 80 多个国家和地区。2021 年总营收为 3286.15 亿元，其中智能手机

---

① 《弘毅投资董事长：三大趋势引领未来投资，深化改革蕴含大机遇》，"澎湃新闻"百家号，https://baijiahao.baidu.com/s? id = 1622367139280727 646&wfr = spider&for = pc，最后访问日期：2022 年 9 月 20 日。

② 资料来源于小米公司官网简介，https://www.mi.com/about，最后访问日期：2022 年 12 月 2 日。

收入占比 63.62%，员工总数 3.34 万人。

目前，小米公司是全球第四大智能手机制造商，在 30 余个国家和地区的手机市场进入了前五名，特别是在印度，连续 5 个季度保持手机出货量第一。通过独特的"生态链模式"，小米公司投资、带动了众多志同道合的创业者，同时建成了连接超过 1.3 亿台智能设备的 IoT 平台。2018 年 7 月 9 日，小米公司成功在香港主板上市，成为港交所首个同股不同权的上市公司，创造了香港史上最大规模科技股 IPO，以及当时全球第三大科技股 IPO。

（二）融资历程

对于一个初创企业来说，最缺乏的无疑是资金，尤其是对于一个进入新赛道的轻资产企业来说，想要在创业初期就获得银行授信的支持无疑是难于上青天。在中国现有的以银行为主导的间接融资体系下，这些处于创业初期的中小企业往往很难从银行得到资金支持。

在现有银行风险敞口管控措施和"资产-负债"商业模式的制约下，中国银行业更愿意从事大额的对公信贷。如表 6-5 所示，由于贷款成本和收益的不匹配，加之银行一线工作人员授信风险的追责制度，商业银行对于这些初创企业的资产投放积极性普遍不高。

表 6-5 中国银行业贷款的结构

单位：亿元，%

银行	贷款余额			房地产贷款（个人+对公）占比		
	2018 年	2019 年	2020 年上半年	2018 年	2019 年	2020 年上半年
工商银行	154199	167613	179757	35	36	36
建设银行	137831	149879	164305	40	40	39
农业银行	119407	133295	145108	36	37	36
中国银行	118193	130342	140008	37	39	39
交通银行	48542	53043	57295	25	26	26
邮储银行	42769	49742	54811	34	36	35

资料来源：Wind。

但需要强调的是，这些中小企业在国民经济发展中扮演着重要的角色。对于这一重要性，2018 年央行行长易纲在第十届陆家嘴论坛发言时就曾明确表示，小微企业贡献了 90% 的市场主体、80% 的就业、70% 左右的专利发明权、60% 以上的 GDP 和 50% 以上的税收。

而私募股权投资机构正是在此背景下诞生的，其通过在自己熟悉的赛道"投早、投小"，并通过扶持中小企业发展壮大，最终分享企业发展的红利。启明创投就是一家这样的私募股权投资机构。作为小米公司的 B 轮融资联合领投机构，启明创投先后投资了小米公司的 A、B、C 轮融资，而在此期间，小米公司的投后估值也从 3500 万美元迅速提升到了 10 亿美元，充分体现了创新创业和资本结合的强大力量。①

根据招股说明书，小米公司披露了自己成立 8 年以来，一共获得的 9 轮融资，如表 6-6 所示，不难发现，在小米公司的发展壮大过程中，私募股权投资机构一直是积极的参与者。

表 6-6　小米公司 PE/VC 历次融资情况

轮次	支付日期	融资金额	投资方
A 轮	2011 年 5 月 17 日	1025 万美元	创始团队、晨兴资本、启明创投
B 轮	2010 年 12 月 24 日	2750 万美元	晨兴资本、启明创投、IDG
B+轮	2011 年 4 月 21 日	275 万美元	
B++轮	2011 年 8 月 24 日	60 万美元	

---

① 启明创投成立于 2006 年，先后在上海、北京、苏州、香港、西雅图、波士顿和旧金山湾区设立办公室。目前，启明创投旗下管理 11 只美元基金、7 只人民币基金，已募管理资产总额达到 94 亿美元。自成立至今，专注于投资科技及消费（Technology and Consumer, T&C）、医疗健康（Healthcare）等行业早期和成长期的优秀企业。自成立以来，启明创投以其出色的投资业绩，获得包括中国在内的全球范围内的出资人的广泛认可，成为创业者首选投资机构。在多个权威榜单中，启明创投已经成为中国风险投资界排名领先的基金。资料来源于启明创投官网简介，https://www.qimingvc.com/cn/about，最后访问日期：2022 年 12 月 2 日。

续表

轮次	支付日期	融资金额	投资方
C 轮	2011 年 9 月 30 日	8800 万美元	未公布
C+轮	2011 年 11 月 10 日	210 万美元	
D 轮	2012 年 6 月 22 日	2.16 亿美元	未公布
E 轮	2013 年 8 月 5 日	1 亿美元	All-stars、DST、GIC、厚朴投资、云锋基金等
F 轮	2014 年 12 月 23 日	11.34 亿美元	未公布

资料来源：笔者根据小米公司招股说明书整理。

（三）发挥的作用

私募股权投资机构的支持为小米公司的创新发展铺平了道路。首先，投资机构通过为小米公司赋能，提供了发展初期宝贵的资金支持。其次，投资机构将自己所拥有的行业资源无保留地对接给创业者。最后，投资机构在充分尊重小米生态链的策略基础上，为小米公司规划了生态链企业的合作关系，先后投资了小米生态链上的北京石头世纪科技股份有限公司等企业，衍生了小米生态链的外延，建立了更加通畅的合作关系。

三　海尔智家

（一）公司简介①

海尔智家（前身为青岛海尔股份有限公司，简称"青岛海尔"，2019 年 7 月 1 日正式改名为海尔智家。）成立于 1984 年，1993 年 11 月 19 日在上海证券交易所上市，是中国最早上市的公司之一。其实际控制人海尔集团，创立于 1984 年，是全球领先的美好生活和数字化转型

① 资料来源于海尔集团官网简介，https：//www.haier.com/about‐haier/intro/？to=1&spm=net.31740_pc.header_138939_20200630.1，最后访问日期：2023 年 2 月 14 日。

解决方案服务商。海尔集团始终以用户体验为中心，连续 4 年作为全球唯一物联网生态品牌蝉联"BrandZ 最具价值全球品牌 100 强"，连续 14 年稳居"欧睿国际全球大型家电零售量排行榜"第一名，2022 年全球营业收入达 3506 亿元，品牌价值达 4739.65 亿元。

作为海尔集团旗下的 4 家上市公司之一，海尔智家位列《财富》世界 500 强和《财富》全球最受赞赏公司。海尔集团拥有海尔（Haier）、卡萨帝（Casarte）、Leader、GE Appliances、Fisher & Paykel、AQUA、Candy 等七大全球化高端品牌和全球首个场景品牌"三翼鸟"，构建了引领全球的工业互联网平台卡奥斯 COSMOPlat 和物联网大健康生态品牌盈康一生，在全球设立了"10+N"创新生态体系、71 个研究院、30 个工业园、122 个制造中心和 23 万个销售网络，旗下海创汇创业加速平台孵化了 7 家独角兽企业、102 家瞪羚企业、120 家专精特新"小巨人"。

海尔智家聚焦实体经济，布局智慧家庭、产业互联网和大健康三大主业，致力于携手全球一流生态合作方，持续建设高端品牌、场景品牌与生态品牌，以科技创新为全球用户定制个性化的智慧生活，助力企业和机构客户实现数字化转型，推动经济高质量增长和社会可持续发展。

（二）融资历程

海尔智家已经成为全球领先的白色家电制造企业，但当历史的指针拨回 1984 年，当张瑞敏带领新的领导班子到达青岛电冰箱总厂时，冰箱厂已经亏空 147 万元，这在当时是笔巨款。

为了求得发展壮大的更大空间，实现其全球研发、全球生产和全球销售的战略目标，2014 年 6 月 23 日，著名私募股权投资机构 KKR（Kohlberg Kravis Roberts & Co. L. P.）出资 6.04 亿美元投资青岛海尔股份有限公司，持股比例为 10%。交易完成后，KKR 成为海尔智家的第一大机构投资者,① 持股比例仅次于海尔集团。

(三) 发挥的作用

在 KKR 注资后的四年时间里,青岛海尔的营业收入从 2013 年的 143 亿美元增加至 2017 年的 251 亿美元。截至 2017 年,青岛海尔在中国的冰箱市场排名第一,在空调市场排名第三。此外,投资团队还通过帮助青岛海尔改善运营,兼并收购通用家电,扩展了其全球设计、制造和销售网络。

具体来看,KKR 团队主要做出了以下三个贡献。一是推动青岛海尔向海外扩张;二是通过自动化研发创新,加强了运营管理,大大提升了运营效率;三是实现了管理团队的专业化升级,制订了管理层激励计划(北京创投咨询有限公司,2021: 153~155)。

第三节　服务业私募股权投资案例

一　阿里巴巴集团

(一) 公司简介②

阿里巴巴集团(简称"阿里巴巴"或"阿里")由曾担任英语教师的马云与其他来自不同背景的伙伴共 18 人,于 1999 年在中国杭州创立。创始人创办本公司是为了支持小企业发展,他们相信互联网能够营造公平的环境,让小企业通过创新与科技拓展业务,并更有效地参与中国及国际市场竞争。

---

① KKR 成立于 1976 年,是私募股权投资行业的奠基者。1976~2013 年,KKR 完成了总交易额超过 4700 亿美元的投资,涉及 25 个行业。KKR 致力于充分利用其丰富的全球资源和本土经验帮助其所投资的企业发展壮大,为所有股东创造价值。《青岛海尔与 KKR 投资集团拟结为战略合作伙伴,促进中国领先家电企业加速成长》,KKR 官网,https://www.kkr.com/zh-hans/node/2107,最后访问日期: 2022 年 12 月 2 日。
② 资料来源于阿里巴巴集团官网简介,https://www.alibabagroup.com/cn/about/overview,最后访问日期: 2022 年 12 月 2 日。

阿里巴巴旨在助力企业，帮助其变革销售和经营的方式，提升其效率，为商家、品牌、零售商及其他企业提供技术设施以及营销平台，帮助其借助新技术的力量与用户和客户互动，并更高效地经营。阿里巴巴还为企业提供领先的云设施和服务，以及更强的工作协作能力，促进其数字化转型并支持其业务增长。

阿里巴巴的业务包括中国商业、国际商业、本地生活服务、菜鸟、云、数字媒体及娱乐以及创新业务及其他。围绕阿里的平台与业务，一个涵盖了消费者、商家、品牌、零售商、第三方服务提供者、战略合作伙伴及其他企业的生态体系已经形成。

随着业务的不断拓展，即从商业拓展至本地生活服务、物流、云、数字媒体及娱乐等众多其他领域，阿里巴巴已逐步建设了一个独特的、充满活力与创新性的生态体系。阿里为 2024 财年设定了中期目标：推进阿里的全球化战略，通过阿里的中国消费者业务服务超过 10 亿消费者，并通过阿里的中国消费者业务创造 10 万亿元以上的年度消费额。阿里 2036 财年的愿景是：服务全世界 20 亿消费者，帮助 1000 万家中小企业赢利以及创造 1 亿就业机会。

围绕公司的平台与业务，其搭建了一个涵盖消费者、商家、品牌、零售商、第三方服务提供商、战略合作伙伴及其他企业的数字经济体。如表 6-7 所示，在全球公司市值排名前十的榜单中，阿里巴巴是上榜的两家中国企业之一。

表 6-7　全球公司市值排名前十企业名单（2020 年初）

名称	成立年份	经营范围
沙特阿拉伯国家石油公司	1993	石油勘探、开发、生产、炼制、运输和销售
苹果公司	1976	电脑软硬件、消费电子产品、数字服务
微软公司	1974	操作系统、办公软件、手机、平板、游戏机
谷歌公司	1998	网络信息服务

续表

名称	成立年份	经营范围
亚马逊公司	1995	电子商务
脸书	2004	社交网络服务
阿里巴巴网络技术有限公司	1999	电子商务、网上支付、B2B 网上交易及云计算
伯克希尔·哈撒韦公司	1956	保险和投资
腾讯	1998	社交和通信、网络游戏、门户网站和视频
摩根大通集团	1799	银行、黄金、投资、基金、贷款

资料来源：《全球公司市值排名前十名的公司，中国两家上榜》，搜狐网，https://www.sohu.com/a/365542903_565689，最后访问日期：2022 年 12 月 3 日。

（二）融资历程

2022 财年，阿里巴巴生态体系的商品交易额（GMV）为 8.317 万亿元，包括面向中国消费者的业务产生的 GMV，以及国际商业零售业务产生的 GMV。在 2022 财年，阿里巴巴生态体系面向全球消费者的业务服务的年度活跃消费者约为 13.1 亿，其中超过 10 亿消费者来自中国，3.05 亿消费者来自海外。此外，它还通过云业务为数百万企业提供服务。

阿里的业务包括核心商业、云计算、数字媒体及娱乐以及创新业务。除此之外，公司的非并表关联方蚂蚁金服为公司平台上的消费者和商家提供了支付和金融服务。

但在成立之初，阿里同样没有摆脱中小微企业的融资魔咒。如表 6-8 所示，阿里巴巴的商业模式引起了私募股权投资机构的关注，1999 年 12 月，阿里从富达投资等私募股权投资机构手中获得了首轮融资 500 万美元，2000 年 12 月，软银中国资本和 KPCB 等私募股权投资机构联合对阿里注资 2000 万美元。到 2014 年 9 月 18 日，阿里巴巴正式登陆纽约交易所（股票代码为 BABA），发行当日的市值就达到了 2300 亿美元，超越脸书，成为全球第二大互联网企业。

表 6-8 阿里巴巴（中国）有限公司融资历程

时间	轮次	金额	投资机构
1999 年 12 月 1 日	A	500 万美元	富达投资、银瑞达、高盛集团（中国）、GIC
2000 年 12 月 1 日	B	2000 万美元	斯道资本、软银中国资本、KPCB、银瑞达、日本亚洲投资
2004 年 12 月 1 日	C	8200 万美元	GGV、斯道资本、软银中国资本、KPCB
2005 年 8 月 1 日	D	10 亿美元	雅虎
2007 年 11 月 6 日	软银集团 IPO 方式退出		
2010 年 3 月 10 日	Strategy	—	红杉资本中国基金
2011 年 9 月 1 日	E	20 亿美元	淡马锡、云锋基金、DST
2013 年 5 月 1 日	Strategy	2.94 亿美元	阿里巴巴
2013 年 8 月 1 日	Angel		云锋基金
2014 年 1 月 1 日	Strategy	—	汇丰大通
2017 年 9 月 26 日	Strategy	53 亿元（人民币）	阿里巴巴
2019 年 11 月 9 日	Strategy	233 亿元（人民币）	阿里巴巴

资料来源：Wind。

（三）发挥的作用

在阿里巴巴的成长历程中，私募股权投资机构春华资本发挥的作用不容小觑。

春华资本是极少数完整参与了菜鸟网络、口碑和饿了么早期融资的私募股权投资机构之一。春华资本与阿里的合作，使得阿里的生态系统更加完善。2017 年，春华资本投资逾 4.1 亿元将百胜集团的中国业务部门拆分为百胜中国并独立在美国上市。春华资本作为阿里巴巴集团的重要战略股东，将蚂蚁金服引入百胜中国的投资者中，全面为百胜中国提供"刷脸点单""支付宝提前下单"等多个基于互联网技术的服务。春华资本投资期间，还助力阿里积极拓展新兴业务领域，包括阿里云、菜鸟网络、以来赞达为代表的东南亚电商、盒马生鲜、天猫超市、口碑、饿了么以及大文娱事业，这些领域都在春华资本投资阿里之后取得突破性进展（北京创投咨询有限公司，2021：305）。

从春华资本投资阿里的案例来看，作为一家扎根中国的全球性投资公司，春华资本致力于为投资者、被投公司和社会创造最佳利益和最大价值。通过构筑长期的合作伙伴关系，提供资源、知识和技术等多方面的支持，助力被投公司完成转型升级，发掘最大潜力，实现业绩增长，创造长期价值。作为负责任的专业投资机构，春华资本不仅提供资金，还把自身业务目标与推动经济、环境和社会效益的和谐发展融为一体。[①]

二　中国工商银行

（一）公司简介[②]

中国工商银行（简称"工商银行"）是我国最大的商业银行之一，总部位于首都北京，成立于1984年1月1日。2005年10月28日，该银行整体改制为股份有限公司。2006年10月27日，工商银行成功在上交所和香港联交所同日挂牌上市。

经过持续努力和稳健发展，工商银行已经迈入世界领先大银行之列，拥有优质的客户基础、多元的业务结构、强劲的创新能力和市场竞争力。工商银行将服务作为立行之本，坚持以服务创造价值，向全球969.1万公司客户和7.04亿个人客户提供全面的金融产品和服务。工商银行自觉将社会责任融入发展战略和经营管理活动，在支持防疫抗疫、发展普惠金融、支持乡村振兴、发展绿色金融、支持公益事业等方面受到广泛赞誉。

工商银行始终聚焦主业，坚持服务实体经济的本源，与实体经济共荣共存、共担风雨、共同成长；始终坚持风险为本，牢牢守住底线，不断提高控制和化解风险的能力；始终坚持对商业银行经营规律的把握与

---

① 资料来源于春华资本官网简介，https：//www.primavera-capital.com/zh-hans/%e5%85%b3%e4%ba%8e%e6%98%a5%e5%8d%8e/，最后访问日期：2022年12月3日。

② 资料来源于中国工商银行官网简介，http：//www.icbc.com.cn/ICBCLtd/%e5%85%b3%e4%ba%8e%e6%88%91%e8%a1%8c/%e5%85%ac%e5%8f%b8%e7%ae%80%e4%bb%8b/，最后访问日期：2022年12月3日。

遵循，致力于打造"百年老店"；始终坚持稳中求进、创新求进，持续深化重点发展战略，积极发展金融科技，加快数字化转型；始终坚持专业专注，开拓专业化经营模式，锻造"大行工匠"。工商银行连续 9 年位列英国《银行家》全球银行 1000 强和美国《福布斯》全球企业 2000 强榜单榜首、居美国《财富》500 强榜单全球商业银行首位，连续 6 年位列英国 Brand Finance 全球银行品牌价值 500 强榜单榜首。

（二）融资历程

在中国商业银行的改革历史上，工商银行的样本具有很强的代表性。随着我国加入世界贸易组织，中国商业银行的改革也开始变得日益迫切起来。

为按照现代企业的要求，建立具有国际竞争力的中国商业银行，2005 年 10 月，根据国务院的决定，经中国银监会批准，中国工商银行股份有限公司于 2005 年 10 月 28 日正式成立。这是国务院决定对国有商业银行实施股份制改造以来成功完成改制的第三家国有商业银行。

在引进战略投资者的过程中，高盛和工商银行达成了战略合作协议。2006 年 1 月 28 日，工商银行宣布，以高盛为首的投资财团以高达 37.8 亿美元的投资入股工商银行，并取得 8.45% 的股份。2006 年 10 月 27 日，工商银行完成在香港和上海的上市，投资机构高盛在 2009 年 4 月自愿进一步延长已经到期的禁售期，这一案例成为中国金融企业吸纳私募股权投资的经典案例。

（三）发挥的作用

从经营指标来看，机构注资后，在经营业绩稳健提升的同时，工商银行的整体实力持续增强。工商银行的资产规模、核心资本、存款总额以及公司市值等指标均居全球金融行业首位。

一是充实资本金。当时的中国银行业普遍面临着坏账较多、不良资产率居高不下等问题。由高盛、德国安联、美国运通牵头的财团共出资 37.8 亿美元，在获得这笔资金后，工商银行的资本充足率得到了极大提升，为后来工商银行主要经营指标达到国际先进银行标准奠定了坚实的基础。

二是规范公司治理。高盛作为国际上知名的金融机构，拥有丰富的内部控制、风险管理和人力资本管理经验。正式注资后，投资机构协助私募股权投资机构迅速搭建了现代金融企业管理制度，建立了与国际接轨的组织架构体系，工商银行完善的现代金融企业制度就此形成。

三是完善风控体系。商业银行作为经营风险的金融机构，对风险敞口的控制能力直接关系到银行是否能够稳健运行。机构注资后，工商银行聘请了国际知名的咨询公司，重点围绕工商银行在展业规范、市场操作风险管理等方面的短板采取了有针对性的方案。工商银行据此建立了自己完整的风控管理体系，增强了自己的核心竞争力。

四是丰富业务模块。入股中国工商银行之后，投资机构协助工商银行设计了从零售、对公到机构客户的完整产品体系，并积极拓展资产管理、金融市场和投资银行业务，建立并优化了工商银行与国际接轨的产品和服务矩阵，为工商银行走向国际市场、参与国际竞争做出了有益的铺垫。

五是拓展国际市场。当时中国银行面临的国际形势是不断提高的服务业开放水平对国内银行业的冲击，机构注资后，从经营理念、金融科技到产品矩阵都发生了巨大的变化，在高盛等投资机构的推动下，工商银行也把拓展国际市场作为提升市场竞争力的重要手段予以推进。在此期间，工商银行收购了印度尼西亚和泰国的多家小型零售银行，并于 2011 年通过收购美国东亚银行 11% 的股权获得了美国商业银行牌照。

可以说，虽然高盛等财团对工商银行的投资在最终退出时，获得了高达 282% 的收益，但工商银行也通过吸纳私募股权投资机构的注资，一跃完成了现代金融企业的转型，并成功跃升至全球商业银行第一梯队。

三 和睦家医疗

(一) 公司简介①

和睦家医疗是目前中国最大的高端综合性私立医院集团之一，是中国私立医疗服务的龙头。和睦家医疗秉承现代医院管理理念，致力于为来自不同国家和地区的患者提供个性化的、高质量的、以病人为中心的医疗服务。经过多年的发展，和睦家医疗在北京、上海、广州、深圳、天津、青岛、博鳌等地设有医院和诊所，为民众提供个性化的医疗服务。全职医生共 600 余人，兼职专家团队超过 1000 人，护理团队 1000 余人。

和睦家医疗从建院之日起，秉承以患者为中心的理念，融合东西方医疗模式并落地中国。在多年的发展历程中，和睦家医疗没有放弃过追求极致，一直将质量、安全、服务作为首要达成目标。

和睦家医疗建立了以全科医疗为中心的医疗服务体系，提供覆盖全生命周期的医疗服务，包括预防保健、诊断、治疗以及康复。这样一个完备的系统，结合严谨的循证医疗实践、先进的管理经验，以及技术和设备上的不断投入，和睦家医疗为病人带来了卓越的体验，为行业同仁设定了医疗服务的高标准。和睦家医疗坚持不懈地追求符合甚至超越高标准的服务和质量，旗下医院和诊所高分通过了 JCI 认证。

(二) 融资历程

从某种意义上说，医院可能并不是一个好的标的。因为资本的本质是追逐利润，而医院这个"赛道"往往需要较长期的持续投入，才有可能打造出一个社会认可的品牌。而这种长期的投入依赖银行授信几乎无法想象，因此私募股权投资机构的投资加持就显得尤为重要。

---

① 资料来源于和睦家医疗官网简介，https://ufh.com.cn/brand-story/#section-bs-ufh，最后访问日期：2022 年 12 月 3 日。

在和睦家医疗的发展历程上，虽然私募股权投资机构德太投资（TPG）在 2019 年 12 月已经退出，但它功不可没。公开信息显示，TPG 资本成立于 1992 年，由大卫·邦德曼（David Bonderman）、吉姆·科尔特（Jim Coulter）和威廉·S. 普莱斯三世（William S. Price Ⅲ）共同创立。TPG 目前管理着 1090 亿美元的资产。在资产管理规模上，TPG 虽不如已上市的三大私募巨头黑石（Blackstone）、KKR、凯雷投资集团（Carlyle），但这并不影响其在业界的重要地位。TPG 以杠杆收购而闻名。据报道，其参与了全球有史以来规模最大、最著名的七个杠杆收购交易中的三个。[①]

2014 年，经过多轮谈判，TPG 与和睦家医疗达成了联合复星医药对上市公司进行私有化的协议。同年 4 月，TPG 联合复星医药，对美中互利（和睦家医疗母公司）发起了私有化要约收购。通过该交易，TPG 顺利获得了对和睦家医疗的联合控制权。

（三）发挥的作用

作为全球最大的私募股权投资机构之一，TPG 在全球医疗服务方面积累了丰富的经验。在注资后，和睦家医疗实现了快速的发展。在 2019 年 TPG 退出前，和睦家医疗实现了跨越式的发展，使用床位数年复合增长率高达 24%。具体来看，TPG 对和睦家医疗进行了以下三大赋能。

其一，建立全生命周期的差异化发展战略。TPG 为和睦家医疗制定了向高精尖疑难杂症进军的大战略，在此战略推动下，和睦家医疗逐渐撕下社会认知中的"妇幼"标签，向神外、肿瘤、心脏、骨科等多个领域拓展深耕，实现了高端全科医院的差异化全生命周期的市场定位。典型就是，上海和睦家医院打造出属于自己的品牌"UFOs"（United Family

---

① 《7000 亿资管巨头冲刺 IPO！》，澎湃新闻，https：//m. thepaper. cn/baijiahao_ 16163957，最后访问日期：2023 年 1 月 31 日。

Orthopedics & Sports Medicine），覆盖"创伤+儿童骨科发育健康+青年运动健康+中老年脊柱健康"，构建起一支"全方位能打"的专业团队，同时引入高精尖设备，如引入达芬奇手术机器人，大大提升了品牌形象。

其二，以新的商业模式拓展市场空间。为打破传统医疗服务的思维定式，TPG聘用了首席销售官，开启了目标客户的精准营销模式，率先试水了"医疗直播"和电商平台出售的全新商业模式，同时积极与保险公司合作，设计定制化的商业保险产品，对部分产品和服务按照市场实际情况进行重新定价，大大提升了客户黏性，拓展了客户群体。而大力发展远程会诊、互联网医院服务、数字化医疗等创新型服务，推动探索支付端新模式，扩大了高水平、高质量医疗资源的惠及广度。

其三，利用现代管理手段提升内部运行效率。TPG协助引进新的首席运营官（COO），为了降低成本，革新集中采购流程；同时还通过数字化的方式，加强员工的绩效考核；通过数据驱动的管理架构，全面优化内部管理流程。

第四节　本章小结

随着我国进入新发展阶段，生产要素约束趋紧，提高科技进步对经济增长的贡献度，形成新的增长动力源已迫在眉睫。这对创新增长提出了更高的要求，对此"十四五"规划指出，要深入实施创新驱动发展战略。但不管是底层技术突破还是商业模式创新，都意味着较大的投入和不确定性。在间接融资模式居主导地位的现有金融体系下，较长回报周期、较大前期投入和未来回报的不确定性叠加，使得大量创新主体面临的融资难、融资贵和融资慢等问题较为突出。风险投资作为一种权益性投资，与技术创新的特点相契合，能够弥补间接融资体系对创新型企业贷款积极性不高的短板。

金融是实体经济的血液，对于作为创新创业主要载体的中小企业而言，VC 进入能够显著降低银行与中小企业（SME）之间的信息不对称程度，从而帮助其获得银行授信支持（Wu and Xu，2020：1601），这促进了创新主体的发展。此外，私募股权投资机构关注的大都是具有广阔市场前景和具有较高科技水平的新兴行业。中国证券业协会统计显示，近年来私募股权投资主要集中在高新科技、生物医药、新型设备、高端制造、5G 和数字经济等战略性新兴行业，这些又恰好是中国产业转型升级中"卡脖子"较为集中的领域。

在农业、制造业和服务业私募股权投资的经典案例中，不难发现私募股权投资影响创新增长的路径已十分清晰，其一方面通过为创新主体提供发展初期所需的融资支持，以及提供现代企业管理、市场开拓和辅助上市等一系列增值服务帮助创新企业发展壮大，这最终促进了中小企业的发展壮大及科研成果的市场转化；另一方面，技术进步是创新增长的重要源泉，私募股权投资机构通过投资中国高质量发展过程中迫切需要的核心技术及相关产业，为中国经济转型升级和产业链供应链自主可控提供了坚实支撑，最终推动了中国经济创新增长。简单来说，就是"注资"与"赋智"相结合，从而实现双方的互利共赢。实际上，私募股权投资能够支持创新增长的属性也日益得到国家高度认可。2016 年 9 月 20 日，《国务院关于促进创业投资持续健康发展的若干意见》明确指出，我国创业投资的快速发展激发了创业创新活力，增强了经济发展新动能。

二十国集团《创新增长蓝图》明确指出，创新增长理念涵盖支持创新、新工业革命和数字经济的行动，这些行动可以提升生产力、创造就业、释放新的经济潜力。因此，从这个角度来说，私募股权投资对中国三次产业创新增长确实发挥着重要的积极作用。而且，随着中国经济进入双循环的新发展阶段，在要素约束日益趋紧的大背景下，私募股权投资对创新增长作用的发挥毫无疑问会更加重要。

第七章
结论及展望

第一节　研究结论

经过前文的文献回顾、理论分析和实证检验，以及对中国三次产业全要素生产率和国内外私募股权投资发展现状的梳理分析，本书得到如下主要结论。

第一，私募股权投资具有支持实体经济发展的天然属性。中国经济已经进入从高速增长向高质量发展的新时代，资源环境的约束、产业转型升级的需求和人民对美好生活的向往，对创新、协调、绿色、开放、共享的新发展理念提出了更迫切的要求，深入推进供给侧结构性改革的任务也更加必要和紧迫。在金融领域，过高的杠杆和游走在监管边缘的影子银行体系，使得资金"体内循环"现象普遍，而大量实体经济部门却普遍存在较为严重的"资金荒"问题。突出表现就是大量中小企业面临的融资难、融资贵和融资慢问题，而这些中小企业正是"大众创业、万众创新"的主要载体。在中国现有以银行为主导的融资体系下，这些轻资产的创新创业活动很难得到银行授信的支持。而作为重要的生产要素，资金对创新创业活动的重要性不言而喻。私募股权投资的出现，恰好弥补了国内现有金融体系对创新资本和中小企业创业支持的不足。通过对创新资本形成理论、技术创新理论和可持续发展理论，以及金融结构优化理论和产业转型升级理论的分析，发现私募股权投资弥补了现有金融体系在支持创新创业发展中的短板。私募股权投资的发展是中国创新驱动战略成功实施的重要保障和支撑，其改善了金融资源的配置效率，有力地支持了实体经济的创新发展。

第二，中国已成为全球仅次于美国的 PE 投资市场。私募股权投资进入中国市场的时间比较晚，20 世纪 90 年代才开始在中国出现，但由于相关法律及监管制度的缺位和中国资本市场建设的相对滞后，私募股权投资仅仅处于探索和萌芽期。2006 年修订的《合伙企业法》、税收政策优惠和 2009 年开板的创业板市场，推动中国私募股权投资行业迎来了跳跃式发展的"黄金时代"。截至 2018 年底，从投资金额来看，中国已成为世界上仅次于美国的第二大全球私募股权投资市场。在细分行业数据的研究中，募资数据显示，金融政策的收紧对其资金来源影响巨大；投资数据显示，私募股权投资偏好于信息技术、IT、金融等战略性新兴产业和生产性服务业，而这些行业恰好是促进整个社会全要素生产率提升的关键；地区发展数据显示，北京、长三角和珠三角仍然是中国私募股权投资最为发达的地区；而在退出端，IPO 和股权转让是私募股权投资机构最为青睐的退出方式。从私募股权投资"募投管退"的完整业务流程来看，私募股权投资行业是一个典型的政策密集型行业。在对中国与国际主要国家和地区的私募股权投资发展现状进行对比后，发现虽然中国私募股权投资近年来取得了积极的成效，但是也存在监管标准不统一、缺乏长期稳定资本、业务模式亟须规范、投资项目估值过高、中介服务体系建设相对落后，以及退出渠道尚不够通畅等问题。

第三，中国三次产业创新增长还存在一定的提升空间。全要素生产率作为无法被有形投入要素衡量的产出，有时候也被称为技术进步率，是新古典经济增长理论中用来衡量生产中纯技术进步作用的指标，主要来源于技术进步、规模效应的改善和资源配置效率的提升等。在对目前国内外学术界主流的测算方法进行回顾后，综合对比了各类测算方法的适用范围、发展变革以及数据的可得性，最终将测算方法确定为 OP 法。在对中国各省区市三次产业全要素生产率进行测算后发现：从时间序列来看，2009~2018 年，虽然发展过程有些波折，但第二产业和第三产业全要素生产率整体向好的发展趋势非常明显，相比之下，第一产业全要素生产率近年来有恶化趋势。省级横截面数据显示，充分发挥本地的资源禀赋优势，是提升本地区特色产业全要素生产率的关键。国内四大区域的对比数据显示，中国三大产业全要素生产率具有明显的区域异质性特征，第二产业（制造业）全要素生产率最高，第三产业（服务业）其次，第一产业（农业）最低。但即使如此，同一产业不同区域也存在差异，在中国东部和中部地区农业全要素生产率要明显高于西部和东北地区。

第四，私募股权投资有利于中国三次产业创新增长的实现。全要素生产率作为衡量单个企业、行业乃至一个国家或经济体发展方式是否具有可持续性的重要量化指标，对当前我国供给侧结构性改革和经济高质量发展具有重要的意义。本书从创新资本形成理论、技术创新理论和可持续发展理论，以及金融结构优化理论和产业结构升级理论出发，在对中国私募股权投资的内在属性和基本规律进行研究后发现，私募股权投资通过对创新创业中小企业进行资金支持和增值服务，以及对战略性新兴产业和科技研发的投资，有力地支持了国家创新驱动战略的落地，从而改善了整个金融资源的配置效率，推动了现代产业在更高水平上的供需平衡。在实证分析环节，本书通过三次产业的省级面板数据，对私募股权投资与三次产业全要素生产率之间的关系进行了实证检验，研究发现，农业、制造业和服务业领域的私募股权投资都有力地促进了本产业全要素生产率的提高。案例研究也支撑了这一实证发现。但进一步研究显示，对外开放水平、数字技术的发展、劳动力素质以及服务经济的发展，对三次产业全要素生产率也存在一定的影响，且这种影响存在差异。这也提示我们，虽然提升全要素生产率是高质量发展时代的应有之意，但在政策路径的设计上需要考虑行业异质性。

第二节 政策启示

第一，坚定不移实施创新驱动战略。全要素生产率的属性告诉我们，技术进步和资源配置效率的改善，是提升一个企业、行业乃至国家或经济体全要素生产率的关键。而这一实现渠道就在于创新驱动。具体来说，首先，在基础科学领域，结合国家战略需求，围绕长远发展战略和国家安全中的"卡脖子"问题，开展基础前沿和高科技研究；其次，在应用技术领域，加快工业化和信息化深度融合，努力发展新一代信息网络技术、智能绿色制造技术、生态绿色高效安全的现代农业技术、清洁高效的现代能源技术、高效利用的生态环保技术、海洋和空间适用技术、智慧城市和数字社会技术、先进有效和安全便捷的健康技术等；再次，鼓励国内外创新企业和研发机构的合作，在提高海外知识产权运营能力的同时，深入参与全球科技创新治理，积极主动参与和引导国际大科学工程和计划，鼓励外商投资战略性新兴产业；最后，在基础科学和应用领域，除研究提升我国创新资源的全球配置能力之外，还应该重点关注创新驱动社会生态和治理体系建设，推动科研成果的市场转化，通过多渠道增加创新投入，保护知识产权，给予科研人员更多的激励措施，培育创新友好的社会环境。

第二，构建创新创业金融生态体系。在高质量发展的新时代，资源环境约束迫使中国必须寻找一个从过去依靠要素和投资驱动转向更多依靠创新驱动的经济增长新势能。从这个角度来说，推动"大众创业、万众创新"就是培育和催生这个经济增长新势能的重要渠道。2015年，国务院正式发布《关于大力推进大众创业万众创新若干政策措施的意见》，对如何创新体制机制、强化创业扶持、实现创业便利化做了一系列战略部署和安排。但是，健康的创新生态，是一个包含了资本市场和社会管理体制的复杂系统。在当前中国以银行为主导的间接融资体系下，现有融资体系对创新创业生态支持的力度可能很难达到预期的效果，这主要是由银行的风险厌恶机制和业务模式决定的。国外成熟经验显示，将非银行金融机构和金融机构的行业异质性充分释放，有利于促进创新创业金融生态体系的形成。具体来说，要在创新银行支持方式的基础上，大力发展私募股权投资，不断丰富创新创业企业的融资渠道。对于风险投资机构来说，拓展资金的供给渠道，发挥好国有资本在风险投资中的引导作用，鼓励社保基金进入风险投资行业，放宽私募股权投资行业对境外机构的限制，引导外资进入国内创业投资市场，这些都有助于支持创业企业的成长壮大。鼓励符合条件的创业企业发行票据融资和在科创板、创业板上市，从而逐步构建涵盖银行授信、政府引导基金、创投机构和资本市场的完整创业金融支持体系。

第三，优化私募股权投资发展环境。私募股权投资在中国起步较晚、短板较多，虽然近年来实现了跨越式发展，但是在"募投管退"环节依然存在诸多机制制约，最为突出的表现是募资难、退出难，以及管理过程中的粗放式经营和辅助配套行业发展的相对滞后。因此，优化私募股权投资的发展环境，首先要在募资端鼓励长期资本进入私募股权投资行业，规范地方引导基金和社保基金的投资，鼓励私人资本和国外资本进入中国私募股权投资市场，鼓励母基金（FOF）的发展，解决私募股权投资的源头活水问题。其次要在投资和管理环节充分发挥好中国基金业协会的行业指导作用，在尊重市场规律的基础上，建立科学的估值和投后管理体系，避免某个市场或某个项目估值过高，以及投资过热对创投机构的负面影响（典型的如近年来因为资本过热而出现的"小黄车"现象、瑞幸咖啡等案例）。最后要健全退出机制，依托科创板和创业板，打通私募股权投资业务闭环的最后一个环节，同时，鼓励私募股权投资二级市场（S基金）的建设发展，逐步建立畅通完善的退出渠道。

第四，坚持对外开放的基本国策。本书实证分析结果显示，在三次产业全要素生产率的决定因素中，对外开放显著地促进了第一产业和第二产业的全要素生产率改善，而由于入世以来对服务业对外开放的不同声音，服务贸易逆差持续扩大，这反过来不仅抵消了制造业领域的大量顺差，而且考虑到生产性服务业对产业转型升级的重要作用，服务业国际竞争力一直较为匮乏，进而又影响了我国产业转型升级的步伐，没有对高质量发现形成有效支撑。党的十九大报告明确提出，开放带来进步，封闭必然落后，要推动形成陆海内外联动、东西双向互济的开放格局。中国改革开放 40 余年的宝贵实践告诉我们，凡是对外开放、融入世界市场程度高的行业，国际竞争力都强于那些自我封闭、没有对外开放的行业，典型就是"中国制造"和"中国服务"全球竞争力的反差。因此，在促进三次产业全要素生产率提升的过程中，必须坚持三次产业积极稳步有序的"对内改革"和"对外开放"步伐，实施更高水平贸易和投资自由化的举措，全面实施负面清单管理模式，放宽市场准入限制，给予外资国民待遇，以此来促进生产要素全球流动，提升技术创新能力和资源配置效率。

第三节 研究展望

从全要素生产率的测算方法来看，在历史演进过程中，国内外学者开发出了从 OLS 到参数和半参数回归等多种方法。随着对各种测算方法本质属性的认识不断加深，以 OP 法和 LP 法对全要素生产率进行测算日益成为学术界的研究热点。本书发现，LP 法和 OP 法最大的区别是需要计算中间投入变量，即在产出、劳动力和资本之外，增加一个诸如将销售额减去折旧等的中间投入要素。因此，这种方法适用于微观企业数据样本。

在全要素生产率的不断探索过程中，随着中国工业企业数据的样本统计逐渐完善，采用制造业微观企业数据测算全要素生产率的文献近年来开始大量出现。但是，在私募股权投资领域，由于微观企业样本数据的缺失，这一制造业普遍适用的方法往往难以复制到服务业和农业领域。因此，从微观企业样本开展的研究，一直是各行业重点突破的方向。

2019 年 6 月 13 日，中国科创板正式开板。从国家战略来说，设立科创板并试点注册制是提升服务科技创新企业能力、增强市场包容性、强化市场功能的一项资本市场重大改革举措。根据中国证监会发布的《科创板首次公开发行股票注册管理办法（试行）》和《科创板上市公司持续监管办法（试行）》，科创板主要聚焦战略性新兴产业和高成长的创业独角兽企业，如新一代信息技术、高端装备制造、新能源新材料和生物医药等领域，为其股权融资提供便利。

科创板的推出，对于连接资本市场和高新创业企业的私募股权投资来说意义重大，其将直接改变一级市场的退出路径选择和市场定价逻辑，为私募股权投资和创新创业企业提供新的发展机遇。中国证券投资基金业协会数据显示，截至 2019 年 5 月底，已经提交科创板上市申请的 113 家科技创新企业中，获得私募股权投资的企业数量达到 92 家，占比达 81.4%（谢达斐，2019）。也就是说，科创板的推出，为考察私募股权投资对企业全要素生产率的影响提供了一个绝佳的自然试验。

可以预期的是，在不久的将来，随着科创板的完善，我们将能够利用细分行业层面的更为微观翔实的数据，检验私募股权投资对三次产业企业层面的创新增长的影响。这也是未来进一步研究的方向。

参考文献

Adam Szirmai、柏满迎、任若恩，2002，《中国制造业劳动生产率：1980-1999》，《经济学》（季刊）第 3 期。

Moulinier Alexis，2015，《风险投资中的二级市场》，硕士学位论文，上海交通大学。

Yu Sheng、John Denis Mullen、Shiji Zhao，2013，《澳大利亚大田农业生产率放缓了吗?》，郭玉玮译，《经济资料译丛》第 1 期。

〔美〕保罗·A. 萨缪尔森、威廉·D. 诺德豪斯，1998，《经济学（第十四版）（上）》，胡代光等译，首都经济贸易大学出版社。

北京创投咨询有限公司编著，2021，《中国 PE/VC 经典投资案例集》，清华大学出版社。

蔡昉，2013，《中国经济增长如何转向全要素生产率驱动型》，《中国社会科学》第 1 期。

蔡昉，2015，《全要素生产率是新常态经济增长动力》，《北京日报》11 月 23 日，第 17 版。

蔡昉，2018，《以提高全要素生产率推动高质量发展》，《人民日报》11 月 9 日，第 7 版。

曹秀峰，2015，《私募股权众筹融资若干问题探析——以〈私募股权众筹融资管理办法（征求意见稿）〉为背景》，《中国工商管理研究》第 10 期。

陈超凡，2016，《中国工业绿色全要素生产率及其影响因素——基于 ML 生产率指数及动态面板模型的实证研究》，《统计研究》第 3 期。

陈芳、崔汕汕，2010，《产业投资、风险投资与私募股权投资的相互关系及发展研究》，《中国审计》第 5 期。

陈菲琼、孟巧爽、李飞，2015，《产业投资基金对产业结构调整的影响路径研究》，《科学学研究》第 4 期。

陈景华、王素素、陈敏敏，2020，《服务业双向 FDI、空间溢出与服务业全要素生产率——来自中国的经验证据》，《山东财经大学学报》第 1 期。

陈明、魏作磊，2018，《生产性服务业开放对中国服务业生产率的影响》，《数量经济技术经济研究》第 5 期。

陈仁恩、林期望，1959，《人民公社农业劳动生产率计算及其资料来源讨论》，《中国经济问题》第 10 期。

陈思、何文龙、张然，2017，《风险投资与企业创新：影响和潜在机制》，《管理世界》第 1 期。

陈颂、卢晨，2019，《基于行业技术相似度的 FDI 技术溢出效应研究》，《国际贸易问题》第 1 期。

陈文婷、简倩铭、李子斌，2017，《中国私募股权投资基金投资特征分析》，《广东外语外贸大学学报》第 5 期。

陈振汉，1955，《明末清初（1620–1720 年）中国的农业劳动生产率、地租和土地集中》，《经济研究》第 3 期。

陈峥嵘，2004，《发展私募股权市场 提高中小企业融资效率》，《中国创业投资与高科技》第 12 期。

成思危，1999，《积极稳妥地推进我国的风险投资事业》，《管理世界》第 1 期。

〔英〕大卫·李嘉图，1962，《政治经济学及赋税原理》，郭大力、王亚南译，商务印书馆。

戴觅、余淼杰，2012，《企业出口前研发投入、出口及生产率进步——来自中国制造业企业的证据》，《经济学》（季刊）第 1 期。

戴翔，2015，《中国服务出口竞争力：增加值视角下的新认识》，《经济学家》第 3 期。

党嘉钰，2019，《私募股权投资对科技成果转化绩效的影响研究》，硕士学位论文，西安理工大学。

邓康桥，2006，《私募股权投资的风险及控制策略》，《经济论坛》第 18 期。

丁声俊，1990，《联邦德国是怎样提高农业劳动生产率的》，《世界农业》第 5 期。

都阳、曲玥，2009，《劳动报酬、劳动生产率与劳动力成本优势——对 2000-2007 年中国制造业企业的经验研究》，《中国工业经济》第 5 期。

〔法〕杜阁，1961，《关于财富的形成和分配的考察》，南开大学经济系经济学说史教研组译，商务印书馆。

方红艳、付军，2014，《我国风险投资及私募股权基金退出方式选择及其动因》，《投资研究》第 1 期。

费一文、朱熹、张延，2012，《私募股权投资是否提高了目标企业的生产效率——基于中国上市公司的实证分析》，《上海管理科学》第 5 期。

芬四，1989，《关于〈帝国主义论〉及其在今天的发展之讨论》，《中共山西省委党校学报》第 1 期。

高帆，2015，《我国区域农业全要素生产率的演变趋势与影响因素——基于省际面板数据的实证分析》，《数量经济技术经济研究》第 5 期。

高锁平，2006，《私募股权融资——农业产业化融资的新视角》，《农场经济管理》第 2 期。

顾乃华、毕斗斗、任旺兵，2006，《生产性服务业与制造业互动发展：文献综述》，《经济学家》第 6 期。

顾乃华、夏杰长，2010，《生产性服务业崛起背景下鲍莫尔-富克斯假说的再检验——基于中国 236 个样本城市面板数据的实证分析》，《财贸研究》第 6 期。

关丁，1963，《近百年来美国的农业生产率》，《经济学动态》第 5 期。

广玉祺、吴雁鸣，2018，《风险投资对农业创新的影响实证》，《南方农机》第 8 期。

郭鸿鹏、何新颖，2018，《制度创新视角下农业科技创新风险投资研究——评〈农业科技创新风险投资：运行与制度创新〉》，《农业技术经济》第 2 期。

郭辉，2007，《日美信息产业发展的比较及其对我国的启示》，硕士学位论文，东北财经大学。

郭庆旺、贾俊雪，2005，《中国全要素生产率的估算：1979 - 2004》，《经济研究》第 6 期。

何枫、陈荣，2004，《经济开放度对中国经济效率的影响：基于跨省数据的实证分析》，《数量经济技术经济研究》第 3 期。

何涌，2019，《R&D 投入能促进企业创新质量的提升吗？——基于风险投资的调节作用》，《经济经纬》第 4 期。

贺菊煌，1992，《我国资产的估算》，《数量经济技术经济研究》第 8 期。

胡家夫，2018，《私募股权基金：创新和高质量发展关键力量》，《证券时报》11 月 6 日，第 A11 版。

胡力勇，2019，《私募股权投资基金运作机制及其改进研究》，硕士学位论文，安徽财经大学。

胡永攀，2010，《私募股权基金组织与监管法律问题研究》，博士学位论文，武汉大学。

胡志强、彭博，2016，《风险投资在研发转化中调节作用的实证分析》，《统计与决策》第 11 期。

华姗姗，2019，《风险投资、股权集中度与企业创新效率》，硕士学位论文，山东师范大学。

华岳、唐雅琳、成程，2019，《风险投资如何影响城市创新——基于政府引导基金的工具变量分析》，《产业经济评论》第 1 期。

黄荔梅，2020，《我国创新驱动发展的战略抉择》，《中外企业家》第 5 期。

黄群慧、余泳泽、张松林，2019，《互联网发展与制造业生产率提升：内在机制与中国经验》，《中国工业经济》第 8 期。

黄勇峰、任若恩，2002，《中美两国制造业全要素生产率比较研究》，《经济学》（季刊）第 4 期。

纪玉俊、宋金泽，2019，《行政垄断、对外开放与行业全要素生产率——基于我国制造业数据的实证检验》，《山东工商学院学报》第 2 期。

贾伊萌、张旭亮，2020，《行业全要素生产率的微观测算——以制造业上市企业为例》，《现代管理科学》第 2 期。

江艇、孙鲲鹏、聂辉华，2018，《城市级别、全要素生产率和资源错配》，《管理世界》第 3 期。

江小涓，2017，《高度联通社会中的资源重组与服务业增长》，《经济研究》第 3 期。

江小涓，2021，《用数字技术克服"鲍莫尔病"》，《北京日报》10 月 25 日，第 9 版。

江小涓、罗立彬，2019，《网络时代的服务全球化——新引擎、加速度和大国竞争力》，《中国社会科学》第 2 期。

江永红、陈昺楠，2018，《产业结构服务化对全要素生产率增速的影响机理》，《改革》第 5 期。

荆文君、孙宝文，2019，《数字经济促进经济高质量发展：一个理论分析框架》，《经济学家》第 2 期。

孔昱程，2019，《列宁金融资本理论及其当代启示》，硕士学位论文，曲阜师范大学。

〔美〕劳伦·勃兰特、托马斯·罗斯基编，2009，《伟大的中国经济转型》，方颖、赵扬等译，格致出版社、上海人民出版社。

乐之，2003，《私募股权融资与金融创新——访清华大学经管学院金融系副主任朱武祥教授》，《中国市场》第 10 期。

李斌、彭星、欧阳铭珂，2013，《环境规制、绿色全要素生产率与中国工业发展方式转变——基于 36 个工业行业数据的实证研究》，《中国工业经济》第 4 期。

李朝林，2004，《两种资本范畴体系的比较（上）——西方经济学"资本"范畴的演变》，《市场周刊·财经论坛》第 7 期。

李丹，2019，《私募股权投资对农业上市企业公司治理的影响研究》，硕士学位论文，武汉轻工大学。

李栋、梁银鹤、董志勇、戴赜，2017，《利率市场化条件下我国中小企业融资问题分析》，《上海金融》第 12 期。

李华、王鹏，2003，《"天使投资"在 OECD 国家的运作——兼论"天使投资"在我国的发展前景》，《世界经济研究》第 4 期。

李建良、濮江，2004，《风险投资的内涵辨析及其实践意义》，《财贸研究》第 3 期。

李建伟，2007，《私募股权投资基金的发展路径与有限合伙制度》，《证券市场导报》第 8 期。

李江帆，1982，《略谈非物质生产劳动者日趋增多问题》，《学术研究》第 1 期。

李靖，2016，《我国私募股权资本募集渠道多元化研究》，《海南金融》第 3 期。

李静筠，2008，《私募股权与中小企业融资创新探讨》，硕士学位论文，暨南大学。

李九斤、王福胜、徐畅，2015，《私募股权投资特征对被投资企业价值的影响——基于 2008-2012 年 IPO 企业经验数据的研究》，《南开管理评论》第 5 期。

李平、刘建，2006，《FDI、国外专利申请与中国各地区的技术进步——国际技术扩散视角的实证分析》，《国际贸易问题》第 7 期。

李盛竹、叶子荣，2009，《基于两阶段固定效应法的中国邮政需求关系估计》，《统计与决策》第 13 期。

李天，2019，《我国私募股权投资投后管理研究》，《国际公关》第 3 期。

李晓华，2019，《数字经济新特征与数字经济新动能的形成机制》，《改革》第 11 期。

李心丹、朱洪亮、张兵、罗浩，2003，《基于 DEA 的上市公司并购效率研究》，《经济研究》第 10 期。

李勇坚、夏杰长，2009，《我国经济服务化的演变与判断——基于相关国际经验的分析》，《财贸经济》第 11 期。

李玉先、朱道华，1963，《关于农业劳动生产率统计中活劳动时间的计算问题》，《经济研究》第 10 期。

李政、刘丰硕，2020，《企业家精神提升城市全要素生产率了吗?》，《经济评论》第 1 期。

梁若冰，2002，《Solow 悖论引出的思考：服务业的生产率之谜》，《世界经济》第 9 期。

梁潇，2018，《私募股权基金在软件和信息技术服务业的投资评价研究》，硕士学位论文，北京外国语大学。

梁泳梅、董敏杰，2015，《中国经济增长来源：基于非参数核算方法的分析》,《世界经济》第 11 期。

刘丹鹭,2013,《进入管制与中国服务业生产率——基于行业面板的实证研究》,《经济学家》第 2 期。

刘德光,1986,《改进农业劳动生产率指标的计算方法》,《农业技术经济》第 8 期。

刘建华,2012,《福建省全要素生产率的测算与分析:1978 - 2010》,《北方经济》第 21 期。

刘晶明,2018,《中国私募股权投资基金退出的法律规制》,第三届智能信息技术应用学会,新加坡。

刘莉亚、金正轩、何彦林、朱小能、李明辉,2018,《生产效率驱动的并购——基于中国上市公司微观层面数据的实证研究》,《经济学》(季刊)第 4 期。

刘满凤、赵珑,2019,《互联网金融视角下小微企业融资约束问题的破解》,《管理评论》第 3 期。

刘儒、贺升杰,2019,《诠释新时代社会主要矛盾的三个维度——基于中国特色社会主义政治经济学的分析》,《财经问题研究》第 10 期。

刘三江,2018,《进一步完善私募股权投资基金退出机制》,《金融时报》2 月 10 日,第 7 版。

刘维林,2012,《产品架构与功能架构的双重嵌入——本土制造业突破 GVC 低端锁定的攀升途径》,《中国工业经济》第 1 期。

刘兴凯、张诚,2010,《中国服务业全要素生产率增长及其收敛分析》,《数量经济技术经济研究》第 3 期。

刘燕华,2019,《对科技金融的几点思考》,《中国科学报》7 月 25 日,第 5 版。

刘迎霜,2015,《私募股权基金投资中对赌协议的法律解析》,《国际商务(对外经济贸易大学学报)》第 1 期。

刘智毅、陈苏，2014，《私募股权对中小企业上市前价值影响的实证研究》，第九届中国管理学年会，广州。

刘宗根，2017，《并购基金优胜劣汰"上市公司+PE"操作手法升级》，《中国证券报》12月27日，第1版。

〔德〕鲁道夫·希法亭，1994，《金融资本——资本主义最新发展的研究》，福民等译，商务印书馆。

鲁晓东、连玉君，2012，《中国工业企业全要素生产率估计：1999–2007》，《经济学》（季刊）第2期。

陆旸，2016，《中国全要素生产率变化趋势》，《中国金融》第20期。

吕刚、林佳欣，2019，《中国服务业的实际开放度与国际竞争力：基于FATS和BOP统计口径的全面衡量》，《国际经济评论》第5期。

吕铁，2002，《制造业结构变化对生产率增长的影响研究》，《管理世界》第2期。

吕越、黄艳希、陈勇兵，2017，《全球价值链嵌入的生产率效应：影响与机制分析》，《世界经济》第7期。

吕周汀，2018，《基于区域性股权交易市场的PE二级交易平台设计》，硕士学位论文，华南理工大学。

罗朝阳、李雪松，2020，《金融周期、全要素生产率与债券违约》，《经济管理》第2期。

马克思，1955，《资本论》（第一卷），郭大力、王亚南译，人民出版社。

马克思，2004，《资本论》（第三卷），中共中央马克思恩格斯列宁斯大林著作编译局译，人民出版社。

么明，2014，《匈牙利农地产权变更、农地规模与农业生产率的关系研究》，硕士学位论文，辽宁大学。

孟令杰，2001，《美国农业生产率的增长与启示》，《农业经济问题》第 3 期。

〔俄〕尼·布哈林，1983，《世界经济和帝国主义》，蒯兆鹏译，中国社会科学出版社。

宁凌、李家道，2011，《美日英科技服务业激励政策的比较分析及启示》，《科技管理研究》第 10 期。

欧阳洁，2017，《金融风险该怎么防（政策解读·聚焦中央经济工作会议②）》，《人民日报》12 月 25 日，第 2 版。

庞瑞芝、邓忠奇，2014，《服务业生产率真的低吗?》，《经济研究》第 12 期。

彭国华，2005，《中国地区收入差距、全要素生产率及其收敛分析》，《经济研究》第 9 期。

彭俞超、倪骁然、沈吉，2018，《企业"脱实向虚"与金融市场稳定——基于股价崩盘风险的视角》，《经济研究》第 10 期。

钱苹、张帏，2007，《我国创业投资的回报率及其影响因素》，《经济研究》第 5 期。

钱学锋、王胜、黄云湖、王菊蓉，2011，《进口种类与中国制造业全要素生产率》，《世界经济》第 5 期。

清科研究中心，2010，《2009 年人民币基金主导私募股权市场》，《中国中小企业》第 2 期。

邱斌、杨帅、辛培江，2008，《FDI 技术溢出渠道与中国制造业生产率增长研究：基于面板数据的分析》，《世界经济》第 8 期。

全炯振，2009，《中国农业全要素生产率增长的实证分析：1978~2007 年——基于随机前沿分析（SFA）方法》，《中国农村经济》第 9 期。

〔法〕让-克洛德·德劳内、让·盖雷，2011，《服务经济思想史：三个世纪的争论》，江小涓译，格致出版社。

商野，2006，《明修"私筹"之路——私募股权投资中国价值链分析》,《首席财务官》第 Z1 期。

商禹,2011,《现代服务业的创新发展研究》,硕士学位论文,吉林大学。

生延超、钟志平,2010,《规模扩张还是技术进步:中国饭店业全要素生产率的测度与评价——基于非参数的曼奎斯特(Malmquist)生产率指数研究》,《旅游学刊》第 5 期。

盛立军,2003,《私募股权与资本市场》,上海交通大学出版社。

盛小鹏,2014,《私募股权投资对我国制造业企业发展的影响》,硕士学位论文,浙江财经大学。

师博、沈坤荣,2008,《市场分割下的中国全要素能源效率:基于超效率 DEA 方法的经验分析》,《世界经济》第 9 期。

史常亮、朱俊峰、揭昌亮,2016,《中国农业全要素生产率增长地区差异及收敛性分析——基于固定效应 SFA 模型和面板单位根方法》,《经济问题探索》第 4 期。

宋倩雯,2019,《私募股权投资投后管理的路径分析》,硕士学位论文,浙江大学。

苏东海,2007,《发展我国私募股权投资基金的思考》,《中国金融》第 21 期。

孙娟、杨德利,2012,《我国农业中小企业私募股权融资研究——以福建圣农发展股份有限公司为例》,《湖南农业科学》第 1 期。

孙俊、褚明晔,2013,《新型金融业态对经济转型升级的作用——基于长三角私募股权投资流向的分析视角》,《金融纵横》第 3 期。

孙巍、叶正波,2002,《转轨时期中国工业的效率与生产率——动态非参数生产前沿面理论及其应用》,《中国管理科学》第 4 期。

孙玉美,2010,《中国私募股权投资的现状与发展初探》,《特区经济》第 5 期。

谈毅、陆海天、高大胜,2009,《风险投资参与对中小企业板上市公司的影响》,《证券市场导报》第 5 期。

唐未兵、傅元海、王展祥,2014,《技术创新、技术引进与经济增长方式转变》,《经济研究》第 7 期。

田友春、卢盛荣、靳来群,2017,《方法、数据与全要素生产率测算差异》,《数量经济技术经济研究》第 12 期。

涂峰,2006,《天使投资与风险投资的比较分析》,《科技创业月刊》第 6 期。

涂正革、肖耿,2005,《中国的工业生产力革命——用随机前沿生产模型对中国大中型工业企业全要素生产率增长的分解及分析》,《经济研究》第 3 期。

王国刚、杨智清,2018,《简论小微企业融资难的成因与应对之策》,《农村金融研究》第 10 期。

王虎生,2018,《私募股权投资中"对赌协议"的法律研究》,硕士学位论文,暨南大学。

王家庭、李艳旭、马洪福、曹清峰,2019,《中国制造业劳动生产率增长动能转换:资本驱动还是技术驱动》,《中国工业经济》第 5 期。

王磊,2009,《我国私募股权投资的融资研究——基于中美比较的视角》,博士学位论文,西北大学。

王师勤,1988,《霍夫曼工业化阶段论述评》,《经济学动态》第 10 期。

王恕立、汪思齐、滕泽伟,2016,《环境约束下的中国服务业全要素生产率增长》,《财经研究》第 5 期。

王小波,1992,《全要素生产率的指数估计与分解》,《统计研究》第 2 期。

王旭东,2001,《中国实施可持续发展战略的产业选择》,博士学位论文,暨南大学。

王亚华、臧良震、苏毅清,2020,《2035 年中国农业现代化前景展望》,《农业现代化研究》第 1 期。

王志刚、龚六堂、陈玉宇,2006,《地区间生产效率与全要素生产率增长率分解(1978-2003)》,《中国社会科学》第 2 期。

魏涛,2009,《中资银行引进境外战略投资者》,硕士学位论文,电子科技大学。

吴楠,2018,《马克思金融相关理论对我国当前金融监管变革适应性分析》,《知识经济》第 3 期。

吴小霞,2015,《对列宁〈帝国主义论〉的辩证认识》,《江西青年职业学院学报》第 5 期。

吴晓灵,2007,《发展私募股权投资基金提升企业价值》,《中国科技投资》第 7 期。

吴晓求、许荣、孙思栋,2020,《现代金融体系:基本特征与功能结构》,《中国人民大学学报》第 1 期。

吴延兵,2006,《R&D 与生产率——基于中国制造业的实证研究》,《经济研究》第 11 期。

武长河、王潞,2019,《风险投资对长三角生产性服务业与制造业协同集聚的影响——基于中介效应的研究》,《创新科技》第 10 期。

习近平,2019,《深入理解新发展理念》,《求是》第 10 期。

夏杰长、肖宇,2018,《构建中国服务贸易持续稳定发展的长效机制》,《社会科学战线》第 3 期。

夏杰长、肖宇,2019,《生产性服务业:发展态势、存在的问题及高质量发展政策思路》,《北京工商大学学报》(社会科学版)第 4 期。

夏杰长、肖宇、李诗林,2019,《中国服务业全要素生产率的再测算与影响因素分析》,《学术月刊》第 2 期。

肖宇、李诗林、杨健,2019a,《风险投资与高质量发展:基于省级面板数据的实证检验》,《西南金融》第 6 期。

肖宇、夏杰长、倪红福,2019b,《中国制造业全球价值链攀升路径》,《数量经济技术经济研究》第 11 期。

谢达斐,2019,《超八成科创板申报企业获私募基金投资》,《上海证券报》7 月 3 日,第 7 版。

徐宏毅、陶德馨,2002,《服务业生产率低下的原因分析及改进对策研究》,《科技进步与对策》第 6 期。

徐新阳,2011,《私募股权投资对企业上市后经营绩效的影响——基于江浙两省中小企业板制造业上市公司的实证分析》,《财经论丛》第 6 期。

宣烨、余泳泽,2017,《生产性服务业集聚对制造业企业全要素生产率提升研究——来自 230 个城市微观企业的证据》,《数量经济技术经济研究》第 2 期。

颜鹏飞、王兵,2004,《技术效率、技术进步与生产率增长:基于 DEA 的实证分析》,《经济研究》第 12 期。

杨其静、程商政、朱玉,2015,《VC 真在努力甄选和培育优质创业型企业吗?——基于深圳创业板上市公司的研究》,《金融研究》第 4 期。

杨青青、苏秦、尹琳琳,2009,《我国服务业生产率及其影响因素分析——基于随机前沿生产函数的实证研究》,《数量经济技术经济研究》第 12 期。

杨仁发、李娜娜,2019,《产业结构变迁与中国经济增长——基于马克思主义政治经济学视角的分析》,《经济学家》第 8 期。

杨汝岱,2015,《中国制造业企业全要素生产率研究》,《经济研究》第 2 期。

杨胜刚、张一帆,2017,《风险投资对企业创新的影响——基于中小板和创业板的研究》,《经济经纬》第 2 期。

杨同芝,2000,《发展农业高新技术风险投资的意义及对策》,《农业技术经济》第 4 期。

杨向阳、徐翔，2006，《中国服务业全要素生产率增长的实证分析》，《经济学家》第 3 期。

杨芷晴，2019，《教育如何影响农业绿色生产率——基于我国农村不同教育形式的实证分析》，《中国软科学》第 8 期。

姚磊，2012，《私募股权投资中的对赌协议研究》，硕士学位论文，华东政法大学。

姚颖，2013，《私募股权投资中的企业估值方法研究》，硕士学位论文，南京大学。

易纲、樊纲、李岩，2003，《关于中国经济增长与全要素生产率的理论思考》，《经济研究》第 8 期。

殷剑峰，2018，《比较金融体系与中国现代金融体系建设》，《新金融评论》第 5 期。

尹晓宇、宋帅，2015，《打造财政金融支农新样本——中国农业产业发展基金的市场化支农探索》，《人民日报》（海外版）3 月 4 日，第 6 版。

印露，2009，《私募股权投资基金退出的法律制度研究》，硕士学位论文，复旦大学。

于斌斌，2015，《产业结构调整与生产率提升的经济增长效应——基于中国城市动态空间面板模型的分析》，《中国工业经济》第 12 期。

余东华、王必好，2020，《技术创新效率的内生性与随机变动效应研究——要素投入中知识资本与人力资本的差异化影响》，《南方经济》第 1 期。

曾燕萍，2019，《中国文化服务业企业全要素生产率变动及其异质性——基于 DEA-Malmquist 指数法的分析》，《经济问题探索》第 7 期。

詹丹，2014，《中国私募股权投资基金退出方式研究》，硕士学位论文，华东理工大学。

张保和，2019，《论列宁〈帝国主义论〉的当代价值》，《井冈山大学学报》（社会科学版）第 5 期。

张国初，1996，《前沿生产函数、要素使用效率和全要素生产率》，《数量经济技术经济研究》第 9 期。

张海洋，2005，《R&D 两面性、外资活动与中国工业生产率增长》，《经济研究》第 5 期。

张昊楠，2019，《私募股权基金对软件开发与服务企业的投资评价案例研究》，硕士学位论文，北京交通大学。

张红，2017，《试析如何拓宽私募股权投资基金资金来源渠道》，《中国国际财经（中英文）》第 9 期。

张建华、程文，2019，《服务业供给侧结构性改革与跨越中等收入陷阱》，《中国社会科学》第 3 期。

张玲，2016，《我国私募股权基金准入监管制度研究》，硕士学位论文，华中师范大学。

张敏，2017，《新时代中国特色社会主义的社会主要矛盾转化分析》，《吉林党校报》12 月 15 日，第 3 版。

张敏如，1962，《农业劳动生产率计算中若干问题的探讨》，《经济研究》第 8 期。

张社梅、王慧莹，2004，《构建我国农业风险投资支撑体系》，《西北农林科技大学学报》（社会科学版）第 6 期。

张秀敏，2019，《浅析私募股权投资中投后管理实践要点》，《全国流通经济》第 15 期。

张学勇、廖理，2011，《风险投资背景与公司 IPO：市场表现与内在机理》，《经济研究》第 6 期。

张雅楠，2016，《"借道"并购、曲线上市与私募股权投资退出——基于双汇的案例研究》，《国际商务财会》第 8 期。

张阳，2003，《"私募"商机访新加坡 Co-Win Venture Resources 公司合伙人，中国私募股权研究中心（筹）发起人盛立军先生》，《经理人》第 5 期。

张云莹，2017，《风险投资对我国农业企业 IPO 市场表现的影响研究》，硕士学位论文，西北农林科技大学。

章祥荪、贵斌威，2008，《中国全要素生产率分析：Malmquist 指数法评述与应用》，《数量经济技术经济研究》第 6 期。

赵吟，2019，《互联网股权融资投资者准入的法律规制》，《重庆大学学报》（社会科学版）第 4 期。

赵忠滨，2018，《国外中小企业融资的政府支持》，《中国金融》第 20 期。

赵子健、傅佳屏，2020，《中国装备制造业的区域差异、影响因素与高端化战略》，《系统管理学报》第 1 期。

郑京海、胡鞍钢，2005，《中国改革时期省际生产率增长变化的实证分析（1979—2001 年）》，《经济学》（季刊）第 1 期。

郑绍濂、胡祖光，1986，《经济系统的经济效益度量的综合指标——全要素生产率的研究和探讨》，《系统工程理论与实践》第 1 期。

郑玉歆，1999，《全要素生产率的测度及经济增长方式的"阶段性"规律——由东亚经济增长方式的争论谈起》，《经济研究》第 5 期。

周娟，2015，《韩国农业危机及其启示》，《农业经济问题》第 3 期。

朱炳元，2016，《列宁金融资本论：理论来源、基本内涵与当代视野》，《毛泽东邓小平理论研究》第 8 期。

朱炳元、陈冶风，2019，《〈资本论〉中的虚拟资本理论研究》，《马克思主义与现实》第 1 期。

朱秋博、白军飞、彭超、朱晨，2019，《信息化提升了农业生产率吗?》，《中国农村经济》第 4 期。

邹佳，2013，《私募股权对上市公司绩效影响研究》，硕士学位论文，复旦大学。

左依荻，2020，《私募股权投资对企业的投后管理支持方式及作用——基于新三板上市企业的角度》，《价值工程》第 1 期。

Abizadeh, S., M. Pandey. 2009. "Trade Openness, Structural Change and Total Factor Productivity," *International Economic Journal* 23: 545-559.

Abramvitz, M. 1956. "Resource and Output Trends in the United States Since 1870," *American Economic Review* 3: 5-23.

Acemoglu, D., S. Johnson, J. A. Robinson. 2001. "The Colonial Origins of Comparative Development: An Empirical Investigation," *American Economic Review* 91: 1369-1401.

Aguiar, L., J. Waldfogel. 2018. "Quality Predictability and the Welfare Benefits from New Products: Evidence from the Digitization of Recorded Music," *Journal of Political Economy* 126: 492-524.

Alvarez-Garrido, E., G. Dushnitsky. 2016. "Are Entrepreneurial Venture's Innovation Rates Sensitive to Investor Complementary Assets? Comparing Biotech Ventures Backed by Corporate and Independent VCs," *Strategic Management Journal* 37: 819-934.

Andersson, L. 2001. "Openness and Total Factor Productivity in Swedish Manufacturing, 1980-1995," *Review of World Economics* 137: 690-713.

Arnold, J. M., B. Javorcik, M. Lipscomb, A. Mattoo. 2016. "Services Reform and Manufacturing Performance: Evidence from India," *The Economic Journal* 126: 1-39.

Astarkina, N. R., E. S. Kurbatova, E. A. Puzanova. 2019. "Algorithm for Assessing the Risks of Small Business Project Financing," January, https://www.atlantis-press.com/proceedings/iscfec-18/55912523.

Baumol, W. 1967. "Macroeconomics of Unbalanced Growth: The Anatomy of Urban Crisis," *American Economic Review* 57: 415-426.

Brynjolfsson, E. , F. Eggers, A. Collis. 2019. "Using Massive Online Choice Experiments to Measure Changes in Well-being," *National Academy of Sciences* 116: 7250-7255.

Byerlee, D. , R. Murgai. 2001. "Sense and Sustainability Revisited: The Limits of Total Factor Productivity Measures of Sustainable Agricultural Systems," *Agricultural Economics* 26: 227-236.

Chan, S. H. , J. Jian, X. Lin. 2013. "Financing of Micro and Small Enterprises in China: An Exploratory Study," *Strategic Change* 7: 431-446.

Chen, Y. , X. Li, Y. Liu. 2018. "Improving Agricultural Labor Productivity in China: A Comparison of Agricultural Powers and Policy Implications," *Journal of Resources and Ecology* 9: 575-584.

Cocks, D. L. 1974. "The Measurement of Total Factor Productivity for a Large U. S. Manufacturing Corporation," *Business Economics* 9: 7-20.

Destefanis, S. , V. Sena. 2005. "Public Capital and Total Factor Productivity: New Evidence from the Italian Regions, 1970-98," *Regional Studies* 39: 603-617.

Ferrary, M. , M. Granovetter. 2009. "The Role of Venture Capital Firms in Silicon Valley's Complex Innovation Network," *Economy and Society* 38: 326-359.

Goldfarb, A. , C. Tucker. 2019. "Digital Economics," *Journal of Economic Literature* 57: 3-43.

Hildreth, C. , J. P. Houck. 1968. "Some Estimators for a Model with Random Coefficients," *Journal of American Statistical Association* 63: 584-595.

Hoffmann, W. G. 1958. *The Growth of Industrial Economics*. Manchester, Manchester University Press.

Kasman, A. , E. Turgutlu. 2009. "Total Factor Productivity in the Turkish Insurance Industry," *International Journal of the Economics of Business*

16: 239-247.

Kim, S. , G. Han. 2001. "A Decomposition of Total Factor Productivity Growth in Korean Manufacturing Industries: A Stochastic Frontier Approach," *Journal of Productivity Analysis* 16: 269-281.

Lerner, J. 2002. "When Bureaucrats Meet Entrepreneurs: The Design of Effective 'Public Venture Capital' Programmmes," *The Economic Journal* 112: 73-84.

Levinsohn, J. , A. Petrin. 2003. "Estimating Production Functions Using Inputs to Control for Unobservables," *The Review of Economic Studies* 70: 317-341.

Link, A. N. , C. J. Ruhm, D. S. Siegel. 2014. "Private Equity and the Innovation Strategies of Entrepreneurial Firms: Empirical Evidence from the Small Business Innovation Research Program," *Managerial and Decision Economics* 35: 103-113.

Lopez-Rodriguez, J. , D. Martinez-Lopez. 2017. "Looking Beyond the R&D Effects on Innovation: The Contribution of Non-R&D Activities to Total Factor Productivity Growth in the EU," *Structural Change and Economic Dynamics* 40: 37-45.

Marel, E. 2012. "Trade in Services and TFP: The Role of Regulation," *The World Economy* 35: 1530-1558.

Nakajima, T. , M. Nakamura, K. Yoshioka. 1998. "An Index Number Method for Estimating Scale Economies and Technical Processes Using Time-series of Cross-section Data: Sources of Total Factor Productivity Growth for Japanese Manufacturing, 1964-1988," *Japanese Economic Review* 49: 310-334.

Nguyen, S. V. , E. C. Kokkelenberg. 1992. "Measuring Total Factor Productivity, Technical Change and the Rate of Returns to Research and

Development," *Journal of Productivity Analysis* 2: 269-282.

Olley, G. S. , A. Pakes. 1996. "The Dynamics of Productivity in the Telecommunications Equipment Industry," *Econometrica* 64: 1263.

Olomola, P. A. , T. T. Osinubi. 2018. "Determinants of Total Factor Productivity in Mexico, Indonesia, Nigeria, and Turkey (1980-2014)," *Emerging Economy Studies* 4: 192-217.

Pierrakis, Y. , G. Saridakis. 2017. "Do Publicly Backed Venture Capital Investments Promote Innovation? Differences between Privately and Publicly Backed Funds in the UK Venture Capital Market," *Journal of Business Venturing Insights* 7: 55-64.

Qu, Y. , Y. Shi, K. Guo, Y. Zheng. 2018. "Has 'Intelligent Manu-facturing' Promoted the Productivity of Manufacturing Sector? —Evidence from China's Listed Firms," *Procedia Computer Science* 139: 299-305.

Rath, B. N. , V. Akram. 2019. "A Reassessment of Total Factor Productivity Convergence: Evidence from Cross-country Analysis," *Economic Modelling* 82: 87-98.

Romer, P. M. 1986. "Increasing Returns and Long-run Growth," *Journal of Political Economy* 94: 1002.

Romer, P. M. 1990. "Endogenous Technological Change," *Journal of Political Economy* 98: 71-102.

Shen, X. , B. Lin, W. Wu. 2019. "R&D Efforts, Total Factor Productivity, and the Energy Intensity in China," *Emerging Markets Finance and Trade* 55: 2566-2588.

Sohl, J. 2003. "The Private Equity Market in the USA: Lessons from Volatility," *Venture Capital* 5: 29-46.

Solow, R. M. 1957. "Technical Change and the Aggregate Production Function," *The Review of Economics and Statistics* 39: 312-320.

Stephen, N. 1982. "Total Factor Productivity Growth and the Revision of Post-1870 British Economic History," *The Economic History Review* 35: 83-98.

Sun, S. L. , V. Z. Chen, S. A. Sunny, J. Chen. 2019. "Venture Capital as an Innovation Ecosystem Engineer in an Emerging Market," *International Business Review* 28: 1.

Turner, C. , R. Tamura, S. E. Mulholland. 2013. "How Important Are Human Capital, Physical Capital and Total Factor Productivity for Determining State Economic Growth in the United States, 1840-2000?" *Journal of Economic Growth* 18: 319-371.

Tykvová, T. 2006. "How Do Investment Patterns of Independent and Captive Private Equity Funds Differ? Evidence from Germany," *Financial Markets and Portfolio Management* 20: 399-418.

Wu, L. , L. Xu. 2020. "Venture Capital Certification of Small and Medium-sized Enterprises towards Banks: Evidence from China," *Accounting & Finance* 60: 1601-1633.

Xie, R. , S. Yao, F. Han, J. Fang. 2019. "Land Finance, Producer Services Agglomeration, and Green Total Factor Productivity," *International Regional Science Review* 42: 550-579.

附 录

附录1　私募股权投资机构调研表

　　拟投项目或企业的成长性，是决定私募股权投资机构是否参与投资的重要决策考量。从业界行业惯例来看，在长期的历史实践中已经基本形成了较为规范的决策范式。在寻找项目、接受商业计划书之后，PE/VC机构一般会启动尽职调查。虽然不同机构在赛道、投资风格和敞口管理上存在自己的偏好，但本调研表具有一定的代表性。

一　贵单位的基本情况

单位名称：

成立时间：

所在地区：

员工人数：

资产规模：

专注领域：

专注投资企业阶段[①]：

□种子期　　□早期　　□中期　　□成长期

[①]　注：企业阶段指种子期、早期、中期及成长期。此处种子期是指技术上可行，企业成立时间在1年以内；早期是指产品处于样品或测试阶段，企业成立时间为1~3年；中期是指企业产品开始销售，企业成立时间在3~5年；成长期指企业销售收入显著增长到投资退出这一段时间，企业成立时间一般在5年及以上。

二　项目成长性评价考虑的主要因素及权重

1. 人员团队　　　　　　　　☆权重

2. 行业前景　　　　　　　　☆权重

3. 技术与产品　　　　　　　☆权重

4. 商业模式　　　　　　　　☆权重

5. 公司治理　　　　　　　　☆权重

6. 经营业绩　　　　　　　　☆权重

7. 其他因素（请列明）_____　　☆权重

三　主要因素筛选标准（可多选）

（1）人员团队

☆核心创始人数量

□1~3 人　　　□4~6 人　　　□6 人以上

☆核心创始人受教育程度

□博士　　　　□硕士　　　　□本科　　　　□大专及以下

☆核心创始人年龄

□30 岁以下　□30~40 岁　□40~50 岁　　□50 岁及以上

☆核心创始人企业家精神

□思想敏锐　　□坚毅　　　　□灵活

□进取　　　　□诚信　　　　□责任

☆核心创始人个人私德品质

□很注重　　　□比较注重　　□一般注重　　□不太注重

☆核心创始人过往创业经历

□有　　　　　□无

☆过往创业经历失败还是成功？

□失败　　　　□成功

☆团队成员数量

□10 人以下　　□10～20 人　　□20～30 人　　□30 人及以上

☆团队成员平均受教育程度

□博士　　　　□硕士　　　　□本科　　　　□大专及以下

☆团队成员在市场、技术、管理上的专业互补性

□非常完善　　□有待完善　　□不够完善

☆团队成员年龄方面老中青经验互补性

□有　　　　　□无

☆团队成员平均年龄

□30 岁以下　　□30～40 岁　　□40～50 岁　　□50 岁及以上

☆团队核心成员共事的年限

□1 年以内　　□1～2 年　　□3～5 年　　□5 年以上

（2）行业前景

☆行业大类判断

□新兴行业　　□传统行业

☆行业竞争特性

□非常激烈　　□比较激烈　　□不够激烈　　□没有竞争者

☆行业发展前景

□非常有前景　　　　□比较有前景

□前景不够明朗　　　□没有前景

（3）技术与产品

☆技术领先程度

□国际领先_____　　　□国内领先

□替代产品_____　　　□跟跑阶段

☆产品所处阶段

□创意阶段_____　　　□已有样机

□小规模量产_____　　□已试销

（4）商业模式

☆商业模式是否新颖

□传统商业模式　　　　　　□创新商业模式

☆主要客户群体是否集中

□非常集中　□比较集中　□不够集中

☆盈利模式是否清晰

□非常清晰　□比较清晰　□有待清晰　　□不够清晰

☆预算和销售计划是否明确

□非常明确　□比较明确　□有待明确　　□不够明确

☆企业成长壮大的策略是否明确

□非常明确　□比较明确　□有待明确　　□不够明确

（5）公司治理

☆大股东持股比例偏好

□大于50%（绝对控股）　□相对控股（30%～50%）

□重要持股（15%～30%）　□分散持股（小于等于15%）

☆核心技术人员持股

□大于50%　□30%～50%　□15%～30%

□小于等于15%　　　　□无

☆核心员工期权计划

□有　　　　□无

☆是否设立董事会

□是　　　　□否

☆是否有独立董事

□是　　　　□否

☆公司内部组织结构是否健全

□是　　　　□否

（6）经营业绩

☆企业盈利能力

□亏损　　　　□微利　　　　□赢利

☆营收增长

□优秀（大于等于50%）　　□良好（30%~50%）

□一般（10%~30%）　　　□较差（0~10%）

□很差（小于0）

四　被投项目成长性评价体系中的其他重要指标？（单独列明）

附录 2   各省区市鼓励私募股权投资发展的相关政策汇编

私募股权投资对创新增长的重要作用已成为各界共识,对此《国务院关于促进创业投资持续健康发展的若干意见》(国发〔2016〕53 号)明确指出,创业投资是实现技术、资本、人才、管理等创新要素与创业企业有效结合的投融资方式,是推动大众创业、万众创新的重要资本力量,是促进科技创新成果转化的助推器,是落实新发展理念、实施创新驱动发展战略、推进供给侧结构性改革、培育发展新动能以及稳增长、扩就业的重要举措。

为有效发挥创新资本在创新驱动发展中的重要作用,深化金融与科技、产业、人才的融合发展,助推服务经济高质量发展。全国各省区市都出台了鼓励私募股权投资更好发挥投早、投小、投科技、投创新的引导带动作用的措施,通过资本与高校、院所、孵化载体等之间的有效合作,重点聚焦高新技术产业和核心技术研发及科技成果转换,推动院所改革与创投机构设立结合,着力解决成果转化落地的体制机制束缚,不断完善课题到项目再到企业的全链条服务的相关政策措施,以实现自身的创新增长。

全国各省区市的主要政策措施如表 1 所示。

表 1   全国各省区市私募股权投资主要政策概览

省区市	政策文件	主要内容
北京	《北京市科学技术委员会、中关村科技园区管理委员会、北京市地方金融监督管理局印发〈关于支持创新型	支持北交所北京服务基地在中关村示范区相关分园设立服务站,聚焦本市重点产业领域,联合开展实施"育英计划",建立北交所上市重点企业储备库。率先在北京开展股权投资、创业投资的份额转让试点。

续表

省区市	政策文件	主要内容
北京	中小企业在北京证券交易所上市融资发展的若干措施〉的通知》(京科金发〔2022〕95号)、《国务院关于深化北京市新一轮服务业扩大开放综合试点建设国家服务业扩大开放综合示范区工作方案的批复》(国函〔2020〕123号)、《北京市通州区人民政府办公室关于印发〈通州区支持基础设施领域不动产投资信托基金(REITs)发展措施(试行)〉和〈通州区支持私募股权二级市场基金集聚发展措施(试行)〉的通知》(通政办发〔2022〕2号)、《北京市科委、中关村管委会等7部门印发〈关于加快建设高质量创业投资集聚区的若干措施〉的通知》(京科发〔2021〕79号)	北京市率先在全国开展股权投资和创业投资份额转让试点,进一步提升股权投资和创业投资基金份额转让的效率和规范性,推动形成行业"募投管退"良性循环的生态体系。给予开办及发展扶持,支持在通州区设立、注册各类S基金,对注册资本不低于5000万元的公司制S基金管理企业、S基金合伙人,按照实缴资本的1%、最高不超过3000万元给予一次性开办补助,并每年最高按照其实现区本级经济贡献部分的70%予以扶持。支持基金规模化运营,支持S基金参与股权投资和创业投资份额转让或受让已投项目股权,根据其交易结算的基金份额或受让股权规模对S基金管理企业给予区级补助。鼓励跨境双向投资,支持内外资S基金管理企业受托管理有合格境外有限合伙人(Qualified Foreign Limited Partner, QFLP)或合格境内有限合伙人(Qualified Domestic Limited Partner, QDLP)等认购的、符合本市有关规定的境内外试点基金。对符合《通州区支持私募股权二级市场基金集聚发展措施(试行)》第二条扶持条件、通过QFLP或QDLP试点联审的S基金管理企业,其管理运营试点基金中QFLP或QDLP等获批额度每满1亿元(或等值外币)的,结合其综合贡献给予不超过50万元的一次性资金扶持。同时制定基金份额转让补助、支持基金资本市场退出、高管及投资者激励、项目引进支持、综合服务支持等配套措施。对重点企业的个性化政策需求,可采取"一企一策"方式扶持。对符合条件的金融人才,参照国内最优政策予以支持,在办理落户、人才住房、子女教育、医疗康养等方面给予全方位服务。加大对创业投资的服务和支持力度,支持朝阳区建设高质量创业投资集聚区,加快培育一批聚焦硬科技投资,具有较大行业影响力的优质创投机构。以东湖国际中心为基础,朝阳园功能区为核心,CBD功能区、奥运功能区等区域为重点区,进一步拓展集聚区范围,打造特色区域和楼宇群,吸引集聚国际知名创投机构及其投资企业,以及法律信用、知识产权、人力资源、创业孵化等专业服务机构入驻。提升注册登记服务便利化水平。加大市区政府投资基金的引导作用,加快组建前沿硬科技创投基金。加强与北京市科技创新基金联动,共同发起设立人工智能、生命科学、量子科技、工业互联网等前沿硬科技创投基金。

省区市	政策文件	主要内容
天津	《天津市人民政府办公厅关于印发天津市金融业发展"十四五"规划的通知》（津政办发〔2021〕39号）、《天津市人民政府办公厅关于印发天津市制造业高质量发展"十四五"规划的通知》（津政办发〔2021〕23号）	支持外资私募机构成为外商独资和合资私募证券投资基金管理人。提升股权投资机构直接融资服务功能。集聚各类股权投资机构。积极引进各类股权投资企业和股权投资管理企业总部,支持境内外资本在本市设立股权投资企业,鼓励证券公司、保险公司、信托公司、财务公司等金融机构在本市投资或设立股权基金和直接投资公司。完善促进私募基金发展政策,支持有条件的区高起点建设基金集聚区。支持引进设立公募基金,支持外商独资和合资企业申请登记成为私募证券基金管理机构。支持国际化资产管理机构和管理人才在本市开展股权投资和资产管理业务,打造具有较强辐射引领效应的私募投融资中心。 加大对重点领域股权投资力度。鼓励股权投资机构开展天使投资、创业投资、夹层投资、并购投资等股权投资,布局重点区域、重点产业,健全与实体企业的对接渠道,畅通募、投、管、退等各环节,鼓励投小、投早、投科技。优化市场准入等领域政策,落实有关税收政策,支持股权投资机构在津设立资产管理产品,搭建平台促进优质企业与投资机构精准对接,形成较为完善的私募业务体系和产品体系。支持天津区域性股权市场建设成为以股权融资为核心的综合金融服务平台和扶持中小微企业政策措施的综合运用平台,探索开展制度和业务创新,拓宽中小微企业融资渠道,提升服务功能水平。用好海河产业基金等政府性投资基金,支持设立产业母基金、创新中心和公共服务平台,引导和带动社会资本参与投资本市高新技术企业,拓宽企业直接融资渠道。 促进产融对接。进一步加大金融支持力度,充分发挥风险投资(VC)、私募股权投资(PE)等股权投资机构作用,支持引导企业上市融资,拓宽企业直接融资渠道。
河北	《河北省人民政府办公厅关于印发河北省促进股权投资基金业发展办法的	明确了河北省股权投资基金和管理企业的设立程序、登记注册条件和鼓励扶持政策。旨在为企业发展和项目建设提供融资和增值服务。发起设立注册资本5亿元以上的股权投资基金的管理企业可享受一次性补助800万~1000万元。管理企业自缴纳第一笔营业税之日起,由纳税所在设区市、县(市)财政部门按照前两年所缴纳营业税设区市、县(市)

续表

省区市	政策文件	主要内容
河北	通知》(冀政办字〔2016〕186号)、《河北省财政厅关于印发〈河北省股权投资基金业发展奖励资金管理办法〉的通知》(冀财金〔2016〕44号)	分享部分额度全额补助,后3年减半补助。发起设立注册资本5亿元以上的股权投资基金并在本省登记注册的管理企业,由省财政按来冀设立总部的银行业金融机构相应政策给予一次性补助800万~1000万元;自获利年度起,分别由其注册地的设区市、县(市)政府前两年按其所缴企业所得税设区市、县(市)分享部分的额度全额奖励,后3年减半奖励。 股权投资基金投资于省内符合产业政策的企业或项目并持有其股权超过六个月的,按照其实际投资额给予一次性奖励。股权投资基金对省内企业直接投资额达到3000万元(含)以上的,按不超过其实际投资额的1%计算奖励,奖励金额最高不超过1000万元。
山西	《山西省人民政府关于加快股权投资基金业发展的若干意见》(晋政发〔2017〕19号)、《山西省人民政府办公厅关于印发山西省区域性股权市场监督管理实施细则(试行)的通知》(晋政办发〔2021〕8号)、《山西省人民政府关于公布我省区域性股权市场运营机构的通告》(晋政函〔2018〕113号)	培育发展各类基金。根据企业不同发展阶段,培育创业投资、私募股权投资、产业投资基金等不同类型的股权投资基金,为企业全生命周期提供各类股权投资基金产品。支持基金机构设立。加强与境内外知名股权投资机构合作,吸引各类股权投资基金在我省设立管理机构或业务总部,依法合规发起设立各类股权投资基金。鼓励基金集聚发展。支持在山西转型综改示范区内设立基金集聚区,吸引各类股权投资基金落户,围绕示范区定位创设各类基金产品;完善集聚区内基金业服务体系和基础服务设施建设。鼓励有条件的设区市设立基金产业园、基金小镇。推动政府投资基金发展。借鉴发达省市经验,加大创新力度,推动政府投资基金发展,吸引更多社会资本参与,培育和发展私募股权基金市场主体,带动全省股权投资基金业发展。 鼓励区域性股权市场与省市场监管局、中国人民银行征信中心等部门建立关于股份登记托管、股权出质登记、冻结登记的对接机制,促进企业相关初始登记、变更、质押、冻结等登记事项与国家企业信用信息公示系统同步,进一步促进中小微企业股权质押融资和相关社会信用体系建设。确定山西股权交易中心有限公司为山西省唯一合法的区域性股权市场运营机构。

续表

省区市	政策文件	主要内容
内蒙古	《内蒙古自治区人民政府办公厅关于印发自治区私募股权投资基金培育方案的通知》（内政办发〔2015〕107号）、《内蒙古自治区人民政府关于推进区域性股权市场发展的若干意见》（内政发〔2015〕118号）、《内蒙古自治区人民政府办公厅关于印发自治区推进企业上市挂牌三年实施计划（2018—2020年）的通知》（内政办发〔2018〕44号）	做好私募股权投资基金市场主体的培育，加强私募股权投资基金人才队伍建设，建立促进私募股权投资基金发展的协调机制，研究探索各类专项资金通过私募股权投资方式开展市场化运作，推动自治区区域性股权市场与私募股权投资市场协调发展，促进私募股权投资市场规范健康发展。内蒙古股权交易中心是依照国家规定、经自治区人民政府批准设立的自治区唯一的区域性股权市场，鼓励自治区非上市企业进场挂牌，积极开展全区非上市企业股权登记托管工作，探索使用各类专项资金利用区域性股权市场开展市场化运作，吸引各类成熟机构积极参与股权市场建设。健全区域性股权市场孵化培育体系。各盟市要积极引导战略新兴、高新技术、专精特新、产业扶贫等初创型企业进入区域性股权市场孵化。区域性股权市场要拓展服务功能，为企业提供财务咨询、路演对接、融资服务、形象展示等综合优质服务。对进入区域性股权市场孵化板的企业，自治区本级给予50万元资金奖补，对贫困地区进入区域性股权市场孵化板的企业给予60万元资金奖补。
辽宁	《辽宁省人民政府关于印发辽宁省产业（创业）投资引导基金设立方案的通知》（辽政发〔2015〕50号）	引导社会资本参与新兴产业创投计划，鼓励创业投资更多地向创业企业起步成长的前端延伸，吸引股权投资基金管理人才，实现"改革完善相关体制机制，构建普惠性政策扶持体系，推动资金链引导创业创新链、创业创新链支持产业链、产业链带动就业链"的目标，进一步提高创新驱动能力，促进全省三次产业优化升级，加快产业结构调整步伐。明确创业投资基金的投向主要是国家和辽宁省确定的战略性新兴产业和高技术产业领域项目，重点投向具备原始创新、集成创新、消化吸收再创新等属性，处于初创期、早中期的创新型企业。
吉林	《吉林省人民政府办公厅关于印发吉林省产业投资引导基金管理办法的通知》（吉政办发〔2019〕20号）	引导基金的管理运营要突出政策性、引导性、市场性，主要通过参股设立私募股权基金的方式开展投资。引导基金参股不控股，不做最大出资人。主要投资运营方式：围绕吉林省重点产业领域或薄弱环节，参股设立子基金；贯彻落实省委、省政府重大战略部署和规划，参股设立二级母基金；国内优秀基金管理人通过在吉林省新设管理公司的方式，管理运营引导基金参股的子基金时，引导基金可适当参股该新设管理公司；子基金投资于政府重点扶持或鼓励的省内企业或创业早期企业时，引导基金可适当跟进投资，一般不超过子基金对该企业实际投资额的50%。

续表

省区市	政策文件	主要内容
黑龙江	《黑龙江省人民政府办公厅关于印发黑龙江省区域性股权市场监督管理实施细则(试行)的通知》(黑政办规〔2019〕3号)、《黑龙江省人民政府关于进一步加快推进企业上市工作的意见》(黑政规〔2022〕2号)	省政府对运营机构实施监督管理,向社会公告唯一合法运营机构名单,并报证监会备案。未经公告并备案,任何单位和个人不得组织、开展区域性股权市场相关活动。除区域性股权市场外,省内其他各类交易场所不得组织证券发行和转让活动。 加大后备企业投融资支持。鼓励银行、融资担保、信用增进机构加强对后备企业的信贷、融资担保等金融服务,拓宽后备企业融资渠道,降低融资成本。鼓励省政府出资基金通过市场化方式投资黑龙江省上市后备企业,优化股权结构,增强融资能力。充分发挥与广东省对口合作等机制作用,鼓励省外私募股权投资机构调研投资黑龙江省企业。发挥区域性股权市场作用。深化哈尔滨股权交易中心与市县政府的战略合作,持续完善哈尔滨股权交易中心"紫丁香专板"挂牌企业分层分类培育服务体系,打造区域科技创新板、专精特新板、绿色低碳板等子功能板块,鼓励中小企业、"专精特新"企业在哈尔滨股权交易中心挂牌展示、融资融智。开展企业培育活动,提高民营企业规范经营以及对接多层次资本市场的意识和能力,不断输送优质上市后备企业。搭建信息交流平台,组织开展股权融资路演对接活动,吸引省内外基金机构投资挂牌企业,拓宽企业股权融资渠道。
上海	《上海市人民政府办公厅印发〈关于推进本市区域性股权市场规范健康发展的若干意见〉的通知》(沪府办规〔2018〕9号)、《上海市地方金融监督管理局关于印发〈上海股权托管交易中心管理办法〉的通知》(沪金规〔2021〕5号)、《上海市人民政府办公厅印发〈关于加快推进上海全球资产	立足于中小微企业尤其是科技型、创新型中小微企业发展需要,以融资促进和企业培育为核心,集聚综合金融服务资源,完善中小微企业服务生态圈,建设融资功能完备、服务方式灵活、运行安全规范的本市区域性股权市场。 集聚各类私募证券投资基金和私募股权投资基金(创业投资基金)。探索设立支持中小资产管理机构发展的种子基金,鼓励成立股权转让受让基金。加强资产管理机构培育,支持符合条件的基金管理等资产管理机构在多层次资本市场挂牌上市,拓展境内外业务布局。提升资产管理产品创新力度,促进上海国际金融中心和科创中心建设联动。深化QFLP和QDLP试点。推动参与合格境外有限合伙人(QFLP)试点的外资机构管理境内人民币基金,鼓励符合条件的内资机构参与QFLP试点。推进QFLP试点机构开展境内非上市公司股权、上市公司定向增发和夹层基金、特殊资产、私募股权、创业投资基金等投资。

续表

省区市	政策文件	主要内容
上海	管理中心建设的若干意见》的通知》（沪府办规〔2021〕6号）	支持境外知名资产管理机构和符合条件的境内机构申请合格境内有限合伙人（QDLP）试点资质。支持 QDLP 试点机构投资境外私募基金和非上市企业股权及债权、证券市场、大宗商品、金融衍生品等领域。探索推动外资资产管理机构用一个主体开展 QDLP、私募证券投资基金管理（WFOE PFM）等业务。鼓励试点机构在本市设立全球或区域管理中心，开展跨境双向投资管理。
江苏	《江苏省政府关于供给侧结构性改革去杠杆的实施意见》（苏政发〔2016〕48号）、《江苏省政府办公厅关于印发江苏省"十四五"金融发展规划的通知》（苏政办发〔2021〕60号）	发展股权融资，降低非金融企业杠杆率。支持企业利用多层次资本市场股权融资。完善上市企业后备数据库，推动入库企业对接创业投资基金、股权投资基金、产业投资基金，争取设立相应的中小企业对接资本市场扶持基金，鼓励区域性股权交易市场挂牌的成熟企业到"新三板"挂牌、定向增发。支持区域股权交易中心争取股权交易试点，开展挂牌企业私募股权、股权质押、知识产权质押融资。大力发展私募股权融资。发挥省天使投资引导资金、新兴产业创业投资引导基金等作用，鼓励更多民间资本设立创业投资基金，支持省级以上科技企业孵化器建立天使投资（种子）基金。鼓励龙头企业设立为上下游创业者服务的产业创投基金。支持有条件的地区开展各类私募基金集聚区建设。积极吸引境外股权投资。发挥苏南国家自主创新示范区、苏州工业园区开放创新综合试验区域等政策优势，吸引境外私募股权基金、并购基金及上下游产业链金融服务机构进驻。支持设立跨境合作产业基金，对基金跨境资本流动给予外汇管理便利。 加快发展创业投资。充分发挥省新兴产业创业投资引导基金、省科技创新投资基金和省天使投资风险补偿资金作用，优化政府引导基金运作模式，加强与头部私募股权投资母基金合作，构建以政府基金为引导、社会资本为主体、市场化运作的创新创业资本筹集机制。实施省创业投资企业竞争力提升行动计划和创业投资示范载体建设工程，培育具有国际和全国影响力的创业投资品牌领军企业、示范企业和优秀团队，建设创业投资集聚发展示范区和综合服务基地，吸引天使投资、创业投资等风险投资类机构集聚发展，支持头部创投机构发展壮大。鼓励国有企业依法依规参与设立创投机构，推动国有创投机构进一步发挥引领作用。鼓励各类产学研组织参与设立风险投资基金。鼓励创投机构在合法合规前提下通过债券、信托、保险资金等渠道募资。研究制定财政奖补等措施，激发创投企业投资潜力，拓宽创投资本退出渠道，引导创投机构增强价值投资和长期投资理念。

续表

省区市	政策文件	主要内容
浙江	《浙江省人民政府关于印发浙江省金融业发展"十四五"规划的通知》(浙政发〔2021〕15号)、《浙江省人民政府关于印发浙江省深入实施促进经济高质量发展"凤凰行动"计划(2021—2025年)的通知》(浙政发〔2021〕6号)	加大对科创企业的股权资本投入。打造政府产业基金引领、社会资本参与、市场化运作的科技创新基金体系,促进创新资本形成,重点支持"互联网+"、生命健康、新材料、数字经济等领域关键核心技术攻关和科技成果转化。充分利用金融特色小镇集聚私募基金优势,新增创业投资和私募股权投资基金备案5000亿元,孵化培育一批科技型中小微企业和高新技术企业。大力推动高成长型、成熟型科技企业在科创板、创业板等上市。 加大股权投资基金培育力度。围绕三大科创高地建设目标,加大源头培育力度,推动资本市场服务端口前移。发挥政府产业基金引导作用,撬动天使基金、风险投资基金等社会资本参与新一代信息技术、生命健康、新材料、高端装备、新能源等产业股改培育。引导各类股权投资基金投向人工智能等未来产业企业。开展合格境外有限合伙人(QFLP)试点,引进境外资本参与优质企业培育。发挥股权投资基金项目、人才和资金等优势,提升企业现代性。
安徽	《安徽省人民政府办公厅关于印发安徽省聚焦创新驱动引领发展打造省股权托管交易中心科创板实施方案的通知》(皖政办〔2019〕10号)、《安徽省支持实体经济发展政策清单》(2020年10月版,289条)	对省股权托管交易中心科创板挂牌企业首次开展股权融资的,省财政按照融资额的1%给予奖励,最高不超过70万元。对省科创板精选层的企业培育壮大后,支持其到上海证券交易所科创板上市,省财政将分阶段给予200万元奖励。对各类私募股权投资基金投资安徽省种子期、初创期企业达1000万元且投资期限已满1年的,企业所在地财政可按不超过投资金额的2%给予最高200万元奖励。 创投企业和天使投资个人投资种子期、初创期科技型企业符合规定条件的,可按投资额的70%抵扣应纳税所得额。自2019年1月1日至2021年12月31日,对国家级、省级科技企业孵化器、大学科技园和国家备案众创空间自用以及无偿或通过出租等方式提供给在孵对象使用的房产、土地,免征房产税和城镇土地使用税;对其向在孵对象提供孵化服务取得的收入,免征增值税。

省区市	政策文件	主要内容
福建	《厦门自贸片区促进私募股权投资母基金发展办法》（2022年10月1日起正式实施）、《福建省人民政府办公厅关于印发福建省"十四五"战略性新兴产业发展专项规划的通知》（闽政办〔2021〕60号）	全国首个母基金专项扶持政策。对落地的母基金,按照实际到资规模,在母基金对首个参投子基金出资后,给予其管理机构一次性落户奖励:实际到资50亿元（含）至100亿元的奖励800万元;100亿元（含）以上的奖励1000万元。母基金撬动社会资本在厦门自贸片区和湖里区投资设立子基金,将获得投资贡献奖励,子基金规模在50亿元（含）以上的奖励60万元。符合条件的母基金管理机构在厦门市租赁自用办公用房可享受租金补助,根据实际到位资金额给予相应的租金补助。 鼓励专业风险投资。鼓励和支持私募股权基金加快发展,加大对战略性新兴产业领域的投资力度。鼓励国有创投企业或基金建立符合规定的市场化运作机制,组建专业团队,优化赛道选择,强化主业协同,建立跟投机制,参与各类创业投资引导基金投资运营。引进和发展集成电路、新能源、新材料、生物医药、数字创意等领域专业投资机构。主动对接、联动国内外知名的创投基金和投资人,推动闽籍互联网精英、知名投资人回归投资省内优质企业。进一步提升尽职调查、形势分析、项目评估、技术经纪、信息服务、财务及法律咨询等中介服务机构的专业能力。
江西	《江西省人民政府办公厅关于促进区域性股权市场规范发展的通知》（赣府厅发〔2017〕33号）	指定江西联合股权交易中心有限公司是经省政府批准设立的区域性股权市场运营机构,负责组织全省区域性股权市场的活动,协助培育企业上市和新三板挂牌后备资源。建设引导基金发展平台。支持区域性股权市场对接江西省发展升级引导基金,广泛吸引社会资本,推动设立创新创业、资本市场发展等子基金集群,重点用于支持挂牌的新兴产业早中期及初创型、创新型企业。大力引导和支持创业创新型、战略性新兴产业和现代农业企业进入区域性股权市场挂牌融资。
山东	《中国人民银行、发改委、科技部等关于印发〈山东省济南市建设科创金融改革试验区总体方案〉的通知》（银发〔2021〕298号）	济南市成为全国首个科创金融改革试验区。将探索对重点投向种子期、初创期科技创新型企业的政府引导基金,实施尽职免责制度,允许设置不同的容错率和考核期限等,不对单个项目盈亏和短期收益进行考核。设立天使投资风险准备金,对天使类基金投资济南市种子期、初创期科技型、创新型企业出现亏损的,天使投资风险准备金可按照一定比例和规定额度承担损失。

省区市	政策文件	主要内容
河南	《河南省人民政府办公厅关于印发河南省促进天使风投创投基金高质量发展实施方案河南省数字经济和生物医药新材料政府引导基金设立方案的通知》（豫政办〔2021〕77号）	实施"基金入豫"专项行动。瞄准优秀投资机构，组织开展"投资机构看河南"系列活动。建立优秀天使风投创投机构与各类私募股权基金管理机构名单推荐机制，支持各地政府引导基金和国有企业基金择优选择合作伙伴。力争5年内吸引100家国内外优秀投资机构落户河南。在生物医药新材料、数字经济两个重点产业赛道设立省级政府母基金，发挥示范作用。鼓励郑州、洛阳等有条件的省辖市（含济源示范区）设立创业投资和天使投资引导基金，设立程序和运作管理应当遵循有关政策规定。支持设立市场化母基金。支持国有企业和产业龙头企业进军创投行业。争取外商投资股权投资试点。研究出台合格境外有限合伙人（QFLP）试点政策，依托自由贸易试验区发展跨境投融资，吸引境外投资人和境外资金参与设立市场化母基金，对设立天使风投创投子基金提供外资进入管理便利。
湖北	《湖北省人民政府关于印发湖北省金融业发展"十四五"规划的通知》（鄂政发〔2021〕37号）	加快发展私募股权基金。推行创业投资企业、创业投资管理企业和天使投资人登记注册便利化，鼓励有条件的地方对新设立和新迁入且投资当地实缴资金达到一定规模的创业投资机构给予适当奖励。完善政府引导基金运行机制，修订省级政府性股权投资基金管理制度，在参股创投风投比例、返投倍数、收益分配让利等方面实行更加灵活的规定。健全政府引导基金绩效评价机制，充分发挥政府引导基金资金放大、产业引导作用。简化国有公司制私募股权基金项目退出审计、评估、挂牌转让等程序，提高退出效率、降低退出成本。对政府参股的各类种子、天使、风投、创投基金，整体考核基金所投项目，从基金投资运营全周期评价整体投资收益，完善容错和尽职免责机制，更大力度撬动社会资本投早、投小、投科技。优化政府引导基金布局，统筹整合省级引导基金，建立省级股权投资平台、省级母基金、专业类子基金阶段协同、资金协同、目标协同的培育机制。构建省市县上下联动、相互衔接的政府引导基金管理体系，强化政策导向功能，引导撬动更多社会资本投入，支持创新创业和重点产业发展。建立私募股权投资优质企业和重点项目库，支持长期资本、风险资本进入私募股权基金，支持创业投资机构通过上市、发行企业债、公司债以及募集保险资金等渠道，创新创业投资募集资金方式。坚持价值投资，聚焦投资主业，依法合规探索建设创投项目转让交易平台，拓宽创业投资和股权投资份额转让与退出渠道，提升合规经营意识和专业化运作水平，加大私募股权基金对实体经济的支持力度。鼓励"内投外"和"外投内"双向股权投资基金发展，规范开展合格境外有限合伙人（QFLP）和人民币合格境外有限合伙人（RQFLP）业务，促进股权投资市场对外开放。

省区市	政策文件	主要内容
湖南	《湖南省人民政府金融工作办公室、湖南省工商行政管理局印发〈关于促进私募股权投资行业规范发展的暂行办法〉的通知》(湘政金发〔2017〕9号)、《湖南省人民政府办公厅关于支持湘江基金小镇发展的若干意见》(湘政办发〔2021〕9号)	鼓励有条件的市州、县市区按照"政府引导、市场化运作"原则推动设立私募股权投资引导基金。充分发挥已设立的引导基金在引导民间投资、扩大直接融资、弥补市场失灵等方面的作用。私募股权投资引导基金可优先投资在省政府金融办备案且综合考评得分较高的私募股权基金或其私募股权基金管理机构新设的私募股权基金。建立私募股权投资机构与政府项目对接机制,充分利用政府项目资源优势。建立私募股权投资机构对接服务机制,实现私募股权投资机构及天使投资人与股权投资项目、合格投资者的有序、规范、高效对接。建立私募股权投资机构与区域性股权市场对接机制,利用区域性股权市场加强对所投资企业的投后管理、培育,拓宽私募股权投资机构退出渠道。 完善基金生态体系。支持湘江基金小镇引进或新设私募基金管理人、私募股权投资基金、创业投资基金、私募证券投资基金、公募基金、持股平台、自有资金投资类企业等(以下统称投资机构),打造全业态的基金体系,努力推动资本、科技和实体经济高水平循环。对注册在湘江基金小镇且完成中国证券投资基金业协会或省发改委备案的私募股权投资基金、创业投资基金,按首笔实缴资本的1‰给予私募基金管理人或私募基金一次性奖励,单只基金奖励金额不超过100万元。对从省外迁入或新注册在湘江基金小镇的私募基金管理人,在完成中国证券投资基金业协会登记后按每家10万元给予一次性奖励。鼓励省政府引导基金、省属国有企业主导的基金、省外注册省内办公的私募基金管理人落户湘江基金小镇。支持国有私募基金管理人在湘江基金小镇探索跟投等市场化运营机制。实施便捷商事登记。支持投资机构运营。强化人才支持服务。用好税收支持政策。引导服务实体经济。湘江基金小镇要积极引导投资机构支持湖南省"三高四新"战略实施。注册在湘江基金小镇并在中国证券投资基金业协会或省发改委登记备案并年检合格的私募股权基金管理人或私募股权投资基金、创业投资基金,对其投资于湖南省高新技术企业、科技型中小企业等新兴及优势产业链项目,且持有股权期限超过6个月,根据所投资企业成立时间长短分别给予补助,所投资企业成立时间在5年(或60个月)以内,实际投资额超过1000万元以上,按不超过5%的比例给予补助;所投资企业成立时间在5年(或60个月)以上,实际投资额超过2000万元以上,按不超过1%的比例给予补助。每年单个股权投资类企业补助总额不超过300万元。鼓励各市州、省直单位、金融监管部门与湘江基金小镇共享资本、项目、政策信息,在湘江基金小镇举办路演、培训、创新创业大赛、论坛峰会等活动,共同打造省产融对接平台。

省区市	政策文件	主要内容
广东	《广东省人民政府关于印发广东省深入推进资本要素市场化配置改革行动方案的通知》(粤府函〔2021〕268号)、《广东省人民政府办公厅关于印发广东金融支持受疫情影响企业纾困和经济稳增长行动方案的通知》(粤府办〔2022〕13号)	创新政府科技经费支持方式,综合运用风投创投、风险补偿、融资担保、贷款贴息、政府购买服务等多种形式,构建财政资金与社会资金、直接融资与间接融资有效结合的多元化、多层次投融资体系。支持国有创投机构依法合规实施股权激励和跟投,建立容错免责机制,导入"投早投小"项目资产评估豁免机制,将投资项目浮动盈亏纳入考核标准。推进国有创投机构混合所有制改革,鼓励国有创投机构与专业机构联合设立投资机构,采用市场化机制运作,共享投资收益。强化金融机构、产业投资基金、创业投资引导基金与科技产业园区众创空间、"孵化器"、"加速器"等孵化载体的对接,加大对孵化载体内在孵企业的投融资力度。稳步推进区域性股权市场改革试点。推动区域股权交易中心建设非上市证券集中托管平台,支持省内非上市股权公司和地方持牌金融机构到区域性股权市场托管登记。稳妥支持开展股权投资和创业投资份额转让试点,完善私募股权投资基金份额估值、尽职调查、咨询服务体系。开展合格境内有限合伙人(QDLP)等私募股权投资基金跨境投资试点。支持港澳投资者参与投资粤港澳大湾区内地私募股权投资基金和创业投资企业。借鉴可变资本公司等先进经验,试点探索私募基金新形态。规范私募股权投资行业秩序。加速创新资本形成和有效循环。优化创业投资基金行业发展环境,探索建立天使投资(含种子期)、风险投资、并购重组投资的科创基金体系。探索优化天使母基金出资比例、让利等运营机制,引导社会资本"投早投小投硬科技"。推动创业投资基金领域双向开放,进一步优化合格境外有限合伙人(QFLP)政策,有序开展合格境内有限合伙人(QDLP/QDIE)试点。依托区域性股权市场,探索私募股权和创业投资份额转让试点。
广西	《广西壮族自治区人民政府办公厅关于促进区域性股权市场规范发展的实施意见》(桂政办发〔2017〕178号)、《广西壮族自治区人民政府国有资产监督管理委员会履行出资人职责企业私募	明确广西股权登记结算中心办理广西区域性股权市场股权及金融产品的托管、登记和结算等业务,为广西各类权益产品的确权、转让、质押和交易结算提供专业服务。丰富投资主体和融资模式。鼓励符合条件的法人机构、合伙企业、银行、资产管理公司、保险公司、信托公司、风投公司等各类投融资机构参与市场交易活动。支持行业骨干企业、创业孵化器、产业(技术)创新中心、保险公司等机构投资者投资区域性股权市场的挂牌企业。推动各类政府性资金支持区域性股权市场发展。鼓励相关部门通过设立产业基金、各类

省区市	政策文件	主要内容
广西	股权投资基金业务管理指导意见（试行）》	股权投资基金参与区域性股权市场投融资，支持中小微企业发展，实现资金高效精准的流向。 基金应主要投向经自治区国资委核准的企业主业范围，鼓励募集资金投向促进传统优势产业转型升级、科技创新、培育战略性新兴产业和公共服务等领域。
海南	《关于贯彻落实金融支持海南全面深化改革开放意见的实施方案》	对投向海南种业、现代农业等重点领域的私募股权基金依法依规加大支持力度。探索适应市场需求新形态的跨境投资外汇管理。积极开展合格境外有限合伙人（QFLP）试点。基金管理企业可向海南省地方金融监督管理局申请 QFLP 试点资格以及投资规模备案，在境内开展外商投资准入特别管理措施（负面清单）以外的各类投资活动（房地产企业和地方政府融资平台除外）。允许海南自由贸易港内合格境外有限合伙人（QFLP）按照余额管理模式自由汇出、汇入资金。在风险可控的前提下，取得 QFLP 试点资格的管理企业在境内发起设立基金后，境外投资者可在备案金额内自由汇出、汇入本金参与基金的申购与赎回。简化合格境外有限合伙人（QFLP）外汇登记手续。获得 QFLP 试点资格的管理企业，其发起设立的基金资本变动无须逐笔办理外汇登记变更等手续。积极开展合格境内有限合伙人（QDLP）试点，允许取得 QDLP 试点资格的企业开展符合国家政策规定的对外股权投资、证券投资等投资活动。海南省地方金融监督管理局会同国家外汇管理局海南省分局根据试点情况和实际需求，每年向国家外汇管理局申请增发 QDLP 额度。
重庆	《重庆市人民政府办公厅关于印发支持科技创新若干财政金融政策的通知》（渝府办发〔2021〕47号）、《关于发展股权投资促进创新创业的实施意见》、《重庆市金	支持组建科技创新投资平台。整合重庆产业引导基金公司和重庆科技金融集团，组建重庆科技创新投资集团有限公司，注册资本金100亿元，聚焦科技创新成果转化及科创企业孵化、引导、培育及上市，主投初创期科技企业，优化管理模式，修订种子、天使、产业引导等基金管理制度，建立更加符合科技创新投资特点的投决机制、激励机制、容错机制。支持股权投资机构加大对科技企业的投资力度，对投资科技创新产业的股权投资机构，市级按经济贡献给予不超过实际投资到账金额1%的奖励。

省区市	政策文件	主要内容
重庆	融工作局、重庆市财政局、重庆市科学技术局关于激励私募投资基金支持科技创新的通知》（渝金〔2021〕213号）	加快培育市场主体。大力引入优秀股权投资机构。对国内优秀股权投资机构落户重庆市，提供一站式窗口服务，专人协助对接相关登记管理部门，缩短其注册登记备案周期，提高行政便利化水平。对投资于重庆市新一代信息技术、高端装备、新材料、新能源、节能环保、生物医药等战略性新兴产业和高新技术产业的，或投资外地相关企业后引入重庆市并产生财政贡献的股权投资机构给予奖励。加强金融协同联动。发挥银行、证券、保险等金融机构资源优势，鼓励机构业务创新，与股权投资基金合作开展投贷联动、股债联动、投保联动等创新业务。引入养老金、理财资金、保险资金等长期资金配置股权投资，积极拓宽股权投资资金来源。支持符合条件的银行、券商等机构申请基金托管资格。拓宽机构退出渠道和方式。联合国内优秀投资管理机构，共同发起设立投资于基金份额转让的基金，增加股权投资基金的退出通道。积极发挥区域股权交易市场的平台作用，依法合规开展基金份额转让试点，搭建权益登记托管和转让平台，满足股权投资基金流动性需求。在奖励年度内按投资总额（扣除重庆市各级政府及国有企业出资）的1%给予奖励，同一基金管理人累计奖励最高不超过1000万元。
四川	《中共四川省委关于深入推进创新驱动引领高质量发展的决定》（2021年6月15日中国共产党四川省第十一届委员会第九次全体会议通过）、《四川省国民经济和社会发展第十四个五年规划和二〇三五年远景目标纲要》	大力发展创业风险投资。引导知名私募股权投资、天使投资、风险投资等方面的创业投资机构来川发展。支持省内上市公司、龙头企业设立创业风险投资机构。鼓励各类投资机构设立更多面向科技成果转化、高成长性企业和新型研发机构的投资基金。发挥省级中小企业发展专项资金作用，加大对投资种子期和初创期创新型企业的天使投资、创业投资的奖补力度。建立政府风险投资激励和管控机制，完善政府投资引导基金财政出资分享收益的社会资本让利机制。支持开展私募股权投资基金和创业投资基金创新试点。创新投资方式，鼓励民间资本采取私募等方式发起设立主要投资公共服务、生态环保、基础设施等领域的产业投资基金，政府可通过投资补助、基金注资、担保补贴、融资贴息、股权投资、资本金注入等方式，引导民间资本参与重点领域的投资、建设和经营。设立四川院士科技创新股权投资引导基金，推动"两院"院士和中央科研单位科技成果在川转移转化，开展中试放大、技术熟化、工程化配套和产业化示范。推进科技与金融深度融合，通过天使投资、风险投资、创业投资、科技信贷、科技保险等方式，提升科技创新融资能力。优化创业投资政策环境，吸引更多创投企业投资初创期科技型企业。

省区市	政策文件	主要内容
贵州	《贵州省人民政府办公厅关于印发贵州省推进企业上市高质量发展三年行动方案的通知》(黔府办发〔2021〕32号)、《贵州省人民政府办公厅关于建立企业破产处置府院联动机制进一步优化营商环境的通知》(黔府办函〔2021〕52号)、《贵州省人民政府办公厅关于印发进一步优化营商环境更好服务市场主体若干措施的通知》(黔府办发〔2020〕30号)	大力培育本土股权投资机构,鼓励全国创业投资机构、私募股权投资机构等在贵州省设立分支机构。鼓励产业引导股权投资基金、战略性新兴产业股权投资基金、科技风险投资基金为处于种子期、初创期、成长期不同发展阶段的企业提供融资支持,并吸引优质企业将注册地迁入贵州,重点聚焦先进制造、新型消费、康养旅游、互联网、新材料、节能环保等领域。 支持私募股权投资基金、产业投资基金、不良资产处置基金等各类基金向符合国家产业政策方向的重整企业提供融资支持,支持资产管理公司等非银行金融机构合法参与企业破产重整。 加强政府产业基金对金融机构的引导,积极引进私募股权投资等,建立多层次资本市场,搭建"政企金"对接平台,降低企业融资成本。
云南	《云南省科技厅关于印发〈加强双创孵化载体建设8条措施(试行)〉的通知》(云科发〔2021〕71号)、《云南省地方金融监督管理局关于印发〈云南省"十四五"金融服务业发展规划〉的通知》(2022年3月23日发布)	鼓励双创孵化载体引进创业投资机构(含私募股权基金)落地云南。创业投资机构对省内科技型企业开展股权投资,符合科技金融结合专项补助条件的,年度综合补助最高不超过500万元。 发挥全国中小企业股份转让系统、区域性股权市场、债券市场和期货市场的作用,引导证券投资基金、私募股权基金、创业投资基金增加有效供给,进一步丰富中小微企业和"三农"的融资方式。提升资本市场对消费领域的保障水平。支持符合条件的企业上市和到新三板、云南省股权交易中心挂牌融资,拓展新型消费领域融资渠道。支持政府引导基金、私募股权投资基金和创业投资企业在推动新型消费发展方面发挥更大作用。
西藏	《西藏自治区人民政府办公厅关于促进创业投资持续健康发展的实施意见》(藏政办发〔2018〕24号)	吸引区内外专注于投资各阶段、各类企业的创业投资企业入驻创业投资示范区,一站式满足各类企业全生命周期的股权投资需求。支持创业投资示范区在创业投资和股权投资企业经营发展等方面采取更加优惠的政策措施,改造提升创业投资示范区信息通信、办公场所、路演洽谈等基础及

续表

省区市	政策文件	主要内容
西藏		生活设施,对创业投资和股权投资企业新购或租赁办公用房给予补贴。着力培育和扶持一批注册地、核心管理机构均在西藏的创业投资企业,鼓励和吸引一批区外知名创业投资企业落户西藏,有计划、有重点地建设创业投资管理团队,增强西藏创业投资企业的运营管理能力。鼓励各类投资机构和个人依法设立公司型、合伙型创业投资企业。在风险可控、安全流动的前提下,支持国有企业、有实力的民营企业、保险公司等各类机构投资者投资创业投资企业和设立创业投资基金。培育合格个人投资者,支持具有风险识别和风险承受能力的个人参与投资创业投资企业。鼓励政府出资创业投资引导基金、各类天使投资与众创空间、科技企业孵化器、民间投资机构等共同组建孵化投资基金,通过"孵化+创投"的服务模式,对在孵创业项目进行创业投资,完善双创载体投融资功能。鼓励国有企业参与设立创业投资企业。鼓励包括天使投资人在内的个人从事创业投资活动。多渠道拓宽创业投资资金来源。优化创业投资市场环境。
陕西	《陕西省地方金融监督管理局等八部门印发〈关于促进私募股权投资行业高质量发展的若干措施〉的通知》(陕金发〔2022〕70号)、《陕西省人民政府办公厅关于印发推进企业上市挂牌三年行动计划(2022—2024年)的通知》(陕政办发〔2022〕32号)	畅通机构准入渠道、支持合规募集资金、鼓励投资重点领域、优化国资基金管理、鼓励基金多元退出、引进培育领军机构、推动机构聚集发展、落实财政奖励政策、加大人才引进培养、强化政务服务保障、塑造良好发展氛围、有效防范金融风险共12项措施。 大力发展私募基金。建立私募股权和创投基金工商登记会商机制。加大对创业投资支持力度,引导和支持在关键技术、核心领域和自主创新等方面重点布局,聚焦支持秦创原创新驱动平台建设。推动设立上市后备企业股权投资基金,为私募基金和后备企业提供"跟投""领投"服务。加快建立"硬科技"投资联盟,引导全国知名创投、私募股权投资基金在陕设立分支机构。充分发挥秦创原路演中心的功能,为各类路演对接提供信息技术和综合服务保障。扎实推进私募基金风险防范化解工作,严厉打击名基实储、资金池、自融自用、侵占挪用基金财产等违法违规行为,保护投资者合法权益,促进私募基金行业高质量发展。
甘肃	《甘肃省人民政府办公厅关于规范发展区域性股权市场的通知》(甘政办发〔2018〕165号)	明确甘肃股权交易中心股份有限公司作为省政府批准设立的甘肃省唯一合法区域性股权市场运营机构。重点支持科技型、创新型、现代农业企业和中小微企业做优做强,推动产业转型升级,促进甘肃省优势产业、战略性新兴产业加快发展。

省区市	政策文件	主要内容
青海	《青海省人民政府办公厅关于印发省级政府投资基金管理办法的通知》（青政办〔2022〕19号）	母基金投资范围以政府引导为首要目标，坚持落实国家和省委、省政府重大决策部署，限定于具有一定竞争性、存在市场失灵、外溢性明显的关键领域和薄弱环节。主要支持外部性强，基础性、带动性、战略性特征明显的重点产业领域、行业及中小企业和创新创业企业成长，同时避免片面追求投资收益或对社会投资产生挤出效应。投资范围和方向随国家和青海省相关政策变化适时调整。在支持重点产业领域发展方面，立足青海特有资源禀赋，依托"四地"建设相关方案，支持推进盐湖产业升级、优化产业布局，提高资源综合利用水平；支持能源革命，完善清洁能源全产业链，建设国家储能发展先行示范区，加快清洁能源规模化高质量发展；支持全省零碳产业发展，推动零碳产业示范区建设；支持全省新型电力系统发展，推动青海省新型电力示范区建设；支持科技创新、科技成果转化和青海省高新技术产业发展；支持创建国家级旅游景区和国家级旅游度假区，构建生态旅游发展新布局；支持打造有机农畜产品龙头企业，推进农畜产品精深加工。在支持中小企业及创新创业成长方面，支持特色新材料产业向高端延伸，发展新型金属合金、信息材料、储能材料等新材料；推动装备制造向系统集成制造升级，建设大型锻铸生产基地，发展光伏制造、风电装备、新能源汽车零部件产业；支持发展高原生物医药和康养产业，推进特色生物资源精深加工；支持推进数字产业化、数据价值化，发展运用5G、云计算、大数据、人工智能等新一代信息技术产业。
宁夏	《宁夏回族自治区人民政府办公厅关于印发宁夏回族自治区金融支持地方经济社会发展"十四五"规划的通知》（宁政办发〔2021〕94号）《宁夏回族自治区人民政府关于进一步提高上市公司质量的实施意见》（宁政规发〔2021〕	创新发展政府产业基金，强化各级政府产业基金联动，加大政府产业基金与发达地区私募基金的合作，通过市场化手段引进发达地区资金、项目技术和管理人才，募集社会资本筹建产业基金，支持九个重点产业高质量发展。加快培育私募股权投资基金，支持有实力的金融机构和企业在宁发起或参与设立母基金和引导基金，带动创业投资、私募股权投资发展。探索建立天使投资、科技保险风险补偿资金，加大种子期、初创期科技型小微企业融资支持力度。支持鼓励并购基金、私募股权投资基金等社会资本参与上市公司并购重组。

续表

省区市	政策文件	主要内容
宁夏	3 号)、《宁夏回族自治区人民政府办公厅关于印发〈宁夏回族自治区政府投资基金管理办法〉的通知》(宁政办发〔2021〕39 号)	政府投资基金主要支持在以下领域设立母基金:自治区九大重点产业,推动自治区经济高质量发展,引导社会资本投向枸杞、葡萄酒、奶产业、肉牛和滩羊、电子信息、新型材料、绿色食品、清洁能源、文化旅游等符合自治区产业发展规划的领域;建设黄河流域生态保护和高质量发展先行区的黄河安澜、生态建设和修复、环境保护、污染防治、水土保持、城乡供水、防洪减灾、节水降耗、资源利用、民生保障、能源保障、交通和水网体系建设、信息网络建设、乡村振兴等重大基础设施领域;支持中小企业发展,围绕缓解企业融资难、融资贵,引导社会资本进入金融服务领域,为企业拓展融资渠道,增加融资规模;支持科技创新,通过政府引导、市场培育等方式,建立覆盖种子期、初创期、成长期和成熟期的科技企业全生命周期的多元化、多层次、多渠道投融资体系。
新疆	《关于当前加快建设我区多层次资本市场的实施意见》(新政办发〔2020〕31 号)	各地(州、市)、各相关部门要支持新疆股权交易中心开展股权融资业务,扩大挂牌企业股权融资规模,鼓励挂牌的有限责任公司改制为股份有限公司,要有重点地将场外优质企业的私募股权融资行为引导至场内规范进行,以提高企业直接融资比重,降低企业杠杆率水平。构建了从区域性股权市场挂牌、融资、改制、培育孵化、私募发行转让到全国性市场公开发行、上市交易的全链条多层次资本市场服务体系。

资料来源:作者根据公开文件收集整理。

后　记

此书是在我的博士学位论文《私募股权投资与中国三次产业生产率》的基础上完成的。

完成十余万字的博士学位论文，结束三年紧张充实、只争朝夕、痛苦而又快乐的博士求学生涯那天，想起自己年少离家的坎坷求学经历，合上电脑，我在书桌前泪流满面。

就像网上流传甚广的那篇博士学位论文致谢一样，我走了很久的路，才将这本书送到了您的面前。

白驹过隙，光阴流转。我从一所地方高校，考进神圣的中国社会科学院研究生院。首先要感谢的是我敬爱与亲爱的导师王洛林教授。因为听到了身边同学亲友考博过程中的各种声音，我报考王老师研究生的时候，在敬佩之余，心中更多的是担心和忧虑，因为老师早在几十年前就已经是誉满天下的学术巨擘，是我心中的珠穆朗玛峰。在犹豫再三之后，我决定破釜沉舟，背水一战，但实际上，结果大大出乎意料。王老师在对待招生的问题上极其正直、开放、透明和公平，对待学生一律英雄不问出处，所以才有了师从王老师这样一段对我来说弥足珍贵的师生缘分。

王老师虽然声名显赫，但他丝毫没有让人望而生畏的架子。相反，他志向高洁、平易近人、德高望重、宽容大度。对待晚辈后生始终循循善诱，尊重学生的个人差异，鼓励学生按照自己的兴趣追寻人生理想，每次向他请教，总有如沐春风之感。

我入学之初，因为从银行职场转换到校园，理论知识功底较为薄弱，这种差距一度让自己极其焦虑，老师多次拿出自己宝贵的时间跟我谈心，针对我知识薄弱、涉猎面窄等问题，亲自把自己的藏书赠予我阅读，并多次定期跟我交流读书心得。王老师自己也非常热爱读书，以追求学问为最大的人生志向，他生活简朴、怀瑾握瑜，知识渊博、豁达睿智，温文尔雅、风度翩翩。能在追求学术理想的道路上得到王老师的指导，是我人生最大的幸事。

在博士学位论文创作期间，王老师更是不遗余力地给予了我全方位的指导和帮助。论文选题伊始，因为对文献了解不够深入，我在方向上走了些弯路，老师细心开导并给我提供了思路上的宝贵启发。因为私募股权投资"不公开"的行业属性，在案例研究一度步入山穷水尽之境之时，王老师也立即帮助协调研究资源。在创作思路上，王老师充分地尊重了我的研究兴趣，并竭尽全力帮忙推进。可以说，没有王老师的悉心指导，这篇十余万字的博士学位论文是无法诞生的，我永远珍惜这份宝贵的师生情谊。在未来人生的道路上，在王老师指导下的这段弥足珍贵的博士求学时光，是我人生最大的财富，也将是永远指引我人生前进方向的灯塔。

同时，我也要感谢我的师母，师母和老师在时代变迁的洪流中相濡以沫、鸾凤和鸣，共同经历了那些我们晚辈后生只能在教科书上才有机会了解到的波澜壮阔的历史。每次在我向王老师请教并互相讨论之时，师母都是我们身边最睿智的倾听者和服务者，一杯清茶、一杯咖啡、一份盒饭，师母总是用她的包容和善良来对待我们这些晚辈。

此外，我还要感谢中国社会科学院财经战略研究院的夏杰长教授、林森老师，科研局的田侃教授，世界经济与政治研究所的高凌云研究员，我在研究生院求学期间的同学，包括我的舍友徐海东博士、班级干部郑步高博士，以及我的好友于洋博士、伍兴红博士、王鹏博士、张定法博士、杨明月博士等。他们的帮助和陪伴，使我的博士求学生涯增添了一抹亮丽的青春色彩。"聚是一团火，散是满天星"，愿我们还能相遇在下一个凤凰花开的路口。

清华大学全球私募股权研究院的研究总监李诗林博士和清华大学经管学院会计学主任肖星教授，在博士学位论文的创作过程中也给予了我巨大的支持。尤其是涉及数据库的使用和国内外现状的梳理总结，他们给了我足够的便利和帮助，在此一并谢过。我在博士求学期间，有幸参与到清华大学全球私募股权研究院的研究中来，并担任兼职研究员。这段宝贵的研究经历，也是创作的灵感来源。

博士学位论文创作接近尾声，我特别想把最深的感激送给我的父母。感谢我的父母，他们在那个艰苦的年代，勇敢地扛起了生活的压力和重担，让我受到了当地最好的教育。现在想起，这很大可能就是我能吃苦、不服输、追求质朴生活和热爱读书基因的缘起。

没有我的父亲母亲，我现在的一切无从谈起。大学毕业之后，我读研、工作、考博，他们一直都是我坚强的后盾。后来我读到了自己从未想过，也从来不敢奢望的中国社会科学院研究生院，读博之前，在面临港交所 offer 和读书深造的人生重要选择的十字路口，也是他们给予了我极大的支持，让我能够在追求梦想的道路上没有后顾之忧地走得更稳，飞得更高。读博前后，适逢结婚、买房、备孕等一系列重大人生事件，我的父母都给了我巨大的支持和鼓励。我今天取得的一点点微弱的不足挂齿的成绩，无一不是他们无私帮助和全力支持的结果。我永远感恩，每次想起眼中都饱含热泪。

博士学位的取得，并不是追求学问的终点，对于我来说，正是人生新的起点。在经历了 30 岁之前人生路径试错之后，我更加坚定了自身的奋斗方向。那就是做中国经济学研究这个大圆圈上的那一个小点，并穷尽毕生之心血，将其向外围拓展，实现"究天人之际，通古今之变，成一家之言"的人生目标。

　　当然，我也深知自己才疏学浅、生性愚笨，唯有专注之精神和毅力支撑起自己求学道路上的一点点微不足道的成果。"书山有路勤为径，学海无涯苦作舟。"我想，就做一个向着学术界这座高峰攀登的小蜗牛吧，虽然慢了一点，但能为自己的理想和爱好活着、憧憬着和奋斗着，何尝不是一种巨大的幸福。

　　越过山丘，那些垒在桌上、书柜里和床头的一大摞知其然而不知其所以然的专著，那些一次次投稿被拒、打回重改和艰难修改的论文，那些在脑中成形已久但迟迟没有写到令自己满意的文章，那些已经读完却始终没有深入理解的大家名说，在心中留下了些许遗憾、深深的自责和令人窒息的愧疚。但展望未来，更多的是对生活和梦想的期许和憧憬。因为，毕竟站在新的职业赛道，离自己读书写作的人生目标更近了一步，慢一点、晚一点，又有何关系呢！

　　行文至此，脑海里突然浮现王国维先生所言之做学问的三大境界第一步"昨夜西风凋碧树，独上高楼，望尽天涯路"，就以这句话给自己的致谢结个尾吧！

　　需要特别强调的是，成文打磨之际，正值我的女儿出生，感谢命运之恩赐，初为人父，这个可爱的小生命给我带来的快乐和幸福是我从来没有感受过的，以至于在爱人怀孕期间，我每次离京出差，心中都像是小时候周日晚上离家上学一样伤感。从自由自在到南渡北归，从向往天马行空到追求平和安宁，这是女儿带给我的改变，也让我感受到了从未有过的幸福，就像蜜汁浇灌心田。祝愿我的宝贝永远快乐、健康和幸福。

　　人们都说，家庭是人生幸福的港湾，我特别赞同这种价值观。从辞职全职读博，到举家从广州迁往北京，我尤其感激我的爱人欧阳女士，星河滚烫，你是人间理想。为了支持我求学和做学问的梦想，她毫无怨言地放弃了自己稳定的工作，义无反顾地跟随我来到北京从头开始。在我一无所有但埋头于自己的偏好、沉醉于自己的执念、无问家庭的艰难日子里，她一直默默地做我坚定的支持者、静静的倾听者和最睿智的参考者。在岁月长河的洗礼中，她以一个潮汕女性特有的坚强、聪慧、温柔和善良，撑起了我们整个家庭。我永怀感恩！

最后，我想特别感激中国社会科学院亚太与全球战略研究院的领导和同事，没有他们的认可、支持、帮助和辛勤付出，这本书的顺利出版显然无从谈起。能和这么多优秀的同事共事，我深感荣幸和自豪，同时也备受鼓舞。社会科学文献出版社的编辑也为本专著的出版做了非常多卓有成效的工作。他们的敬业精神、负责任的态度和极高的专业素养，是拙作得以顺利出版的重要保障，在此表示感谢！

此致

敬礼

肖　宇

2020 年 6 月 2 日于广州番禺

2022 年 8 月 7 日于北京海淀

图书在版编目（CIP）数据

中国创新增长中的私募力量 / 肖宇著 . --北京：
社会科学文献出版社，2023.4
ISBN 978-7-5228-1571-8

Ⅰ.①中…　Ⅱ.①肖…　Ⅲ.①股权-投资基金-研究
-中国　Ⅳ.①F832.51

中国国家版本馆 CIP 数据核字（2023）第 048859 号

中国创新增长中的私募力量

著　　者／肖　宇

出 版 人／王利民
责任编辑／高明秀
文稿编辑／陈丽丽
责任印制／王京美

出　　版／社会科学文献出版社（010）59367078
　　　　　地址：北京市北三环中路甲29号院华龙大厦　邮编：100029
　　　　　网址：www.ssap.com.cn
发　　行／社会科学文献出版社（010）59367028
印　　装／三河市尚艺印装有限公司

规　　格／开 本：787mm×1092mm　1/16
　　　　　印 张：18.5　字 数：256 千字
版　　次／2023 年 4 月第 1 版　2023 年 4 月第 1 次印刷
书　　号／ISBN 978-7-5228-1571-8
定　　价／128.00 元

读者服务电话：4008918866